Bruno Gloger / Walter Zöllner

Teufelsglaube und Hexenwahn

WILHELM HEYNE VERLAG
MÜNCHEN

HEYNE SACHBUCH
Nr. 19/238

Ungekürzte Taschenbuchausgabe
im Wilhelm Heyne Verlag GmbH & Co. KG, München

Printed in Germany 1993
Umschlaggestaltung: Atelier Adolf Bachmann, Reischach
Druck und Verarbeitung: Ebner Ulm

ISBN 3-453-06026-1

Vorwort

Wer die Darstellung des vielgestaltigen ‹Teufels› in schriftlichen Quellen zur deutschen Geschichte des Mittelalters und der frühen Neuzeit genauer betrachtet, der wird oft überraschend enge Beziehungen zur allgemein-politischen Geschichte entdecken, insbesondere zu gesellschaftlichen Ursachen der entsetzlichen Hexenverfolgungen, die fest im mittelalterlichen Denkschema des ‹Teufelsbündnisses› wurzelten. Eine systematische, umfassende Bearbeitung dieses Themas *aus der Sicht des Historikers* liegt noch nicht vor. Sie würde sich auch in erster Linie an den Fachmann wenden und dem Bedürfnis weiterer Leserkreise nach einer allgemeinverständlichen Beschreibung dieser vielseitig zu interpretierenden Erscheinungen kaum Rechnung tragen. Im folgenden soll nun versucht werden, in locker aneinandergereihten Kapiteln Teilaspekte unseres Generalthemas zu behandeln und damit dem Informationsbedürfnis interessierter Leser zu dienen.

Überall, wo das Christentum zur Staatsreligion geworden war, konnten Kritiker des religiösen Dogmas leicht zu Gegnern des Staates erklärt werden. Seit dem Kampf der frühchristlichen Kirche gegen die ‹Erzketzer› der römischen Kaiserzeit war die Verteufelung religiöser Sektierer sozusagen vorprogrammiert. Entschieden wurde der ideologische Streit durch die politischen und ökonomischen Machtverhältnisse.

Wenn so mächtige Kontrahenten wie das Papsttum und das mittelalterliche Kaisertum um die Anerkennung ihres jeweils religiös verbrämten Anspruchs auf alleinige ‹Weltherrschaft› rangen, dann genügte einfache Verteufelung freilich nicht mehr. Dann trat der biblische ‹Antichrist› mit allen Schrecken der Apokalypse in die Arena des politischen Kampfes.

Im Zeitalter der Reformation wiederholte sich in Deutschland diese Personifizierung des religiös-politischen Gegners als Antichrist auf besonders eindrucksvolle Weise. Für die katholische Kirche war Martin Luther lange Zeit der klassische ‹Erzteufel›. Der Reformator hat den ‹Antichrist in Rom› jedoch nur so lange als Hauptfeind angesehen, bis Thomas Müntzers Bemühungen um eine Weiterführung der Reformation ihn veranlaßten, sein Teufelsbild umzuprägen, es mit mehreren Gesichtern auszustatten.

Auch andere Elemente des mittelalterlichen Teufels- und Dämonenglaubens hat Luther übernommen. Seine Entdeckung des ‹gnädigen Gottes› führte zunächst nur zu einer ‹Verinnerlichung› des Kampfes gegen teuflische Versuchungen, der nun im Gemüt des evangelischen Christen stattfinden sollte. In dem Maße, wie die lutherische Kirche die Ideologie ‹protestantischer› deutscher Territorialstaaten mitbestimmte, wurde der Teufel jedoch wieder als bewährtes Disziplinierungsmittel benötigt. Der Ketzerprozeß der alten Kirche war bereits zur Hexeninquisition pervertiert, deren ‹teuflische› Voraussetzungen vom Reichsrecht, das auch in protestantischen deutschen Territorien galt, übernommen worden waren. Gegen die juristische Bekämpfung ‹gefährlicher Teufelsbündner› hatten protestantische Theologen bis in die Zeit der Aufklärung hinein ebenso wie ihre katholischen Widersacher nichts einzuwenden.

Die Kapitel 1 bis 12 hat Bruno Gloger, die Kapitel 13 bis 22 Walter Zöllner verfaßt. Anregungen vermittelten zum Kapitel 13 die Jahresarbeiten einer Seminargruppe der Martin-Luther-Universität Halle. Die Statistik über die mecklenburgischen Hexenprozesse erarbeitete Herr Schimmelpfennig.

Bruno Gloger und Walter Zöllner

1

Thietmar von Merseburg erzählt vom Teufel

Schon seit dem Ende des 5. Jahrhunderts hatte bei der Unterwerfung der rechtsrheinischen Germanenstämme durch Heere des fränkischen Karolingerreiches die ‹Heidenmission› als Vorwand für die Umwandlung freien bäuerlichen Eigentums in Eigentum weltlicher und geistlicher Feudalherren gedient. Als sich dann um die Mitte des 9. Jahrhunderts im ostfränkischen Teilreich der frühfeudale deutsche Staat auszubilden begann, erwies sich der katholische Klerus nicht nur als Stütze des Königtums gegenüber dem rivalisierenden Hochadel, sondern auch als höchst brauchbarer Helfer bei weiteren Eroberungszügen in Gebiete, die von westslawischen Stämmen bewohnt wurden.

Die nun doppelter Tributzahlung – an einheimische und an deutsche Feudalherren – unterworfenen slawischen Bauern wehrten sich in großen Aufständen, die sich logischerweise auch gegen das Christentum richteten. Aber auch die germanischen Bauern, denen die Kirche den zehnten Teil ihres Arbeitsertrages abverlangte, standen den Lehren des Christentums noch lange ablehnend gegenüber.

Im Archiv des Merseburger Domstifts wird neben den berühmten

‹Merseburger Zaubersprüchen› (die das Weiterleben altgermanischer Glaubenselemente noch im 10. Jahrhundert beweisen) eines der ältesten Denkmäler der deutschen Sprache, das aus dem 9. Jahrhundert stammende ‹Fränkische Taufgelöbnis› aufbewahrt. Bevor sich der Täufling freiwillig oder unfreiwillig zu dem ‹allmächtigen Gott in Dreiheit und Einheit› bekannte, mußte er einem ihm ebensowenig vorstellbaren ‹Teufel› sowie dessen ‹Werken und Wünschen› abschwören. Einigermaßen verständlich dürfte ihm nur eine einzige Frage der Abschwörformel erschienen sein: ‹Entsagst du allen Opfern und dem Kult und den Göttern, die die Heiden zum Kult und zu Göttern haben?›. Es hatte sich als zweckmäßig erwiesen, den biblischen ‹Teufel› einfach mit den heidnischen Göttern, die der neuen Lehre zufolge noch als ‹Dämonen› umherirrten, zu identifizieren. Wer sich der christlichen Feudalordnung widersetzte, konnte nun einfach als ‹Teufelsdiener› bezeichnet und härtester Verfolgung ausgesetzt werden.

Am Anfang unseres Streifzuges durch literarische Quellen zur Geschichte des mittelalterlichen Teufelsglaubens steht die in den Jahren 1012 bis 1018 entstandene Chronik des Merseburger Bischofs Thietmar, der dem Hause der sächsischen Grafen von Walbeck angehörte. Zu seinen Verwandten zählte dieser Kirchenfürst Angehörige des karolingischen wie des sächsischen Herrscherhauses. Der hohe Wert seiner Erzählungen beruht nicht nur auf den weitreichenden Familienbeziehungen (die ihn mit deutlich sichtbarem Stolz auf die Geschichte der Könige und Kaiser aus dem sächsischen Hause zurückblicken lassen), sondern auch auf seiner intimen Kenntnis slawischer Bräuche in seinem Sprengel und in der Nachbarschaft.

Zwischen Elbe/Saale und Oder/Bober/Queis lebten damals noch überwiegend Slawen, und zwar die Sorben. Nördlich der Linie Frankfurt/Köpenick/Saalemündung hatten sich die Liutizen und weiter nördlich die Obodriten angesiedelt. Während die sorbischen Stämme und der ihnen benachbarte polnische frühfeudale Staat bereits das Christentum angenommen hatten, leisteten die Liutizen und die Obodriten nach Aufständen, die 983 ihren Höhepunkt erreicht hatten, noch etwa 150 Jahre lang erfolgreich Widerstand.

Nachdem die Italienpolitik der sächsischen Kaiser mit dem Tode Ottos III. 1002 endgültig gescheitert war, begann unter Heinrich II. eine auf Deutschland konzentrierte Politik. Für die vielfältigen Aufgaben der inneren Verwaltung, im nordöstlichen Grenzgebiet insbesondere für die Festigung der Herrschaft über die sorbischen Stämme, wurden nach wie vor in erster Linie die Bischöfe — als Reichsfürsten — eingesetzt.

Bischof Thietmar war sicherlich bemüht, neben diesen Pflichten auch seinen geistlichen Aufgaben gerecht zu werden, aber in den wenigen Jahren seiner Amtsführung (1009 bis 1018) gab es so viel Krieg und Besitzstreitigkeiten, daß sich die weltlichen Interessen in den Vordergrund drängten und auch vorrangig wahrgenommen wurden. Wie ein Kriegsmann schreibt Thietmar zum Beispiel: ‹Ich hatte Wachdienst in Meißen ...›, und immer wieder berichtet er als Mitwirkender oder besonders gut Informierter über Ereignisse der ‹großen Politik› dieser Zeit, die ihn mehrmals zu weiten Reisen nötigten.

Ein solcher Chronist vermag auch interessante Auskunft zu geben über Vorstellungen, die damals in seinem Lebensbereich vom Widerpart Gottes, dem Teufel, und seinem Wirken in der Welt verbreitet waren. Thietmars Betätigungsfeld reichte über die Grenzen des seit ungefähr 200 Jahren christianisierten sächsischen und thüringischen Gebietes, das etwa an Elbe und Saale endete, hinaus. Sein Bild vom Teufel wird noch stark von Begriffen der Heidenmission mitbestimmt, wie sie uns in dem oben erwähnten, am Ort seines Wirkens überlieferten ‹Fränkischen Taufgelöbnis› bekannt geworden sind.

Slawenaufstände sind für diesen Kirchenfürsten zwar immer wieder Anlaß, das Wirken des so verstandenen ‹Teufels› in grellen Farben zu schildern, doch wie wenig die staatskirchliche Verteufelung der Heidengötter die Tagespolitik bestimmte, zeigt das Bündnis König Heinrichs II. (1014 wurde er zum Kaiser gekrönt) mit den heidnischen Liutizen, das er 1003 gegen den christlichen Großfürsten Boleslav Chrobry von Polen abschloß. Den daraus resultierenden Feldzug hat Thietmar 1005 noch als Magdeburger Domherr miterlebt. Sein Widerwille gegen das Bündnis mit den Heiden hinderte ihn nicht daran, über deren Kultstätten ausführlich zu berichten, ohne dabei das Verteufelungsvokabular zu benutzen.

Dieselben wilden Heiden beteiligte Heinrich II. im Spätsommer 1009 sogar an einem Feldzug gegen Metz, dessen Bischof sich vornehmen Empörern angeschlossen hatte. Da diese Verbündeten die westlich von Metz gelegene Abtei St. Martin plünderten, mußte der König eine beträchtliche Geldbuße leisten. Erst der Vernichtungsfeldzug der Liutizen gegen einen christlichen Obodritenfürsten im Februar 1018 und die Rückkehr aller Obodriten zu ihrer alten Religion läßt Thietmar – wenige Monate vor seinem Tode – noch einmal Heidentum und Teufelsherrschaft klar identifizieren.

‹Damals griffen die zu Schlimmem immer einigen Liutizen mit ihrer ganzen Macht Herrn Mistizlaw an, der ihnen im vergangenen Jahr für den Feldzug des Kaisers keine Unterstützung gewährt hatte. Sie verwüsteten fast sein ganzes Land, zwangen seine Frau und seine Schwiegertochter zur Flucht und ihn selbst mit seinen besten Kriegern zum Weichen in den Schutz der Burg Schwerin. Durch tückisches Aufwiegeln der Bevölkerung, die sich gegen Christus und den eigenen Herrn empörte, nötigten sie ihn schließlich zum Verlassen seines Vatererbes, was ihm gerade noch gelang ... Damals sanken alle zur Ehre und zum Dienste Christi erbauten Kirchen in diesen Gauen dahin in Brand und sonstiger Verwüstung, und, was das Ärgerlichste ist: Das Bild des Gekreuzigten wurde verstümmelt, Götzenverehrung erhob man über Gott, und der Sinn dieses Volkes, der Obodriten und Wagrier, verhärtete sich wie das Herz Pharaos. Eine Freiheit nach Art der Liutizen nahmen sie sich in der bekannten Selbsttäuschung, entzogen ihren Nacken dem sanften Joch Christi, unterwarfen sich jedoch freiwillig dem lastenden Gewicht der Teufelsherrschaft, obwohl sie doch zuvor für alles einen besseren Vater und edleren Herrn gehabt hatten ... Der Caesar war von dieser Botschaft äußerst betroffen, vertagte aber seinen Bescheid in dieser Sache auf Ostern, um das Netz der unseligen Verschwörung zunichte zu machen. Möge der allmächtige Gott seinen Entschluß und heilsamen Plan fördern! Keines Gläubigen Herz braucht wegen eines solchen Unglücks zu verzweifeln oder zu meinen, der Tag des Gerichts stehe bevor; denn davon kann nach den wahrhaftigen Lehren des Paulus von dem Abfalle und dem unheilvollen Erscheinen des Antichrist keine Rede sein; auch darf keine plötzliche Unruhe unter den Verehrern Christi entstehen, denn ihre größte Stärke soll ja in ihrer Einmütigkeit liegen. Mögen die unterschiedlich gearteten Sterblichen und ihre mannigfaltig verschiedenen Sitten schwanken, soviel sie wollen: Jeder Mensch ist wie eine Blume des Feldes, und er muß durch die Mutter Kirche erst wiedergeboren werden zur Schuldlosigkeit unseres Erlösers Christus. Selbst wenn man überall von Frieden, Sicherheit und Ruhe spricht, müssen wir in Furcht sein vor unvorhergesehenem Unglück. Das mahnt uns zu ständiger Vorsicht und Wachsamkeit, denn wir sind der Zukunft niemals gewiß, und unserer Schwachheit fehlt die Dauer. Doch keiner soll am Kommen des Jüngsten Tages zweifeln oder sein baldiges Erscheinen herbeisehnen, denn schrecklich ist er schon für die Gerechten, viel furchtbarer aber für alle Strafwürdigen.›

Die Vertreibung des zum Christentum übergetretenen Obodritenfürsten durch die Liutizen und seine eigenen Leute war für die Organisatoren der Slawenmission zweifellos ein harter Rückschlag; doch dazu kam nun ein kaum lösbares ideologisches Dilemma: 1017 hatten die Liutizen Kaiser Heinrich II. gegen den Christen Boleslav Chrobry Beistand geleistet. Der Christ Mistizlaw sollte ihnen dabei helfen, tat es aber nicht. Nun bestraften die Heiden diesen Christen dafür. Die ‹christlichen› Obodriten hatten die Gelegenheit wahrgenommen, ‹ihren Nacken dem sanften Joch Christi zu entziehen› und sich ‹der Teufelsherrschaft zu unterwerfen›. Da war es kein Wunder, wenn ‹der Caesar seinen Bescheid in dieser Sache› vertagte und viele Gläubige wohl meinten, der Tag des Jüngsten Gerichts stehe unmittelbar bevor!

Dem Antichrist ist weiter unten – in seiner Eigenschaft als ‹politischer› Teufel – ein besonderes Kapitel gewidmet. Deshalb sei hier nur kurz die christlich-asketische Weltanschauung jener Zeit umrissen, aus der solche Weltuntergangsstimmungen erwuchsen. Sie besagt etwa: Der Mensch ist als Geschöpf Gottes ursprünglich gut, aber Luzifer, der böse, durch seinen Hochmut gefallene Engel, verführt ihn als Teufel zum Bösen. Christus hat die Menschheit zwar von der aus dem Sündenfall im Paradiese herrührenden Erbsünde erlöst, doch damit ist die Macht des Teufels nicht völlig gebrochen. Nur durch ständiges Unterdrücken aller sündigen Wünsche kann der Mensch den Fallstricken Luzifers entgehen und sich auf diese Weise die ewige Seligkeit erwerben. Die Weltgeschichte endet mit dem Weltuntergang, der allerdings erst eintritt, nachdem der Antichrist eine Zeitlang geherrscht hat. Erst dann folgt das Jüngste Gericht.

Es hatte sich übrigens herausgestellt, daß die christliche Lehre auch bei den bereits vor 200 Jahren bekehrten Sachsen noch nicht viel fester verankert war als bei ihren slawischen Nachbarn. Daher der geradezu beschwörende Ton in Thietmars Appell ‹an alle Verehrer Christi›. Erst kurz vorher hatte er die folgende Geschichte erzählt:

«In meiner Nachbarschaft ereignete sich im Orte Sülfeld (nördlich von Braunschweig) in der zweiten Dezemberwoche (1017) ein Wunder. Da hatte sich eine Frau mit ihren Kindern in ihrer Wohnung eingeriegelt, weil der Mann nicht zu Hause war. Plötzlich, vor dem ersten Hahnenschrei, vernahm sie ein ungeheures Getöse. Voller Entsetzen darüber rief sie mit durchdringendem Geschrei ihre Nachbarn herbei und klagte ihnen ihre Not. Wenn sie ihr aber zu helfen versuchten, wurden sie stets durch Würfe zurückgetrieben. Schließlich brachen sie die Tür auf, drangen mit blanken Schwertern ein und suchten sorgfältig, was gegen die Frau vom Hause und sie selbst so heftig angegangen war. Da es sich aber um ein Gespenst handelte, konnten sie den Feind nicht entdecken und gingen niedergedrückt fort. Die Frau wartete voller Angst auf den Tagesanbruch; am nächsten Morgen ließ sie den ersten besten Priester holen, der das ganze Haus mit Heiligenreliquien und Weihwasser reinigte. In der folgenden Nacht setzte ihr der geschilderte Schrecken nur noch wenig zu, und – Gott sei Dank! – durch häufige Besuche des Priesters wurde sie ganz von ihm befreit ...

Es ist gar nicht seltsam, daß sich in dieser Gegend ein solches Vorzeichen ereignet hat. Denn die Bevölkerung geht dort selten in die Kirche und kümmert sich überhaupt nicht um den Besuch ihrer Hirten. Sie verehren ihre eigenen Hausgötter, hoffen fest auf ihre Hilfe und opfern ihnen. Ich habe sogar von einem Stabe gehört, an dessen Ende eine Hand angebracht war, die einen eisernen Ring hielt; er wurde vom Hirten des Dorfes, in dem er sich befand, von Haus zu Haus herumgetragen, wobei ihn sein Träger beim Eintreten folgendermaßen anredete: ‹Wache, Hennil (= Wodan), wache!›, denn so nannten ihn die Bauern in ihrer Sprache. Dann schmausten die Toren prächtig und glaubten, in seinem Schutze sicher zu sein.»

War dieses Teufelsbild von den Besonderheiten des mehr oder weniger nachhaltig christianisierten sächsischen und slawischen Missionsgebiets geprägt, so gab es daneben doch auch den traditionell-christlichen Teufel. Wie 200 Jahre später Caesarius, der Prior des mittelrheinischen Klosters Heisterbach, so erzählt auch der Merseburger Bischof typische ‹Teufelsgeschichten›:

«Ein junger Mann wollte einmal in finsterer Nacht auf Veranlassung des Teufels den Schatz der Kirche St. Johannes (des Klosters Berge bei Magdeburg) bestehlen; schon am Eingange ergriff ihn Furcht, und er habe nach seinem eigenen Geständnis die Finger davon lassen wollen, als er eine Stimme vernahm, die ihn zu der frechen Tat ermunterte. Doch kaum hatte der Elende eine Krone ergriffen, als man ihn mit ihr ertappte, um ihn mit gebrochenen Gliedern aufs Rad zu legen.

Auch die Festigkeit meines Mitbruders Husward sei dir, lieber Leser, nicht vorenthalten. Unser schlauer Betrüger, der Teufel, suchte ihn häufig nachts heim, als er damals neben mir schlief, und bat ihn vergeblich um Raum, bei ihm zu liegen; zuletzt wünschte er demütig, er möge ihm um Lohn dienen. Doch der fromme Mann vergaß sein dem Herrn geleistetes Gelübde nicht und verlangte, er solle ihm vor einer Antwort zuerst den verheißenen Lohn zeigen. Da sagte der Teufel: ‹Wenn du einwilligst, werde ich dich ähnlich belohnen, wie ich jüngst meinen Diener im Westen beschenkt habe.›

Nach diesem Angebot vertrieb ihn der hochwürdige Priester wie schon oft mit dem Zeichen des heiligen Kreuzes und harten Scheltworten. Als er nun erfuhr, im Westen sei ein Geistlicher wegen schwerer Vergehen mit dem Strick gehenkt worden, erzählte er uns allen sein ganzes Erlebnis. Erstaunlich ist dieses Wagnis des Bösen, obwohl doch an jedem Sonntage das wahre Kreuz Christi in unseren Schlafsaal getragen wurde.»

Doch nicht nur der einzelne Mensch wird durch die Tücke Satans gefährdet, auch das Schicksal eines ganzen Volkes kann verhängnisvoll beeinflußt werden, wenn der einer Versuchung Erliegende von hohem Rang ist. Es war Thietmars Anliegen, ‹Lebenswege und Taten der frommen Könige Sachsens› zu schildern. Da aber die Regierungszeiten der ersten Herrscher des frühfeudalen deutschen Staates seit Heinrich I., der von 919 bis 936 regierte, alles andere als friedlich waren, bot der Chronist seinen Lesern eine Erklärung für diese mit Gottes Huld nur schwer in Einklang zu bringenden Bedrängnisse.

«Stärker als die natürliche Standhaftigkeit des Menschen ist seine Neigung zum Ausgleiten, ich will deshalb zur Abschreckung und als warnendes Beispiel den Frommen auch nicht verschweigen, wie elend König Heinrich sich einmal verging: Am Gründonnerstag hatte er sich betrunken und unerlaubterweise in der folgenden Nacht seiner heftig widerstrebenden Gemahlin vom Teufel getrieben beigewohnt. Der Anstifter solchen Vergehens, Satan, der Schädiger menschlichen Heils, verriet diese Tat einer ehrwürdigen Dame mit den Worten: ‹Nun hat doch eben Königin Mathilde auf mein Anstiften in das Verlangen ihres Gemahls gewilligt und einen Sohn empfangen, der mir sicher ist. Nur mußt du das große Geheimnis sorgfältig hüten!› Da packte sie insgeheim tiefer Kummer, sie teilte es rasch der Königin mit und riet ihr, immer Bischöfe und Priester um sich zu haben, um gleich bei der Geburt des Knaben durch heiliges Taufwasser abzuwaschen, was an ihm, wie der unselige Geist sich brüstete, zu seiner Freude geschehen sei. Und damit dankte sie Gott. Als aber der Teufel sich getäuscht sah, schmähte er die Frau und fügte hinzu: ‹Ist auch jetzt meine Absicht durch dein schandbares Schwatzen vereitelt, das habe ich doch an ihm gewonnen: Meine Gefährtin, die Zwietracht, wird ihn und alle, die später seinen Lenden entstammen, niemals verlassen; nie sollen sie ruhigen Frieden genießen!› Diesen Wunsch sprach der lügnerische Wahrheitsfeind aus; hoffentlich geht er nie in Erfüllung! Doch wie die folgende Niederschrift zeigt, bestätigen viele, daß zu seiner und seines Sohnes Zeit häufig Unruhe und wenig beständige Sicherheit herrschte. In diesen Tagen aber, da Heinrich, der zweite in der Reihe der Szepterträger, die Herrschaft angetreten hat, ist das böse Unkraut verdorrt und die strahlende Blüte heilsamen Friedens aufgebrochen; sollte ihm jetzt noch etwas Ähnliches wie seinen Vorgängern zustoßen, dann ist es nicht seine, sondern des ruchlosen Ränkeschmiedes Schuld.»

Der Hexenwahn späterer Jahrhunderte ist aufs engste verbunden mit der schon in den ersten christlichen Jahrhunderten einsetzenden Diskriminierung der Frau als ‹Gefäß der Sünde› und ‹Werkzeug des Teufels›, deren Auswirkungen auch bei Thietmar von Merseburg zu finden sind. Königin Mathilde genoß allerdings den Vorzug, als Opfer, nicht als Gehilfin des Bösen dargestellt zu werden. Doch mit Abscheu berichtet der Bischof von einer ‹zweiten Herodias› (die biblische hatte die Hinrichtung Johannes' des Täufers bei ihrem Gemahl durchgesetzt), einer Gräfin, die ihren Gatten zum Meuchelmord anstiftete.

Ein Thietmar familiär nahestehender westfälischer Graf hatte in langen Fehden einen benachbarten Grafen namens Balderich erfolgreich bekämpft und schließlich einen Vergleich eingeleitet. ‹Er lud seinen Gegner freundlich in sein Haus und suchte ihn durch Bewirtung und Gastgeschenke zu versöhnen. Zur Bestätigung des angeknüpften Freundschaftsbandes erhielt auch er eine Einladung von ihm, doch über sein Weib flüsterte diesem die alte Schlange, Satan, ein, er möge ihn wenigstens im Netz seiner Verschlagenheit fangen, da er mit Gewalt niemals seiner habe Herr werden können. So willigte die lobenswerte Einfalt edlen Sinnes in das freundlich erlogene Verlangen des falschen Freundes. Man nahm ihn zunächst sehr gut auf, aber bald wurde ihm von einem vergifteten Trank übel. Nun wurden seine heftigen Schmerzen immer schlimmer, so daß er kaum den folgenden Tag dort abwartete. Als er dann wohlbeschenkt und freundlich entlassen aufbrach, hielt man seine Ritter durch eine List zurück, er aber wurde hinterrücks durch einen Knecht erschlagen; Balderich, dessen Herr, war dabei, ohne es zu sühnen. Jedoch wurde einer seiner Begleiter, der den ruchlosen Mörder niederstreckte, gleich darauf getötet.›

Die Gräfin überlebte den nun einsetzenden Rachefeldzug einiger Verwandter Thietmars unversehrt, obwohl der Bischof von Münster ihre Burg belagern und in der Umgebung plündern und brennen ließ. Graf Balderich genoß als Vasall des Erzbischofs von Köln den Schutz des Kaisers, verlor aber schließlich doch die belagerte Burg. Sie wurde völlig zerstört.

Meuchelmord und Totschlag kommen in dieser Chronik gewiß nicht selten vor; die Beteiligung des Teufels wird jedoch nur so nachdrücklich erwähnt, wenn eine Frau als sein Werkzeug angeprangert werden kann.

Anfang 1018 schrieb Thietmar – wohl in einer Vorahnung seines baldigen Todes – eine Art Vermächtnis. Neben persönlichen Schuldbekenntnissen, allgemeinen Lebenslehren und Hinweisen auf Wohltaten, die Kaiser Heinrich II. dem Bistum erwiesen hatte, finden wir auch einen für unser Thema besonders aufschlußreichen Bericht über den Umgang des Verfassers mit menschenfeindlichen Dämonen.

‹Nun ist das menschliche Los immer ungewiß; deshalb will ich das gefährliche Gift von mir geben, das ich Armer vor langer Zeit zu mir genommen habe, und das mir – ich spüre es wohl! – seither schadet.

Als ich eines Nachts auf meinem Hofe Heeslingen (zwischen Hamburg und Bremen gelegen) ruhte, sah ich im Traume eine Menge Gestalten stehen, die mich nötigten, etwas aus einer mir vorgesetzten Schale zu verzehren. Anfangs weigerte ich mich, weil ich sie als feindliche Wesen erkannte; ich entgegnete aber schließlich doch, ich wolle es im Namen Gottes des Vaters zu mir nehmen. Das mißfiel ihnen sehr; doch als der verfluchte Haufen erkannte, anders werde nichts daraus, erklärte er sich murrend einverstanden; war er doch entschlossen, mich völlig zu verderben. Hätte ich damals den Namen des Herrn nicht angerufen, so wäre mein ewiges Heil verloren gewesen. Ich habe von diesem Trank, der nach meiner Meinung aus allerlei Kräutern gemischt war, vielerlei schlimme Gedanken bekommen; die behelligen mich nun wohl sehr während des Gottesdienstes, aber dank der Hilfe Gottes, den ich über sie gestellt habe, konnten sie mich selten oder nie zu unseligen Taten verleiten. Ihrem bösen Willen genügt es indessen, daß sie wenigstens an mir Teil zu haben glauben ...

Natürlich weiß ich, daß eine solche Erscheinung an sich den Menschen nicht schadet, obwohl sie stofflich zu sein scheint. Geben wir Gott aber durch sündiges Leben Anlaß, sein Antlitz von uns zu wenden, dann fallen wir elendiglich in die gierigen und erbarmungslosen Hände dieser Wesen, die niemanden verschonen. Doch auch davon können wir freikommen, wenn wir uns selbst bekehren oder wenn uns immer wieder Gottes Erwählte durch ihr Eintreten begnaden. Wer sich selbst beherrscht und an Gottes Gebot denkt, an den wagen sie sich gar nicht heran, ihn meiden sie lieber: nicht um seinetwillen, sondern dank der heiligen Macht dessen, den ein solcher Mensch liebt ... Doch nun, lieber Leser, will ich deinem gläubigen Ohr anvertrauen, weshalb diese Versuchung über mich gekommen ist: Ich habe mich bemüht, vielen Menschen zu helfen, die unter den Versuchungen solcher Feinde litten; dadurch habe ich sie heftig herausgefordert, mir nachzustellen, wenngleich sie das Böse auch ohnedies immer wollen. Ich hoffe aber, Gott der Allmächtige wird nicht zulassen, daß sie mich verschlingen, sondern er wird mich nach peinvoller Läuterung voller Milde erretten.›

Hier ist die Grenze zwischen Glaubensinhalten und Wahnvorstellungen offensichtlich überschritten. Thietmar ‹weiß natürlich›, daß die nächtlichen Besucher nur stofflich zu sein scheinen, doch der Trank ist für ihn Realität gewesen. Dieser wundergläubige Bischof behauptet, ‹erlebt› zu haben, was einem Denker unserer Tage als zu widerspruchsvoll erscheinen müßte: die Stofflichkeit des Unstofflichen. Diese Art Thietmars, Widerspruchsvolles als glaubhaft hinzunehmen und mit seiner zweifellos großen geistlichen und weltlichen Autorität dafür als zuverlässiger Gewährsmann aufzutreten, wird den Leser von heute im allgemeinen zwar nicht mehr so tief beeindrucken wie seine Zeitgenossen; aber für das schwer überschaubare Gebiet des mittelalterlichen Teufelsglaubens ist Thietmar von Merseburg das, was er stets sein wollte: ein zuverlässiger Gewährsmann.

2

Das ‹Decretum› des Burchard von Worms

Neuere Darstellungen der Vorgeschichte des Hexenwahns in den europäischen Feudalstaaten verweisen auf erstaunlich vernünftige Ansichten über das Wesen sogenannter Hexen sowie ihrer griechischen und römischen Vorläuferinnen, die sich in einer Sammlung kirchenrechtlicher Dokumente befinden, zusammengestellt zwischen 1008 und 1012 vom Wormser Bischof Burchard.

Dieses ‹Decretum› – die erste Sammlung dieser Art seit dem Ende der Karolingerzeit – erwies sich als so zweckdienlich, daß es im ganzen christlichen Europa verwendet wurde und erst 100 Jahre später durch aktuellere Sammlungen des Bischofs Ivo von Chartres nach und nach verdrängt wurde. Aus Einzelentscheidungen abgeleitete Generalregeln nannte man jedoch noch jahrhundertelang im Juristenlatein ‹Brocarda› (Burcharda), obwohl Burchards Ruhm nach 1150 endgültig durch ein neues ‹Decretum› verdunkelt wurde: durch das in Bologna entstandene Werk des Mönches Gratian, die wichtigste Vorstufe des am Anfang des 14. Jahrhunderts offiziell anerkannten Gesetzbuches der katholischen Kirche, des Corpus iuris canonici.

Von den 20 ‹Büchern› der Burchardschen Sammlung steuern nur das 10. (über Zauberer und Wahrsager) sowie das 19. (das Bußbuch) Wesentliches zu unserem Thema bei. Gratian hat zwar den weitaus größten Teil der von Burchard überlieferten Bestimmungen übernommen und somit dazu beigetragen, daß erst spät, gegen Ende des 15. Jahrhunderts, der Glaube an die Realität des Bündnisses zwischen Teufel und Hexe von höchsten kirchlichen Autoritäten für verbindlich erklärt wurde. Doch das kommentierende Bußbuch, das dem Hexenglauben des 15. und 16. Jahrhunderts sehr energisch hätte entgegenwirken können, ist dem Italiener Gratian wohl schon um 1150 als nicht mehr zeitgemäß erschienen.

Dieses Pönitential, von Burchard ‹Korrektor und Arzt› genannt, hat der Wormser Bischof von einem Vorgänger übernommen, doch mit ihm zeitgemäß erscheinenden Veränderungen, wie er auch an anderer Stelle gelegentlich ältere Vorschriften (Canones, Kanons) der fränkischen Reichskirche sowie zum Teil noch ältere Konzilsbeschlüsse und verbindliche Äußerungen der ältesten Kirchenrechtler den praktischen Bedürfnissen seiner Zeit anpaßte. So ist sein ‹Decretum› zu einer sehr ergiebigen Fundgrube für religiöse Vorstellungen geworden, die um die Jahrtausendwende in Deutschland verbreitet waren.

Seit dem 9. Jahrhundert war die Beichte neben der Volkspredigt das wichtigste Mittel, passiven Widerstand leistende ‹Christen›, die angesichts höchst unchristlicher Praktiken mancher Seelenhirten zu den alten Göttern zurückgekehrt waren, im Sinne der Kirche zu beeinflussen. Burchard hatte gewiß noch ziemlich verbreiteten Aberglauben – zum Teil Glaubensrelikte aus der Römerzeit – vor Augen, wenn er im ‹Korrektor› den Priester fragen ließ:

‹Hast du geglaubt, was manche zu glauben pflegen, daß jene, die das gemeine Volk Parzen nennt, existieren und zu tun vermögen, was man ihnen zutraut, nämlich: wenn ein Mensch geboren wird, daß sie dann Macht haben, ihn zu bestimmen, wozu sie wollen, also daß jener Mensch, sooft er will, sich in einen Wolf verwandeln kann, was die törichte Menge Werwolf nennt, oder irgendeine andere Gestalt?›

Schon die übernächste Frage kommt nochmals auf die alten Schicksalsgöttinnen zurück: ‹Hast du getan, wie manche Weiber zu gewissen Zeiten zu tun pflegen: daß du in deinem Hause einen Tisch decktest und Speisen und Trank mit drei Messern auf den Tisch setztest, damit, wenn jene drei Schwestern, welche die Torheit des Altertums

Parzen genannt hat, kämen, sie sich dort erfrischen, und hast du der göttlichen Liebe ihre Macht und ihren Namen genommen und dem Teufel übertragen, so daß du glaubtest, jene, die du für Schwestern hältst, könnten dir jetzt oder in Zukunft nützen?›

Auch die gegebenenfalls verhängten Strafen haben den Glauben an die Parzen nicht ausrotten können. Eine in Worms gefundene Abbildung aus dem 15. Jahrhundert läßt vermuten, daß die Kirche diese zählebigen Damen schließlich in heilige Jungfrauen verwandelt hat.

Die zweite der soeben zitierten Fragen nach dem Glauben an die Parzen zielte speziell auf Frauen. Daß ihnen die kirchlichen Autoritäten von jeher besonderes Mißtrauen entgegenbrachten, das sich zu fanatischem Haß steigern konnte, klang schon in einigen Bemerkungen Thietmars von Merseburg an. Die dort erwähnte Herodias war übrigens nicht nur Prototyp einer Anstifterin zum Meuchelmord. Eine Sage behauptete, der Teufel habe ihr für den Mord an Johannes dem Täufer den dritten Teil der Erde geschenkt, doch der Strafe Gottes sei sie nicht entgangen: Ruhelos müsse sie bis zum Ende aller Tage durch die Welt irren. In dieser Rolle ist die biblische Gestalt mit dem in christlicher Zeit ‹verteufelten› Kult der römischen Diana in Zusammenhang gebracht und mit der Diana identifiziert worden. Diese Göttin war unter anderem auch Schutzpatronin der Zauberer, wie zuvor die griechische Göttin Hekate.

Diana, Hekate, Herodias, aber auch die germanische Frau Holda (Holle) stellte man sich als Anführerin einer Dämonenschar (Strigen, Lamien, Unholdinnen) vor, die des Nachts durch die Lüfte brauste. Bis spät ins Mittelalter hinein spielte diese vielnamige Zauberin in der Magie eine große Rolle. Zauberer, Hexenmeister und Hexen gehörten zu ihrem Gefolge. Der Glaube an die Realität magischer Künste wurde dann im 15. Jahrhundert nicht nur den ‹Hexen› und ‹Zauberern›, die sich selbst magische Kräfte zutrauten, zum Verderben, sondern auch zahllosen Frauen und Mädchen, die dem epidemieartig um sich greifenden Hexenwahn aus den unterschiedlichsten Gründen zum Opfer fielen.

Vergeblich haben in diesen dunklen Zeiten Kenner des Kirchenrechts immer wieder auf einen berühmten Kanon hingewiesen, der von Burchard von Worms in seine Sammlung aufgenommen und im Bußbuch kommentiert worden ist. Man nannte ihn den ‹Canon Episcopi›, weil sein Hauptteil mit dem Wort ‹Episcopi› (‹Die Bischöfe›) beginnt. Die Entstehungsgeschichte dieses Kanons ist sehr dunkel.

Man hat ihn früher dem Konzil von Ankyra (heute Ankara) im Jahre 314 zugeschrieben, die schriftliche Überlieferung setzt aber erst 872 ein, als ihn der westfränkische König Karl der Kahle in seine Kapitularien aufnahm. Burchard übernahm ihn aus der vor 899 entstandenen Sammlung des Abtes Regino von Prüm in das 10. Buch. Der Kanon besagt in seinem Hauptteil:

‹Gewisse verbrecherische Frauen, durch Vorspiegelungen und Einflüsterungen des Teufels verführt, glauben und bekennen, daß sie des Nachts mit der heidnischen Göttin Diana oder der Herodias und einer Schar anderer Frauen auf gewissen Tieren reiten, über viele Länder heimlich und in aller Stille hinwegeilen, der Diana als ihrer Herrin gehorchen und in bestimmten Nächten zu ihrem Dienst erscheinen. Leider haben nun diese Frauen ihren Unheil bringenden Wahn nicht für sich behalten; vielmehr hat eine große Menge, getäuscht durch die falsche Meinung, daß diese Dinge wahr seien, sich vom rechten Glauben abgewendet und die heidnische Irrlehre übernommen, indem diese Leute glauben, daß es außer Gott noch eine übermenschliche Macht gebe. Daher sind die Priester verpflichtet, den ihnen anvertrauten Gemeinden in der Predigt einzuschärfen, daß alles dieses durchweg falsch und Blendwerk sei, welches nicht vom Geiste Gottes, sondern von dem des Bösen herrühre. Der Teufel könne nämlich die Gestalt eines Engels annehmen, und wenn er sich einer Frau bemächtige, so unterjoche er sie, indem er sie zum Abfall vom Glauben bringe. Dann nehme er die Gestalt verschiedener Personen an und treibe mit ihnen im Schlafe sein Spiel, indem er ihnen einmal heitere, dann wieder traurige Dinge, bald bekannte, bald unbekannte Personen vorführe. Während der Geist dieses erleide, bilde sich der ungläubige Sinn des Menschen ein, daß dieses nicht in seiner Phantasie, sondern in Wirklichkeit geschehe. – Wer aber hat noch nicht erlebt, daß er im Traum vieles zu sehen geglaubt hat, was er in wachem Zustand niemals gesehen hat? Und wer sollte so borniert und töricht sein, daß er annehme, alles subjektiv Erlebte sei auch objektiv existent? Hesekiel hat Gott nur im Geiste und nicht mit dem Körper geschaut … – Es ist daher allen Leuten zu verkünden, daß derjenige, der solche Dinge glaubt, den wahren Glauben verloren hat. Wer aber den wahren Glauben nicht hat, der gehört nicht Gott, sondern dem Teufel an.›

Der protestantische Theologe Joseph Hansen, dem wir wichtige Aufschlüsse über die Vorgeschichte der großen Hexenverfolgungen verdanken, hat darauf hingewiesen, daß der ‹Canon Episcopi› im ‹Korrektor› zweimal erwähnt wird. Nur an einer Stelle ist der Wortlaut (bis auf die Einleitung) mit dem auch bei Regino von Prüm zu findenden Text identisch. Es wird dort nach dem Glauben an Frauen gefragt, die sich dem Teufel ergeben haben und nun des Nachts wie Wodans wildes Heer durch die Lüfte fahren und hoch in den Wolken miteinander kämpfen. Die Buße für diesen Irrglauben soll drei Jahre lang an bestimmten Tagen geleistet werden.

Die andere Textstelle ist kürzer. Sie überliefert als Bezeichnung für die nachtfahrenden Frauen einen hochinteressanten germanischen Namen: Holda. Wer an die Nachtfahrt solcher — den Menschen durchaus nicht feindlichen — Wesen glaubt, soll ein bis zwei Jahre lang an festgesetzten Tagen Buße tun. Daneben ist aber auch von Frauen die Rede, die mit der nächtlichen Ausfahrt einen bösen Zweck verbinden. Sie erheben sich heimlich von der Seite ihres Mannes, verlassen trotz ihrer Körperlichkeit die Häuser durch verschlossene Türen und begeben sich mit Gefährtinnen auf ihre gespenstische Reise. Unterwegs töten sie Christenmenschen mit unsichtbaren Waffen, kochen ihr Fleisch und verzehren es. An die Stelle des Herzens legen sie einen Lappen, ein Stück Holz oder ähnliches. Dann zaubern sie die Aufgegessenen ins Leben zurück. Wer derart Schauriges glaubt, soll sieben Jahre lang bei Wasser und Brot büßen.

Dieser Glaube an Menschenfleisch essende Nachtwesen ist schon in den ältesten Aufzeichnungen fränkischen, alemannischen und langobardischen Volksrechts (etwa 500—650) überliefert. Hier werden ähnliche griechische und römische Glaubensinhalte mit denselben lateinischen Worten umschrieben, allerdings mit der deutlichen Tendenz, die Körperlichkeit solcher ‹Lamien› und ‹Strigen› zu bezweifeln. Der germanische Name für sie ist nicht überliefert, es gibt nur einen Hinweis, daß er als eines der schlimmsten Schimpfwörter galt. Für den Fall, daß eine ‹Striga› wider Erwarten überführt werden sollte, wurde nur die für Mord übliche Strafe, eine Geldbuße, angedroht. Eine bei den Alemannen wohl mancherorts gelegentlich vorgekommene Lynchjustiz ‹auf Verdacht› wurde durch das geschriebene Recht energisch bekämpft.

Als Karl der Große die Sachsen zu bekehren suchte, fand er auch dort den Glauben an ‹Strigen› vor. Schon im ersten Kapitular über sächsische Angelegenheiten (ca. 787) ließ er den Glauben an Werwölfe und Hexen, aber auch volkstümliche Lynchjustiz mit der Todesstrafe bedrohen. Kirchliche und weltliche Rechtsauffassungen waren in diesen Jahrhunderten noch weitgehend identisch.

Burchard von Worms stand mit seiner Überzeugung, daß alle zum Heidentum zurückführenden Wahnvorstellungen bekämpft werden müßten, fest in der von Gregor dem Großen (Papst von 590 bis 604) begründeten Tradition. Das im 10. Buch seines Dekrets enthaltene Verbot, an nächtliche Flüge mit Diana oder Herodias zu glauben, wurde im 12. Jahrhundert in Gratians Sammlung übernommen und gelangte Anfang des 14. Jahrhunderts in das Corpus iuris canonici.

Da aber – wie schon einleitend gesagt – das eigentliche Bußbuch, der ‹Korrektor›, nicht in die jüngeren Sammlungen übernommen worden ist, fehlte im Corpus iuris canonici das Verbot, an herumfliegende menschen*feindliche* ‹Strigen› oder ‹Hexen› zu glauben. Die Bestimmungen des ‹Canon Episcopi›, die ja auch gegen die Realität des Hexenflugs sprachen, wurden durch scholastische Spitzfindigkeit außer Kraft gesetzt. Darüber wird im Kapitel von der ‹Hexensekte› und vom ‹Hexenhammer› berichtet werden.

Während Kirche und Staat den von Thietmar und Burchard beschriebenen mannigfaltigen Erscheinungsformen des Teufels zwar mit mehr oder weniger nachdrücklichen Ermahnungen, im ganzen aber ohne Schärfe entgegentraten, richtete sich ihre geballte Verfolgungskraft in zunehmendem Maße gegen die sogenannten Ketzer. Erst als ‹Hexer› und ‹Hexen› im 15. Jahrhundert der Ketzerei bezichtigt wurden, waren sie rettungslos verloren. Am Anfang des 11. Jahrhunderts war die Kirche, wie wir sahen, davon noch weit entfernt. Als Hauptfeind trat ihr in den folgenden Jahrzehnten – zunächst in Süd- und Westeuropa – eine geheime ‹Nebenkirche› entgegen, deren Mitglieder sich nicht scheuten, den Teufel als Schöpfer und Herrn dieser Welt zu bezeichnen: die Sekte der Katharer.

3

Eine Kirche des Teufels?

Wo Thietmar von Merseburg die Vertreibung des christlichen Obodritenfürsten Mistizlaw durch die heidnischen Liutizen im Jahre 1018 schildert, steigert sich seine Klage über eine allgemeine Weltuntergangsstimmung – wie wir sahen – zu dem beschwörenden Aufruf: ‹… auch darf keine plötzliche Unruhe unter den Verehrern Christi entstehen, denn ihre größte Stärke soll ja in ihrer Einmütigkeit liegen.›

Einmütigkeit aller Christen, Einheit der Kirche – dazu ermahnte bereits der Apostel Paulus in seinen Briefen, und seitdem wurde diese Forderung ständig wiederholt, ohne allerdings jemals verwirklicht zu werden. Aus der ‹allgemeinen christlichen Kirche› wurde eine Vielzahl christlicher Kirchen, und ihre Geschichte wurde auch zur Geschichte der Ketzerei, denn als Ketzerei galt von jeher jede ‹vom Teufel bewirkte› Kritik am katholischen, dem ‹allumfassenden› Dogma. Wo sich innerkirchliche Opposition organisierte, entstand aus dieser Sicht eine ‹Kirche des Teufels›. Aus christlichem Teufelsglauben wurde ein seinem Wesen nach zutiefst unchristlicher Teufelswahn.

Es war aber noch ein weiter Weg von der Feststellung, daß der Sünder und speziell der Verbreiter einer Irrlehre vom Teufel besessen sein müsse, bis zu der – in Wundergeschichten verbreiteten – Behauptung, daß abtrünnige Christen mit dem Teufel einen Pakt schlössen. Dieser Weg führt uns von der Chronik Thietmars von Merseburg zu den Wundergeschichten des Caesarius von Heisterbach, also über einen Zeitraum von 200 Jahren. Daß während dieser langen Zeit der Teufel nicht zur Bedeutungslosigkeit verdammt war, dafür sorgte vor allem die immer wieder angefachte Angst vor dem Kommen des Antichrist als Vorbote des Jüngsten Gerichts, die mit dem Ende des ersten christlichen Jahrtausends eine gewaltige Steigerung – mit darauffolgender ebensogroßer Verwirrung der Enttäuschten – erfahren hatte.

Wo hochgespannte Erwartungen enttäuscht wurden, konnten ‹ketzerische Lehren› mit zunehmend gesellschaftskritischem Gehalt Anhänger finden. Diese wurden nicht nur der katholischen Hierarchie, sondern auch dem gesamten Herrschaftssystem der feudalen Staaten Europas gefährlich, da hohe kirchliche Würdenträger wichtige Ämter im staatlichen Verwaltungsapparat innehatten. Die Herrscher in Mittel- und Westeuropa bemühten sich so erfolgreich um eine Festigung der staatserhaltenden Kirche, daß Kaiser Heinrich II., der 1024 nach 22jähriger Regierungszeit starb, im Jahre 1146 heiliggesprochen wurde und König Robert von Frankreich, der von 996 bis 1031 regierte, den Beinamen ‹der Fromme› erhalten hat.

Doch selbst das Zusammenwirken aller – seit dem Ausgang des 11. Jahrhunderts oft rivalisierenden – geistlichen und weltlichen Mächte konnte nicht verhindern, daß sich die katholische Kirche am Anfang des 13. Jahrhunderts in einen Kampf auf Tod und Leben mit einem Ketzertum verwickelt sah, das viele Glaubensbekenntnisse, viele Namen, aber nur selten eine greifbare Gestalt hatte. Alle ‹Häretiker› wurden verketzert. Anhänger von ‹Irrlehren› wurden zu Religionsschändern erklärt und damit verteufelt. Das bedeutete nach dem Wirksamwerden der Ketzergesetze Kaiser Friedrichs II. in Deutschland (1232) – über die weiter unten im Kapitel über die Ketzerinquisition ausführlicher berichtet wird – allgemein die Bedrohung mit dem Tod auf dem Scheiterhaufen.

Vorher hatte die Kirche jedoch offenbar lange Zeit versucht, Fälle von Häresie, die sie nicht einfach ignorieren konnte, möglichst ohne Aufsehen zu bekämpfen. Die Berichte über das Auftreten von Ketzern sind so dürftig und dunkel, weil zur Taktik der gewaltsamen Unterdrückung die Taktik des Totschweigens kam.

Die wie selbstverständlich vorausgesetzte Gemeinschaft aller Christen wurde mit dem ‹ungenähten Rock Christi› verglichen. Von ihm wird im Johannes-Evangelium berichtet, daß die Kriegsknechte beim Teilen der Habe des Gekreuzigten um ihn würfeln mußten, weil er unteilbar war.

In der Erwartung, daß der Heiland bald wiederkehren und auf Erden ein Gottesreich errichten werde, hielt die kleine Gemeinde der ersten Christen fest zusammen. Die Botschaft, daß alle Menschen Brüder, also Freie und Sklaven gleich seien, erwies sich als sehr werbewirksam, zumal Reichtum als Hindernis für die Zugehörigkeit zum kommenden Reich Gottes angesehen wurde. Diese Religion der ‹Mühseligen und Beladenen› zeichnete sich durch eine hohe Moral ihrer Angehörigen aus.

Im letzten Drittel des 1. Jahrhunderts entstand die dem Apostel Johannes zugeschriebene ‹Offenbarung› (griechisch: Apokalypse), deren bilderreiche, dunkle Sprache allerlei Auslegungen zuließ. Sie wirkte zunächst vor allem durch die Versicherung, daß Satan nach dem zeitlich unbestimmten Wiedererscheinen Christi 1000 Jahre lang gefesselt in einem Abgrund liegen werde. Erst danach werde er eine Zeitlang auf Erden herrschen, bis das Jüngste Gericht das Ende aller Tage bringe.

Als die ersten Theoretiker der katholischen Kirche sich genötigt sahen, die Erwartung eines tausendjährigen Gottesreiches mit der Lehre von einer – wenn auch nur eine ‹kleine Zeit› währenden – Weltherrschaft des Teufels zu verbinden, ließ der Enthusiasmus der Gläubigen und mit ihm der Ansporn für moralische Vollkommenheit merklich nach. Die maßgeblichen theologischen Schriftsteller, später ‹Kirchenväter› genannt, fanden sich offensichtlich damit ab, daß zahllose Heiden, deren Götter meistens eine wesentlich laxere Moralauffassung gestatteten, nicht durch zu rigorose Forderungen abgeschreckt werden durften. Um die Mitte des 2. Jahrhunderts war die Periode des Urchristentums, die später christlichen Sektierern so oft noch Anlaß zu kritischen Vergleichen geben sollte, beendet.

Anlaß zur ersten schweren Belastungsprobe für das neuere Christentum gab der reiche Reeder Marcion aus Sinope (heute der türkische Schwarzmeerhafen Sinop). In den Evangelien sah dieser erste Textkritiker der christlichen Kirche überall Spuren von Fälschern.

Das alte Testament verwarf er völlig und wurde damit zum Ahnherrn des religiösen Antisemitismus.

Als der gefährliche Kritiker im Jahre 140 Mitglied der Gemeinde von Rom wurde, kam es zum offenen Kampf mit den ‹Konservativen›. Bereits vier Jahre später schloß ihn eine nach Rom einberufene Synode aus der Kirche aus. Doch Marcion gründete eine neue Kirche, und zwar mit so großem Erfolg, daß sich die Häupter der Großkirche zu schwersten Verleumdungen hinreißen ließen. Als ‹Erstgeborenen Satans› und ‹Sprachrohr des Teufels› bezeichneten sie den Begründer dieser Konkurrenzkirche, die keine ‹Amtsgnade› für Priester kannte und das Taufen auch Frauen gestattete. Nur eine sich immer stärker herausbildende Weltfeindschaft und extreme Askese nahmen Marcions Kirche schließlich den Wind aus den Segeln. Er selber blieb der ‹Erzketzer›, und seine Interpretation des Neuen Testaments, dessen Entstehungsgeschichte bis heute nicht recht erhellt werden konnte, wurde totgeschwiegen.

Nicht besser erging es dem Syrer Montanus, der die alten Ideale der Urkirche wiederbeleben wollte. Auch er wurde (177) mit seinen zahlreichen Anhängern aus der Kirche vertrieben. Die damit erfolgte Spaltung wirkte sich besonders schwer aus, als am Anfang des 4. Jahrhunderts ein Wortführer der radikalen Richtung, Donatus, Bischof von Karthago wurde. Donatus verlangte, daß ein Priester frei von ‹Todsünden› sein müsse, da die von ihm gespendeten Sakramente sonst wertlos seien. Mit dieser ‹donatistischen› Forderung sah sich die Kirche während des ganzen Mittelalters immer wieder konfrontiert. Ihr Gegenargument lautete: Der wahre Spender der Sakramente sei gar nicht der eventuell unwürdige Priester, sondern Christus selbst. Hätte sich der ketzerische Standpunkt durchgesetzt, so wären nur noch Engel zum Priesteramt befähigt gewesen, denn als Todsünden gelten Geiz, Wollust, Hochmut, Völlerei, Zorn, Neid und Trägheit.

Ausschlaggebend für den Sieg eines zu moralischen Kompromissen bereiten Christentums war die Entscheidung des römischen Kaisers Konstantin im Jahre 313, das Christentum als Staatsreligion anzuerkennen. Das gab auch den Ausschlag beim Streit mit dem in Alexandria wirkenden Priester Arius, der das Dogma von der Dreieinigkeit ablehnte und lehrte, daß Christus ‹nur› gottähnlich sei. Auf dem Konzil zu Nikäa im Nordwesten von Kleinasien (325) veranlaßte Kaiser Konstantin, daß alle Arianer und Donatisten als Ketzer verdammt und aus der Kirche ausgestoßen wurden.

Dieses erste Konzil der Gesamtkirche brachte aber nicht die erhoffte Konsolidierung, im Gegenteil, die schonungslose Verfolgung stärkte die Häretiker. Denn der Satz ‹Das Blut der Märtyrer ist der Same der Kirche› galt nicht nur für den Katholizismus, sondern auch für die von ihm bekämpften Nebenkirchen. Die donatistische Bewegung ergriff ganz Nordafrika, und der Arianismus wurde zum Glaubensbekenntnis der Westgoten und der Langobarden, bis er dort seinen staatlichen Rückhalt im 6. Jahrhundert verlor. Für die Donatisten fiel die Entscheidung, als Augustin (354–430), der in der ganzen Kirche über große Autorität verfügende Bischof von Hippo (heute Bône, Algerien), nach langen Streitgesprächen die Losung ausgab: ‹Nötige sie hereinzukommen!›

Damit war die Anwendung von Gewalt gegen Vertreter einer abweichenden Meinung sanktioniert. Alle Ketzerrichter des Mittelalters beriefen sich auf Augustin. Am härtesten sollte dieses Verzichten auf Überzeugung des Andersdenkenden jedoch Sektierer treffen, denen Augustin in seiner Jugend sehr nahegestanden hatte: die Manichäer und ihre mittelalterlichen Nachfolger.

In den ersten christlichen Jahrhunderten gab es etliche Christen, die den Erlösungsglauben mit verschiedenen Elementen spätantiker Philosophie verbanden und in ihrem Ringen um Erkenntnis Gottes alle kirchliche Autorität ablehnten. Sie sind als ‹Gnostiker› (griech. gnosis = Erkenntnis) in die Geschichte eingegangen. Ihre Weltbetrachtung war ausgesprochen düster. Sie beruhte auf einem strengen Dualismus, der Annahme so gegensätzlicher Urprinzipien wie Materie und Geist, Teufel und Gott.

Derselbe Gegensatz zwischen teuflischer Materie und göttlichem Geist bestimmte auch das Religionssystem der Manichäer. Es entstand im 3. Jahrhundert im persischen Reich. Sein Stifter, Mani, verkündete die Lehre von der Seelenwanderung. Nur wenigen Auserwählten versprach sie Erlösung durch strenge Askese. Mani wurde 277 auf Betreiben persischer Hofpriester gekreuzigt, doch seine in einer umfangreichen Literatur überlieferten Lehren, die von buddhistischen wie von christlichen Priestern bekämpft wurden, verbreiteten sich bis nach dem Fernen Osten und gewannen im 4. Jahrhundert besonders in Nordafrika sehr viele Anhänger. Ihr Erfolg beruhte nicht zuletzt darauf, daß sie sich fremden Religionen leicht anpaßten. Im 4. Jahrhundert war der Manichäismus zum schärfsten Konkurrenten der katholischen Kirche geworden, und erst die Erhebung des Katholizismus zur römischen Staatsreligion ließ ihn im Kampf um die Vorherrschaft im ganzen römischen Reich unterliegen.

Der Manichäismus konnte jedoch im Untergrund überleben. Dabei kam es zu tiefgreifenden Anpassungen der Ideologie an die sich verändernden gesellschaftlichen Verhältnisse im europäischen Feudalismus. Die ‹Neumanichäer›, die um die Jahrtausendwende zum größten Entsetzen der Papstkirche in Italien und Frankreich auftauchten, sind deshalb als eigenständige Religionsgemeinschaft anzusehen. In spätere Diffamierungs- und Vernichtungsfeldzüge der Papstkirche gegen die Katharer – so nannte man die Neumanichäer des 12. und 13. Jahrhunderts – wurden zwar auch Sektierer einbezogen, die das urchristliche Ideal einer apostolisch-armen Kirche wiederbeleben wollten, doch aus der Sicht der Ketzerverfolger blieb wohl vor allem die kirchliche Organisation der Katharer die ‹Kirche des Teufels›. Vorstufen sind im byzantinischen Reich nachgewiesen worden.

Ein wichtiges Glied dieser Entwicklungsreihe waren die Paulikianer, so genannt nach dem Apostel Paulus. Sie verwarfen das Alte Testament, alle Heiligenbilder und sogar Nachbildungen des Kreuzes Christi als Werke des Teufels, des Schöpfers der sichtbaren Welt. Im 8. und 9. Jahrhundert erlangten sie im byzantinischen Reich großen Einfluß, doch um 975 erfolgten Massenaussiedlungen ihrer Anhänger aus Kleinasien nach der Balkanhalbinsel, wo sich ihre Lehren mit denen der Bogomilen vermengten.

Als Stifter dieser stark christlich gefärbten, gnostische Glaubenselemente bewahrenden Sekte gilt der bulgarische Pope Bogomil, der um 930 wirkte. Die Auffassung, daß die sichtbare Welt vom Teufel erschaffen worden sei, fand besonders starken Widerhall bei den bulgarischen, etwas später auch bei den serbischen Bauern, die von ihren Bojaren in die Leibeigenschaft gepreßt worden waren. Sie sagten, daß die Riten der offiziellen Kirche Betrug seien und daß man weder der Obrigkeit noch den orthodoxen Priestern Gehorsam zu leisten brauche.

Nachdem Bulgarien 1018 wieder unter byzantinische Herrschaft gekommen war, wurde Konstantinopel Zentrum der Bewegung, die dabei allerdings ihren zunächst bäuerlichen Charakter veränderte. Nur in Bulgarien blieb die Bauernschaft weiterhin Basis der Sekte, da die Bogomilen den Kampf der Bauern gegen die einheimischen Feudalherren und die byzantinische Fremdherrschaft unterstützten.

Bereits in den ersten Jahren des 11. Jahrhunderts haben bogomilische Missionare Kontakte mit oppositionellen Christen in Italien und Frankreich aufgenommen, und aus diesen Begegnungen erwuchs das Katharertum. Die einzelnen Phasen dieser Entwicklung liegen zunächst im dunkeln, doch noch vor der Mitte des 12. Jahrhunderts treten die Katharer in Südfrankreich als organisierte Sekte auf. Ihre schnelle Ausbreitung, besonders in der Lombardei und in der Gegend der südfranzösischen Stadt Albi (daher die Bezeichnung ‹Albigenser›), ließ die katholische Hierarchie das Schlimmste befürchten. Im Jahre 1167 fand in der Nähe von Toulouse ein regelrechtes Konzil der Katharer statt, an dem mehrere Katharerbischöfe und auch ein Bogomilenbischof aus Konstantinopel teilnahmen.

Die südfranzösischen Katharer, die Albigenser, nannten sich selbst ‹Chatari› (von griech. katharos = der Reine), in lateinischen Quellen kommt aber auch die Bezeichnung ‹veri Christiani› (wahre Christen) vor. In Mailand und sogar in Rom entstanden Zentren der italienischen Katharer, der ‹gazari›. Für ‹wahre Christen› hielten sich aber auch viele andere Sektierer, die das ‹apostolische Leben› der ersten Christen als Kernstück einer gründlichen Reform des kirchlichen Lebens ansahen und deshalb prompt zu Ketzern erklärt wurden, obwohl sie den neumanichäischen Dualismus entschieden ablehnten.

Der katharische Glaube, der allerdings nur aus Berichten seiner Gegner erschlossen werden konnte, enthielt die alte gnostisch-manichäische Grundlehre, daß es dem Teufel gelungen sei, zahlreiche Engel zu verführen und ihre Seelen an irdische Körper zu fesseln. Es sei jedoch möglich, diese gefangenen Seelen durch vorbildliche Lebensweise zu befreien. Ehe und Geschlechtsverkehr waren untersagt, weil sie bewirkten, daß neue Seelen an die teuflische Welt gefesselt würden. Alle kirchlichen Sakramente wurden verworfen, weil sie an stoffliche Dinge (wie Brot, Wein, Wasser) gebunden waren. Auch das Alte Testament lehnten viele ab, da der darin verherrlichte Schöpfer der materiellen Welt nur der Teufel sein könne. Dagegen wurde das Neue Testament mit einem ‹vergeistigten› Christus akzeptiert, so daß diese Verkünder einer unchristlichen dualistischen Grundauffassung erfolgreich als ‹wahre Christen› auftreten konnten.

Die katholische Kirche hielten die Katharer für hoffnungslos verdorben, ja für eine Kirche des Teufels, denn im Papst sahen sie den Antichrist der Apokalypse. Aber auch die weltliche Obrigkeit wurde abgelehnt, man warf ihr vor, daß sie aus der Schlechtigkeit der Papstkirche Nutzen ziehe. Ob eine ‹bessere› Obrigkeit für konsequente

Katharer je denkbar gewesen wäre, erscheint fraglich, wenn man liest, daß es ‹wahren Christen› nicht gestattet sei zu lügen, zu schwören oder sich an weltlicher Rechtsprechung zu beteiligen. Die Todesstrafe wurde ebenso verworfen wie der Kriegsdienst und jegliche Anwendung von Gewalt. Selbst das Töten von Tieren war verboten. Infolgedessen lebten konsequente Katharer vegetarisch. Das Geld verachteten sie als ‹Fäulnis der Seele›.

Derartig extreme Weltentsagung war nur ‹perfekten› Katharern möglich, und ‹perfecti› (Vollendete) nannten sich auch alle, die das einzige katharische Sakrament, die Geisttaufe, empfangen hatten. Dabei legte ein ‹Vollendeter› dem Täufling die Hand auf das Haupt. Die Masse der Sektenangehörigen bestand aus sogenannten ‹Gläubigen›, die von ‹Vollendeten› angeleitet wurden. Die Geisttaufe wurde von den meisten erst kurz vor dem sicheren oder vermeintlichen Tode empfangen. Da nur wenige längere Zeit nach den strengen Regeln der ‹Vollendeten› leben konnten, wählten Getaufte manchmal den freiwilligen Hungertod, die ‹Endura›.

Ein überliefertes Taufgelübde faßt die bekannten Gebote zusammen und fügt noch interessante Einzelheiten hinzu. Es lautet: ‹Ich verspreche, mich Gott und seinem Evangelium zu weihen, nie zu lügen, nie zu schwören, nie eine Frau zu berühren, kein Tier zu töten, kein Fleisch zu essen und nur von Früchten zu leben. Ich verspreche weiterhin, nie ohne einen Mitbruder zu verreisen, zu wohnen oder zu essen, und falls ich in die Hände unserer Feinde falle oder von meinem Mitbruder getrennt bin, mich drei Tage lang jeder Nahrung zu enthalten. Und dann verspreche ich noch, nie meinen Glauben zu verraten, welches auch der mir angedrohte Tod sei.› — Dem religiösen Teil folgen also Verhaltensregeln, die auf eine gut funktionierende Untergrundorganisation schließen lassen.

Was machte eigentlich diese harmlosen Vegetarier zu Todfeinden der katholischen Kirche? Selbst der berühmte Zisterzienserabt Bernhard von Clairvaux, der in den vierziger Jahren des 12. Jahrhunderts die vornehmsten Fürsten Europas für das bedenkliche Abenteuer des 2. Kreuzzuges gewinnen konnte und als Vorkämpfer für die Stärkung der Kirche die Albigenser mit aller Kraft bekämpfte, mußte ihnen zubilligen, daß ihre Lebensweise für alle Christen ein Vorbild sein könnte. Andererseits bezeichnete er die große Teile Südfrankreichs umfassenden Besitzungen des Grafen von Toulouse als ‹heidnische Provinz›. Für die Kirche seiner Zeit, die Bernhard im Sinne

Augustins mit allen ihren Schwächen als ‹schon jetzt bestehendes Reich Christi› ansah, waren diese Katharer als ‹wahre Christen› eine ebenso tödliche Gefahr wie als ‹Heiden›. Allein schon ihre Ablehnung von Ehe, Familie und Eigentum stellte die ganze feudale Gesellschaftsordnung in Frage, mit der sich die Kirche stets identifiziert hatte. Vergeblich ließen die Bischöfe gegen diese ‹Anarchisten› predigen, vergeblich versuchten sie, die katharische Agitation durch öffentliche Streitgespräche lahmzulegen: Die Kluft zwischen christlicher Predigt und feudaler Praxis war innerhalb wie außerhalb der Kirche zu groß. Der Klerus erregte durch prunkhaftes Auftreten und sittenloses Leben immer wieder Ärgernis bei einer mehr und mehr nach den Gesetzen der Ware-Geld-Wirtschaft lebenden Bevölkerung, der die Katharer eine wesentlich wohlfeilere Religion anboten und diese beispielhaft vorlebten. Den Vorwurf, einer ‹Kirche des Teufels› anzugehören, konnten Katholiken und Katharer wechselseitig erheben und begründen.

Da griff Innozenz III., einer der bedeutendsten Päpste des Mittelalters, im Jahre 1209 zum äußersten Mittel: Er nahm die Ermordung eines päpstlichen Legaten durch einen Dienstmann des Grafen von Toulouse zum Anlaß, den ersten Kreuzzug gegen Christen, den berüchtigten Albigenserkreuzzug, zu proklamieren. Am eifrigsten beteiligten sich nordfranzösische Ritter, aber auch der Herzog von Österreich zog 1212 gegen die ‹Gottesfeinde›. Trotz unvorstellbarer Grausamkeiten der ‹Kreuzfahrer›, denen außer zahllosen Menschenleben auch eine blühende Kultur zum Opfer fiel, dauerte der Kampf 20 Jahre.

In dieses blindwütige Morden wurde auch die streng christliche Sekte der Waldenser hineingerissen. Diese hatte in den siebziger Jahren des 12. Jahrhunderts der reiche Lyoner Kaufmann Waldes gegründet. Sowohl in Frankreich als auch in Deutschland hatte sie schnell Anhänger gefunden. Auch sie propagierten ein Leben in Armut (man nannte sie daher auch ‹Arme von Lyon›) nach dem Vorbild der Apostel. Erst die gemeinsame Verfolgung ließ sie näher an die Katharer heranrücken, in Frankreich ebenso wie in Italien, wo Mailand zur Hochburg aller antipäpstlichen Ketzerei geworden war.

Die Kreuzzugspropaganda behauptete, daß die Katharer den Teufel als Gott anbeteten und in verborgenen Kellergewölben und Höhlen gotteslästerliche Kulthandlungen — verbunden mit sexuellen Ausschweifungen — vornähmen. Damit war die Standardanklage für alle künftigen Ketzer- und Hexenverfolgungen vorgeprägt. Schon gegen Ende des 12. Jahrhunderts hatte der französische Philosoph Alain von Lille (1120–1203) behauptet, daß der von den Katharern verehrte Teufel die Gestalt eines Katers annehme. Dies geschah wahrscheinlich nur, um ihren Namen von dem lateinischen Wort für Kater, cattus, oder catta (Katze) ableiten zu können, doch der philologische Kunstgriff ließ den Kater neben der Kröte und dem Bock nun zum bevorzugten ‹Teufelstier› werden.

Die Katharer haben zweifellos schon früh auch nach Deutschland Missionare entsandt. Dort hatten die ‹Reichskirche› und die zahllosen Kirchen im Besitz einzelner Feudalherren besondere Bedingungen geschaffen. Einerseits gab die damit verbundene ‹Verweltlichung› reichlich Anlaß, am offiziellen Christentum Kritik zu üben, andererseits bot aber eine solche Vereinigung von geistlicher und weltlicher Gewalt den Agitatoren kirchenfeindlicher Lehren nur geringe Wirkungsmöglichkeiten.

Aufschlußreich ist eine Nachricht aus Goslar, wo seit dem 10. Jahrhundert das wichtigste Silberreservoir der römisch-deutschen Kaiser, der Rammelsberg, einen ökonomischen Schwerpunkt bildete. Dort wurden im Jahre 1052 Ketzer entdeckt, die sich lieber – auf Befehl des gerade anwesenden Kaisers Heinrich III. – hängen ließen, als daß sie ein Huhn schlachteten. Eine derart konsequente Weigerung, Blut zu vergießen, läßt auf Katharer schließen. Sie sollen aus Lothringen gekommen sein, das sich damals noch von der Mündung der Maas bis zu den südlichen Vogesen erstreckte und Bestandteil des römisch-deutschen Reiches war.

Weitere Zentren wirtschaftlichen Aufschwungs waren in Deutschland vor allem die Städte am Mittel- und Niederrhein. Dort, wo sich die ökonomischen und sozialen Umwälzungen des voll entfalteten Feudalismus am frühesten vollzogen, drängten auch gesellschaftliche Spannungen am frühesten zur Entladung. Dabei kam es teilweise zur Vermischung des antifeudalen Kampfes der Bürger gegen den Stadtherrn – meistens waren dies Bischöfe – mit häretischen Oppositionsbewegungen.

Geistliche traten bei der Hinrichtung von Ketzern, die stets dem ‹weltlichen Arm Gottes› überlassen wurde, kaum in Erscheinung. Ihr härtestes Urteil war und blieb die Exkommunikation unbekehrbarer Ketzer. Diese Maßnahme, der die Auslieferung an weltliche Richter folgte, war oft allerdings faktisch ein Todesurteil.

Aus Köln, der damals bedeutendsten Stadt Deutschlands, wird vom Jahre 1143 berichtet, daß zwei Ketzer freigelassen worden seien, nachdem das Gottesurteil der Wasserprobe zu ihren Gunsten gesprochen habe. Bald darauf sollen dort jedoch zwei führende Katharer – angeblich ein Bischof und sein Gehilfe – von der Volksmenge gelyncht (verbrannt) worden sein. In Bonn wurden etwa um dieselbe Zeit drei Ketzer verbrannt. Daß vor allem in Köln auch weiterhin Katharer lebten, geht aus zeitgenössischen Quellen hervor, doch ein größeres Aufsehen erregender Prozeß fand offenbar erst 1163 statt. Um 1175 gedachten die ersten Verfasser der sogenannten Kölner Königschronik, einer für die allgemeine Reichsgeschichte wertvollen Quelle, dieses spektakulären Ereignisses in zwei Versionen, und ein halbes Jahrhundert später erzählt Caesarius von Heisterbach darüber eine seiner im nächsten Kapitel näher zu betrachtenden Wundergeschichten.

Die Kölner Königschronik überliefert zum ersten Mal den Sektennamen ‹Katharer› (lat. Catari bzw. Kattari). Beide Versionen besagen übereinstimmend, daß am 5. August 1163 fünf aus Flandern gekommene Katharer, vier Männer und ein Mädchen, vor der Stadt verbrannt worden sind und daß sich das Mädchen ‹gegen den Wunsch des Volkes› freiwillig ins Feuer gestürzt habe. Die erste Fassung weiß außerdem von dem Wunder zu berichten, daß während der Verbrennung in der Stadt ein außerordentlich heftiger Regen niedergegangen sei, während es am Scheiterhaufen ‹um des Glaubens des schwachen Volkes willen› überhaupt nicht geregnet habe.

Caesarius malt die fanatische Standhaftigkeit der Ketzer noch kräftig aus, besonders die Todessehnsucht des jungen Mädchens, das sich auf die Leiche des bereits verbrannten ‹Ketzermeisters› stürzte. Sie ‹stieg mit ihm in die Hölle hinab, um dort ewig zu brennen›. – Wahrscheinlich hatte das Mädchen nach dem Todesurteil die katharische Geisttaufe erhalten, so daß es sich nun vor ‹Versuchungen durch die Welt› mehr fürchtete als vor dem Tode.

Die erste Massenverbrennung auf deutschem Boden fand 1212, während des Albigenserkreuzzuges, in Straßburg statt. Vielleicht wurde damals eine verstärkte Gegenpropaganda der Katharer befürchtet. Zeitgenössische Geschichtsquellen berichten nur, daß 80 beziehungsweise 100 Ketzer an einem Tage verbrannt worden seien.

Diese in Deutschland noch beispiellose Terrormaßnahme hatte keineswegs den erhofften Erfolg, schon wenige Jahre später wurden in

Straßburg abermals zahlreiche Ketzer entdeckt. Inzwischen war die Position der katholischen Kirche jedoch durch den unerwartet schnellen Triumph des – zunächst als ‹Pfaffenkaiser› verhöhnten – päpstlichen Gegenkönigs Friedrich II. von Staufen über den welfischen, seit 1210 gebannten ‹Ketzerkaiser› Otto IV. sehr gefestigt worden. Diesem Gefühl neugewonnener Sicherheit sollten wohl zwei Statuen am Südportal des Straßburger Münsters, wo 1212 das Bischofsgericht getagt hatte, Ausdruck verleihen. Sie tragen die Namen ‹Kirche› und ‹Synagoge›.

Am Anfang des 13. Jahrhunderts war das zweiteilige Südportal am Querschiff des Münsters das Hauptportal, denn an dem riesigen Langhaus wurde nach dem letzten Brande von 1176 noch gebaut. Vor dem Südportal fanden auch wichtige Rechtshandlungen der Bürgerschaft statt. Kurz nach 1220 wurde es mit Skulpturen geschmückt, von denen nur die genannten Seitenfiguren erhalten geblieben sind.

Es steht fest, daß bei der künstlerischen Ausgestaltung des Münsterportals französische Einflüsse eine große Rolle gespielt haben. Die gekrönte Kirche blickt stolz, das Kreuz wie ein Feldzeichen in der rechten Hand, den Abendmahlskelch in der Linken, zur Synagoge hinüber. Diese steht wie innerlich gebrochen, das Haupt gesenkt, die Augen sind mit einer Binde bedeckt, die rechte Hand stützt eine an den Körper gelehnte, zerbrochene Fahnenstange, die Linke hält resignierend die Gesetzestafeln des Alten Bundes.

Und doch fesselt der Anblick dieses Gegenstandes hochmütiger Verachtung den Betrachter. Der Kunsthistoriker Richard Hamann sagt dazu: ‹Künstlerisch und menschlich ist in dieser Statue so viel unaussprechliche Feinheit, daß man glaubt, der Schöpfer dieser Figuren war mit seinem Herzen mehr bei der Synagoge als bei der Kirche.›

In Reims war wenige Jahre zuvor ein Vorbild für dieses Statuenpaar geschaffen worden. Reimser Einfluß ist aber vor allem auch für das dritte bedeutende Beispiel dieser typisierenden Darstellung der siegreichen Kirche nachgewiesen: das von Bamberg. Dort wurde zwischen 1230 und 1240 für das sogenannte Fürstenportal des Domes eine ‹Synagoge› gestaltet, die auf den ersten Blick der Straßburger sehr ähnlich ist. Doch zu einem sehr bedeutsamen Unterschied bemerkt Richard Hamann: ‹Dennoch wird man Bedenken tragen, hier einen Zusammenhang zu sehen. ... Der Fahnenschaft der Synagoge ist zerbrochen, aber sie schultert ihn wie ein Soldat die im Kampf geknickte Lanze. ... Es ist mit Gewand und Körper dasselbe wie mit der Binde vor den Augen. Diese dringen so kräftig durch den Schleierstoff hindurch, daß man sie nicht für blind, sondern für hellsichtig hält. ... Einer Justitia würde man diese Haltung glauben, nicht einer Synagoge.›

An der anderen Seite des Portals steht eine Kirche, die majestätisch ins Leere blickt. Wo ist die lässige Überlegenheit geblieben, die aus dem Antlitz der Straßburger Figur spricht? Der Kunsthistoriker hat richtig gesehen: Die alte Form – vorgeprägt durch die literarische Tradition des seit Augustin bekannten Gegensatzpaares ‹Kirche und Synagoge› – hat durch hervorragende Künstler, deren Werke die bestimmenden geistigen Strömungen ihrer Zeit widerspiegeln, einen neuen Inhalt bekommen. Die Staatskirche Augustins ist dieselbe geblieben: sicher-überlegen im Besitze der Macht, starr-majestätisch im Kampf um die Macht, der um 1240 zwischen Papst Innozenz IV. und Kaiser Friedrich II. wieder unverhüllt entbrannt war.

In dieser letzten großen Schlacht zwischen dem mittelalterlichen Kaisertum und dem rivalisierenden Papsttum, in dem der ‹Antichrist› leibhaftig die politische Bühne betrat, hat offenbar die Gestalt der Synagoge einen wesentlichen Bedeutungswandel erfahren. Sie war viele Jahrhunderte lang nur Symbolfigur des Alten Testaments, des Alten Bundes Jehovas mit den Juden gewesen, an dem diese unbelehrbar festhielten. Ihr Starrsinn hatte sie zu ‹Mördern Christi›, zu ‹Gottesfeinden› werden lassen. Der Name ihres Versammlungshauses, Synagoge, wurde schließlich auf ‹Schulen›, Kultstätten Satans übertragen, und man sprach von ‹Satans Synagoge› im Sinne von ‹Gemeinde Satans›. So verstanden, konnte die Gestalt der Synagoge im 13. Jahrhundert eine ‹Kirche des Teufels› repräsentieren.

Fraglich bleibt, wieweit der Papstkirche die mit diesem Begriff verbundene Diffamierung und Verteufelung aller religiösen Oppositionsbewegungen gelungen war. Beweisen die Gestalten der ‹Synagoge› an den Domportalen zu Straßburg und zu Bamberg nicht wenigstens für diese Orte das Scheitern solcher Bestrebungen? Die Kunstgeschichte liefert noch erstaunlichere Zeugnisse für das Vordringen ‹ketzerischer› Glaubensinhalte in Bereiche der ‹offiziellen› Kirche: die Werke des (anonymen) Meisters vom Naumburger Dom.

Als Papst Innozenz IV. um 1250 in seinem Vernichtungsfeldzug gegen den ‹Antichrist› Kaiser Friedrich II. und alle seine Nachkommen – dem weiter unten ein besonderes Kapitel gewidmet ist – in großen Teilen Deutschlands alle kirchlichen Handlungen verbot, mußte er der ‹Konkurrenzkirche› der Waldenser ungewollt geradezu ideale Wirkungsmöglichkeiten einräumen. Wie mühsam die dem Papst direkt unterstellten Bettelmönche, vor allem die Dominikaner, mit der Ketzerinquisition dagegen anzukämpfen versuchten, ist ebenfalls Gegenstand eines späteren Kapitels. Um 1250 gab es jedoch in Deutschland eine Stadt, in der gar keine Bettelmönche ansässig waren: Naumburg. Und zumindest der bis 1248 dort amtierende Bischof Engelhard – ein entschiedener Parteigänger Kaiser Friedrichs – dürfte mit den Häretikern sympathisiert haben.

Wie wäre es sonst zu erklären, daß der aus Mainz gekommene ‹Meister des Naumburger Doms› in seinen Werken waldensische Einflüsse erkennen läßt? Er verwendete bei der Darstellung des Gekreuzigten ein dreiarmiges Kreuz, das Kennzeichen der Waldenser. Bei der Ausschmückung des neu erbauten Chors haben in diesem sonst für Laien nicht zugänglichen Bereich die weltberühmten ‹profanen› Stiftergestalten wie selbstverständlich ihren Platz gefunden. Die Abendmahlsszene in einem der Reliefs am Westlettner wirkt unmittelbar weltlich-naturalistisch, um nicht zu sagen ‹protestantisch›.

Als in der zweiten Hälfte des 13. Jahrhunderts Europa mit einem Netz von Inquisitionstribunalen überzogen wurde, war die Zeit lokaler ‹Ketzeridylle›, in der solche Kunstwerke entstehen konnten, offenbar zu Ende. Erst der ‹Erzketzer› Martin Luther fand genügend staatlichen Rückhalt, um eine dauerhafte Gegenkirche gründen zu können, die dann ihrerseits schon bald mit dem ‹Verteufeln› ihrer eigenen Ketzer begann.

4

Teufelsgeschichten aus Heisterbach

Das ehemalige Zisterzienserkloster Heisterbach, nahe bei Königswinter im rheinischen Siebengebirge gelegen, zeugt heute nur noch mit der Ruine seines Kirchenchors für die in diesem Orden einst besonders gepflegte Baukunst. Als weitaus zeitbeständiger hat sich das literarische Werk des Mönches Caesarius erwiesen, der dort vom Ende des 12. Jahrhunderts bis in die vierziger Jahre des 13. Jahrhunderts gelebt hat. Seine zahlreichen theologischen Schriften – überwiegend Predigten – und auch die Biographien des 1225 als Reichsverweser ermordeten Kölner Erzbischofs Engelsbert sowie der 1231 verstorbenen heiligen Elisabeth von Thüringen gelten als Geschichtsquellen hohen Ranges; bleibenden Ruhm hat sich Caesarius jedoch vor allem als Verfasser der ersten auf deutschem Boden entstandenen Sammlung anekdotenhafter ‹Kurzgeschichten› erworben, obwohl das sicherlich gar nicht seine Absicht war.

Als der um 1180 in Köln geborene Caesarius Anfang 1199 in das erst wenige Jahre zuvor vom Kölner Erzbischof gegründete Kloster Heisterbach eintrat, geschah das in einer politisch, ökonomisch und ideologisch außerordentlich bewegten Zeit. Durch den frühen Tod Kaiser Heinrichs VI. im Herbst 1197 war das Stauferreich in eine tiefe Krise geraten, denn Heinrichs Sohn, der ‹gewählte römische König› Friedrich II., war erst zwei Jahre alt, und die deutschen Fürsten benutzten jede Gelegenheit, um die zu sehr auf Italien orientierte kaiserliche Zentralgewalt zu schwächen. Sie fanden einen Verbündeten in Papst Innozenz III., der dem 1198 neugewählten Staufer Philipp von Schwaben einen welfischen Gegenkönig, Otto IV., entgegenstellte. Damit begann der nur von einigen Pausen unterbrochene letzte große Kampf zwischen dem mittelalterlichen Kaisertum und dem Papsttum, der erst mit dem Untergang des Stauferreiches nach 1250 sein Ende fand.

In diesen Jahrzehnten führte eine breite Opposition gegen die ganz offensichtlich verweltlichte, papsthörige Kirche zu einem starken Anschwellen religiöser Reformbewegungen, die von der Kirche als Ketzersekten diffamiert und (wie 1212 in Straßburg) mit härtesten Maßnahmen bekämpft wurden. Gleichzeitig ging – vor allem im ökonomisch fortgeschrittenen Rheinland – durch spürbare Ausweitung des Warenverkehrs und der Geldwirtschaft eine Entwicklung vor sich, die eine stärkere soziale Differenzierung zur Folge hatte. Auffällige Zunahme von Reichtum auf der einen, Massenarmut auf der anderen Seite trugen dazu bei, daß die allgemeine Moral sank und der Glaube an die Heilsmittel der Kirche leichter zu erschüttern war.

Obwohl der Mönch Caesarius materiell durch seinen wohlhabenden Orden und seelisch durch eine unverwüstliche, naive Frömmigkeit geschützt war, mußte er sich doch bald mit dem überall sichtbaren Verfall von Moral und Frömmigkeit auseinandersetzen. Seine Gelehrsamkeit und wohl auch seine besondere Eignung für das Klosterleben veranlaßten nämlich den Abt, ihn mit dem Amt des Novizenmeisters zu betrauen. Wann das geschah und wann Caesarius Prior, also Stellvertreter des Abtes wurde, ist nicht bekannt. In diesen Funktionen durfte er den Abt auf mehreren Visitationsreisen in die nähere und weitere Umgebung – bis nach Friesland – begleiten, was seinen Fundus an ‹genau belegten› Wundergeschichten sicherlich immer wieder bereichert hat.

Diese Wundergeschichten haben ihn berühmt gemacht. Zuerst nur ‹für den Hausgebrauch› in Predigten eingestreut, die nach Zisterzienserart vor den Klosterinsassen gehalten wurden, dienten sie offenbar auch der geistlichen Unterweisung der Novizen, neu aufzunehmender Brüder, die vor dem Ablegen des Möchsgelübdes eine Probe- und Ausbildungszeit absolvieren mußten.

In der Umgebung von Köln, damals der größten Stadt Deutschlands, traten die weit verbreiteten Gegensätze zur Papstkirche sicherlich auch im Gespräch mit Novizen zutage, und es bedurfte dann starker Argumente des Ausbilders, um die wichtigsten Lehrmeinungen der Kirche wenigstens in den Köpfen des Möchsnachwuchses fest zu verankern. Was konnte dafür geeigneter sein als der Nachweis erst kürzlich geschehener, von bekannten, angesehenen Personen bezeugter Wunder?

Als Caesarius vom Abt aufgefordert wurde, seine beliebten ‹Exempel› zu sammeln und sie literarisch zu gestalten, um auch andere Klöster des Ordens oder sonstige Interessenten davon profitieren zu lassen, nahm er sich eine in Dialogform abgefaßte Schrift Gregors des Großen (Papst von 590 bis 604) zum Vorbild. Gregor hatte die nur als Wunder zu bezeichnenden Taten italienischer Mönchsheiliger von einem ‹Lehrer› erzählen lassen, der damit einen zunächst noch ungläubigen ‹Schüler› nach und nach vollständig ‹überzeugte›. Dieses Werk wurde während des ganzen Mittelalters sehr geschätzt und mehrmals kopiert.

Solche Wundergeschichten konnten die Jahrhunderte zwischen dem Untergang des römischen Reiches und der ‹Neuzeit›, die in Deutschland mit den ökonomischen und geistigen Umwälzungen des 16. Jahrhunderts beginnt, überspannen, weil sich das Leben der einfachen Menschen während dieses langen Zeitraums kaum veränderte. Bildung war das Vorrecht einer kleinen Schicht, die ständig unter dem Verdacht stand, Zauberei, sogenannte Schwarze Kunst zu betreiben. Das war auch das Schicksal des aus seiner Diözese vertriebenen Reimser Erzbischofs Gerbert (um 930—1003), des bedeutendsten Gelehrten seiner Zeit. Dennoch konnte er dank der Verehrung, die ihm der junge Kaiser Otto III. bezeigte, im Jahre 999 als Sylvester II. den päpstlichen Stuhl besteigen.

Caesarius stellte seine erste Sammlung von Wundergeschichten in den Jahren 1219 bis 1223 zusammen. Sie trägt den Titel ‹Dialogus miraculorum› (‹Gespräch über wunderbare Geschehnisse›) und enthält nicht weniger als 750 überwiegend kürzere Erzählungen. Ein Mönch belehrt darin einen Novizen über Grundbegriffe des katholischen Glaubens, zum Beispiel über das gnadenvolle Wirken der Jungfrau Maria als zuverlässigsten Schutz gegen Nachstellungen des

Teufels. Der Novize erweist sich zunächst als schwach in der Fähigkeit, das Unglaubliche zu glauben, doch auf Berichte über beweiskräftige Wunder folgt seine stereotype Versicherung: ‹Du hast mich überzeugt ...›

Der ‹Dialogus miraculorum› ist in zwei Bände unterteilt, von denen jeder sechs Abteilungen enthält, die den Stoff thematisch gliedern. Für unser Thema ist die fünfte, ‹Von den Dämonen›, die nicht weniger als 56 Teufelsgeschichten enthält, besonders interessant, doch auch in sehr vielen anderen Geschichten, in denen Teufel und Dämonen nicht die Pointe bestimmen, ist ausführlich von ihnen die Rede. – Von einer zweiten, 1225/26 begonnenen Sammlung ähnlicher ‹Exempel› mit dem Titel ‹Libri VIII miraculorum› (‹Acht Bücher von wunderbaren Geschehnissen›) sind nur zwei ‹Bücher› unter diesem Titel überliefert. Sie enthalten insgesamt 87 Erzählungen, von denen wiederum viele ‹Teufelsgeschichten› sind.

Eine für unser Thema besonders ergiebige Geschichte berichtet über die Entlarvung von zwei Ketzern, die um 1180 in Besançon große Wunder verrichteten und dadurch viele Christen von ihrem Glauben abbrachten. Die üblichen Strafmittel erwiesen sich als wirkungslos, da beide gegen Feuer und Wasser gefeit waren. Da wandte sich der Bischof in seiner Not an einen ihm unterstellten Geistlichen, von dem er wußte, daß er sich früher mit der Schwarzen Kunst befaßt hatte. Nachdem diesem Priester zugesichert worden war, daß ihm die Sünde verziehen werde, beschwor er den hier tätigen Teufel und erfuhr von ihm, daß beide Ketzer einen mit Blut geschriebenen Teufelspakt ‹zwischen Haut und Fleisch› unter der Achsel trugen. Als ihnen diese Zaubermittel weggenommen worden waren, konnten die beiden bis dahin unbesiegbaren Teufelsbündner verbrannt werden.

Es fällt auf, daß Caesarius nur von Ketzern berichtet, die außerhalb des deutschen Sprachgebietes (Besançon) oder vor langer Zeit (1163 in Köln) verbrannt wurden. Vielleicht hing das damit zusammen, daß in der Entstehungszeit dieser Geschichten (1219 bis 1226) ausnahmsweise Eintracht zwischen Kaiser und Papst herrschte, was stets auf Kosten der Häretiker ging. Vielleicht hielt es Caesarius aber auch für richtig, seine Zuhörer und Leser mehr auf die Wirkung des Feuers als auf Wunder zu orientieren.

Der Teufelspakt, von dem in späteren Kapiteln noch ausführlicher die Rede sein wird, ist auch öfters Gegenstand harmloserer Erzählungen. Was es mit ihm eigentlich für eine Bewandtnis hat, erläutert

Caesarius nicht, er setzt die Kenntnis beim Leser wie beim Hörer offenbar voraus. Eine so bedenkliche Haltung konnte nur dann ein gutes Ende nehmen, wenn zur rechten Zeit noch Hilfe kam, zum Beispiel durch die Jungfrau Maria. Um 1215 soll sich in der Diözese Lüttich folgendes ereignet haben:

Ein junger Edelmann verschwendete all sein Gut, so daß er schließlich in große Not geriet und seinen gesamten Besitz einem reichen Ritter von geringerem Adel verkaufen mußte. Ein Teufelsbeschwörer veranlaßte ihn zu versuchen, durch Huldigung des Teufels neue Reichtümer zu gewinnen. An einem einsamen Ort mußte er Gott und Christus abschwören, dann weigerte er sich aber, der Jungfrau Maria dasselbe anzutun, und verlor dadurch alle Aussicht auf Lohn. Dennoch mit schwerer Schuld beladen, warf er sich auf dem Heimweg vom Ort der Beschwörung verzweifelt in einer Kirche vor dem Bild der Maria nieder und bat um Verzeihung. Maria erwies ihm ihre Gnade und konnte auch ihren zürnenden Sohn bewegen, dem Sünder zu vergeben. Da in diesem Fall zum ‹Happy-End› unbedingt Geld gehörte, stellte sich heraus, daß der oben erwähnte reiche Ritter durch den Willen Gottes Zeuge des Vorgangs in der Kirche gewesen war. Dieser gab ihm seine Tochter zur Frau, erstattete ihm auch alle verkauften oder verpfändeten Güter als Mitgift zurück, so daß die doch bereits vollzogene Apostasie schließlich noch reich belohnt wurde. Marias Gnade erstrahlte desto heller.

Diese Geschichte hat Caesarius von seinem französischen Zeitgenossen Jacobus von Vitry übernommen. In dessen fast gleichlautender Urfassung ist der Verführer allerdings ein Jude. Den Juden wurde während des ganzen Mittelalters besonders vertrauter Umgang mit dem Teufel nachgesagt. Eine nicht unwesentliche Rolle spielte dabei auch der Umstand, daß wegen des kirchlichen Verbots, Geld gegen Zins zu verleihen, die so bitter benötigten und doch so viel geschmähten ‹Wucherer› sehr häufig Juden waren.

Auch die späteren Exempelschriftsteller werden nicht müde, das Zinsnehmen als eines der schlimmsten Laster hinzustellen. Bei Caesarius führt es mit Sicherheit in die Hölle. Als dem Teufel in einer seiner Geschichten durch einen Kölner Schwarzkünstler ein Pakt mit einem verarmten Wucherer angeboten wird, lehnt dieser höhnisch ab, weil der Wucherer ihm längst gehöre. Von einem sterbenden Geldverleiher wird erzählt, daß er ‹unersättlich› Geldstücke kauen mußte. Ein anderer wird von Dämonen auf einem Amboß platt gehämmert, bis er ‹dünn wie ein Silberpfennig› ist. Besonders grausig wird das Sterben eines anderen Wucherers dargestellt. Nachdem ihm Dämonen qualvoll die Seele aus dem Leib gezerrt haben, reißen sie den Leichnam durch das Dach, schlagen ihn gegen das Gebälk und lassen ihn schließlich vor die Tür fallen, wo er zerschmettert liegen bleibt.

Während Teufel und Dämonen die Angehörigen eines so anrüchigen Gewerbes weidlich plagen durften, weist ihnen Caesarius in anderen Geschichten eine weit weniger ‹dämonische› Rolle zu. Nur wenig erinnert da an den alten Satan, den ‹Fürsten dieser Welt›, der die ersten Menschen zur Sünde wider Gott verführte, oder auch nur an den schließlich erfolglosen Mephisto in Goethes ‹Faust›. Den Teufeln des Caesarius fehlt oft das Düster-Majestätische, sie sind auf manchmal verblüffende Weise vermenschlicht. Ein Teufel diente als anmutiger Jüngling einem Ritter, der von seiner wahren Natur nichts ahnte. Erst nachdem er durch übermenschliche Fähigkeiten aufgefallen war, mußte er eingestehen: ‹Ich bin ein Dämon, einer von denen, die mit Lucifer gefallen sind.› Der entsetzte Ritter bat, ihn zu verlassen, und dazu war der Teufel auch bereit. Als Lohn für die langen treuen Dienste verlangte er demütig nur fünf Schillinge, die er dann dem Ritter wieder zurückgab mit der Bitte, dafür ein Glöckchen zu kaufen. Dieses Glöckchen sollte am Dach einer ärmlichen und wenig besuchten Kirche aufgehängt werden, damit wenigstens an Sonntagen mehr Gläubige zum Gebet gerufen würden.

Doch in den Geschichten des Caesarius versuchen auch andere Teufel, die Menschen mit untauglichen Mitteln irrezuführen. Manche versuchen sogar zu beten, doch dabei schleichen sich stets grammatische Fehler ein. Das alles erklärt sich zumindest teilweise, wenn man in diesen teuflischen ‹Dämonen› Nachfahren oder Stellvertreter alter heidnischer Gottheiten sieht. Nach altchristlicher Anschauung strebten nämlich die Heidengötter danach, dem siegreichen Christengott gleich zu werden, indem sie sich einen regelrechten Kult durch verführte Menschen verschafften. Wer bereit war, Gott, Christus und Maria abzuschwören, wurde Mitglied ihrer ‹Kirche›. Alle Andersgläubigen, auch die Juden, galten daher als Satansdiener, denen widernatürliche Unzucht und natürlich auch jedes herkömmliche Verbrechen nachgesagt wurde.

Der Ritter Heinrich von Falkenstein, Mundschenk des Abtes von Prüm, hatte einst eine denkwürdige Begegnung mit einem solchen Dämon. Aus Neugier, weil er nicht an Dämonen glaubte, bat er den als Schwarzkünstler bekannten Kleriker Philippus, ihm einen solchen vorzuführen. Philippus ging mit ihm zu einem Kreuzweg, zog mit dem Schwert des Ritters einen magischen Kreis um seinen neugierigen Begleiter und beschwor dann den Mittagsdämon. Dieser erschien in Gestalt eines riesigen Schattens mit menschenähnlicher Form. Es entspann sich ein Gespräch, in dem der Dämon sich als gutmütiger und gehorsamer Diener und Freund des Philippus vorstellte, der wiederum auch ihm diene und gehorche. ‹Wo warst du, als er dich rief?› fragte der Ritter. Der Dämon antwortete: ‹So weit jenseits des Meeres, wie es von hier bis zum Meere ist. Darum solltest du mir ein Geschenk für meine Mühe geben, ich habe es verdient.›

Zuerst bat der Dämon um den Mantel, dann um den Gürtel des Ritters. Doch dieser lehnte jeden Wunsch nach einem Teil seiner persönlichen Habe ab, weil er offenbar wußte, daß man damit magisch auf ihn einwirken konnte. Schließlich bat der Dämon um ein Schaf aus der Herde des Ritters, dann um seinen Haushahn — ein typisches Opfertier der Germanen. Als der Ritter auch diese Bitten nicht erfüllen wollte, versuchte der Dämon, ihn durch einen furchterregenden Angriff aus dem schützenden Zauberkreis zu drängen, so daß Philippus dem Aufschreienden zu Hilfe kommen mußte.

Bei weniger erfahrenen Menschen hatte der Teufel jedoch bessere Chancen, seine Gemeinde zu vergrößern, wenn sich nicht zur rechten Zeit ein kluger Helfer fand. Zur Warnung der Schuljugend erzählt Caesarius von einem bereits vollzogenen Teufelsbündnis.

Ein Schüler, der gar kein Talent zum Dichten hatte und dem deswegen nur sehr holprige Verse gelangen, legte eines Tages seinem erstaunten Lehrer ein meisterhaft formuliertes Gedicht vor. Das konnte nicht mit rechten Dingen zugehen. Nach längerem Leugnen gestand der Schüler ein, daß ein Mann zu ihm gekommen sei und seine Hilfe unter der Bedingung angeboten habe, daß er ihm ‹Homagium mache›. Darauf sei er eingegangen, ohne zu wissen, daß er den Teufel vor sich hatte. Zum Glück wußte der Lehrer Rat. Er ließ seinen Schüler dem Teufel wieder abschwören, schnitt dann einen Zipfel vom Mantel des Schülers ab, warf ihn in die Luft und rief: ‹Das ist dein Teil, Teufel! Weiter bekommst du nichts!› Den Zipfel riß eine unsichtbare Hand vor aller Augen weg, der leichtsinnige Junge aber war gerettet.

Christliche Auffassung von Sünde, Reue und Vergebung sucht man hier vergeblich. Der Mantelzipfel wurde zur Opfergabe, mit der nach altem Brauch die Gottheit, die den ganzen Menschen haben wollte, ‹abgespeist› werden konnte. Die Gottheit verlangte allerdings meistens einen Teil des Leibes – so ist unter anderem auch die rituale Beschneidung zu erklären –, und deshalb zielt der im Mittelalter oft gegebene Rat, den Teufel mit Exkrementen zu bewerfen oder ihn anzuspucken, eigentlich auf einen ‹Loskauf›. Der Teil eines möglichst intimen Kleidungsstücks diente nur als Ersatz.

Wie formal die Funktion der Beichte, seit dem Laterankonzil von 1215 obligatorischer Bestandteil des Bußsakraments, von Priestern und Laien aufgefaßt wurde, mag ein Beispiel zeigen.

In einem Dorfe wohnte ein Ritter, dessen Frau mit dem Priester des Dorfes Ehebruch beging. Der Ritter hörte davon, hatte aber keine Gewißheit. Daher beschloß er, sich eines nahe wohnenden Besessenen zu bedienen, der allen, die zu ihm kamen, ohne gebeichtet zu haben, ihre Sünden vorhielt. Unter einem Vorwand ließ sich der Ritter von dem Priester nach diesem Dorfe begleiten, doch als sie sich dem Hause des Besessenen näherten, wurde der Priester mißtrauisch. Ein körperliches Bedürfnis vortäuschend, trat er in einen Stall, der am Wege lag. Dort beichtete er einem zufällig anwesenden Knecht seine Sünde. Nach der Buße befragt, antwortete der Knecht klugerweise, es sei dieselbe, die der Priester einem anderen Kleriker für diese Sünde auferlegen würde. Als der auf so bedenkliche Weise sittlich gereinigte Geistliche vor den Besessenen treten mußte und dieser befragt wurde, was der Priester an Sünden verberge, sprach der Dämon aus dem Besessenen: er wisse nichts. Für den betrogenen Ehemann unverständlich, fügte er lateinisch hinzu: ‹Im Stalle bist du gerechtfertigt worden.›

Die Beichte vor Laien, ein Kernstück waldensischer Ketzerei, mußte für die Monopolstellung des katholischen Klerus außerordentlich gefährlich werden. Dennoch wird sie hier als Notlösung offenbar akzeptiert. Daß ein Priester einem völlig ungebildeten Knecht beichtet, wirkt allerdings doch als anekdotische Übertreibung.

In dem zwischen 1200 und 1210 verfaßten mittelhochdeutschen Versepos ‹Parzival› des bayrischen Ritters Wolfram von Eschenbach wird der Priesterstand unter der Voraussetzung, daß seine Angehörigen ‹keusch› leben, über alles in der Welt gestellt. Dennoch erlangt Parzival das zunächst unschuldig-schuldig verfehlte Gralskönigtum nach einer Beichte vor einem Laien, seinem als Einsiedler lebenden Onkel Trevrizent. Diese ethisch auf höchstem Niveau geschilderte seelische Läuterung hat viel dazu beigetragen, daß einige Literaturhistoriker in Wolfram einen heimlichen Häretiker vermuten. Das waren aus unserer Sicht wohl alle bedeutenden Schriftsteller dieser Zeit, wenn man ihre Werke am offiziellen Dogma mißt, aber eben dieser Maßstab ist falsch.

Caesarius durfte sich ganz offensichtlich böse dogmatische Schnitzer und theologische Ungereimtheiten erlauben, wenn nur einem in seiner Zeit besonders aktuellen Anliegen, zum Beispiel der Beichte oder der Marienverehrung, in seinen Exempeln propagandistisch gedient wurde.

Dem zum Ketzer erklärten Kirchenlehrer Tertullian, der um 200 in Nordafrika lehrte, wird der im Mittelalter viel zitierte Satz ‹Credo quia absurdum› (ich glaube es, weil es unverständlich ist) zugeschrieben. Obwohl von Theologen sorgfältig im Sinne des Dogmas interpretiert, geistert er in ganz naivem Sinne durch alle diese Geschichten. Weil es zweckmäßig und auch notwendig erschien, theologische Spitzfindigkeiten unkritisch zu glauben, deshalb galt eines Tages auch der Flug Schaden stiftender Hexen als Realität. Auch dieser Glaube war durch Wundergeschichten vorbereitet worden. Es handelt sich hier um ‹Entrückungen›, bei denen nur der ‹Geist› auf die Reise ging, während der Leib wie leblos zurückblieb.

Im Herbst 1198 verwirrte sich der Sinn des Ritters Eberhard aus Amel, einem Dorf in der Diözese Köln, so daß er seine Frau, die er doch sehr geliebt hatte, zu hassen begann. An diesen trat eines Tages der Teufel in Menschengestalt heran und bot ihm an, ihn nach Rom zu bringen, wo er vom Papst leicht die Scheidung von seiner Frau erlangen könne. Eberhard willigte ein, bestieg mit dem Teufel dessen Pferd und war im Nu mit Brief und Siegel des Papstes von seiner Frau geschieden. Dann schlug ihm der Teufel vor, Jerusalem zu besuchen und auch das Lager der sarazenischen Feinde. Auch das geschah in Windeseile. Dann wünschte Eberhard zurückzukehren. Unterwegs konnte er einen Kaufmann aus seinem Heimatort, der mit Waren durch einen Wald ziehen wollte, vor Räubern warnen. Nachdem er in Deutschland noch König Philipp und andere wichtige Persönlichkeiten gesehen hatte, kehrte Eberhard – oder vielmehr sein Geist – in den Körper zurück, der sogleich wieder zu atmen begann und völlig gesund wurde. Dabei kehrte auch die Liebe zu seiner Frau zurück. Niemals vergaß der Ritter, was er auf seiner weiten Reise gesehen hatte. Als der Kaufmann, den er vor Räubern gewarnt hatte, in die Heimat zurückgekehrt war, bezeugte er überall das Wunder.

Zwei sehr ähnliche Geschichten sollen Entrückungen ‹an einem Tag von Indien nach Deutschland› und ‹innerhalb einer Stunde von Jerusalem nach einem Ort in der Diözese Lüttich› beweisen. Auch in diesen Fällen muß der Teufel ‹umsonst arbeiten›, von einem Homagium oder auch nur dem Versuch, es zu erlangen, ist gar nicht die Rede. Erst im folgenden Jahrhundert wurde die zuletzt erwähnte Erzählung auf einen Straßburger Jerusalempilger bezogen, der für den Heimflug Gott, Christus und Maria abschwören mußte. Da er ‹jedoch in seinem Herzen nicht der Hilfe Marias entsagte›, gab es auch hier einen glücklichen Ausgang.

Von nachhaltiger Wirkung war bei dieser Geschichte vor allem, daß der Teufel als ‹Herr Lüfte› ins Bewußtsein der Massen gerückt wurde, so daß man ihm zutraute, Menschen durch die Luft zu tragen. Daß er jedoch ‹Hexen› das Fliegen lehre, daran glaubten in diesem Jahrhundert nur wenige.

5

Des Strickers Klage

Als Papst Gregor IX. im Frühjahr 1231 den Dominikanerorden mit der systematischen Ketzerverfolgung – zunächst nur in Deutschland – beauftragte, erging ein entsprechendes Schreiben auch an den Dominikanerkonvent in Friesach (Kärnten). Die Predigermönche sollten ihr Augenmerk besonders auf das Laster der widernatürlichen Unzucht, der Sodomie, richten. Den ‹Luciferianern›, diesen Ausgeburten der krankhaften Phantasie Konrads von Marburg, wurde also nicht nur in Thüringen, Hessen und im Rheinland nachgespürt.

Das Verfahren war hier wie dort denkbar einfach: Wer die Lehren der katholischen Kirche ablehnte, der war ein Ketzer, und ein Ketzer war ein ‹Sodomiter›. Damit wurde dem späteren Glauben an ‹Teufelsbuhlschaft› der Boden bereitet. Vorerst machten die österreichischen Dominikaner und ihre Helfer aber noch auf andere ‹Teufelsdiener› Jagd, und zwar so intensiv, daß gegen Ende des 13. Jahrhunderts der Verfasser des Lehrgedichts ‹Der kleine Lucidarius›, ein alter niederösterreichischer Ritter, trotz scharfer Kritik an seiner

Umwelt schreibt: ‹Doch sage ich mit Bestimmtheit, daß es in diesem Lande keine Sodomiter gibt.›

Für ‹Sodomiter› ist ‹Ketzer› zu lesen, die ja in jedem Falle ‹Diener des Teufels› waren. Und diese waren in Österreich in der ersten Hälfte des 13. Jahrhunderts offenbar viel zahlreicher als in den übrigen deutschen Territorien, jedenfalls läßt die relativ häufige Erwähnung von österreichischen Ketzern in der mittelhochdeutschen Dichtung dieser Zeit keinen anderen Schluß zu. Der in Friaul lebende Domherr Thomasin von Zirkläre schrieb um 1215 in seinem Lehrgedicht ‹Der welsche Gast›: ‹Die Lombardei könnte sich glücklich preisen, wenn dort der Herzog von Österreich regierte, der die Ketzer sieden läßt. Er hat ein schönes Gericht erfunden. Weil er nicht will, daß der Teufel sich an den Ketzern die Zähne ausbeißt, wenn er sie verschlingen will, läßt er sie kochen und braten.›

Daß dieser vornehme, hochgebildete Autor, der in annähernd 15 000 Versen alle christlichen und vor allem die ritterlichen Tugenden preist, unter denen die Selbstbeherrschung einen hervorragenden Platz einnahm, so unbeherrscht über die Ketzer herfiel, hatte sicherlich nicht nur theologische Gründe. Aus ihm spricht glühender Haß eines Vertreters der bestehenden Gesellschaftsordnung gegen deren gefährlichste Feinde. Ihren beredtesten, im mittelhochdeutschen Schrifttum der ersten Hälfte des 13. Jahrhunderts beispiellosen Ausdruck fand diese Haltung jedoch in einem wesentlich kürzeren Gedicht jenes oberdeutschen Dichters, der unter dem Namen ‹Der Strikker› bekannt ist. Es wird ‹Die Klage› genannt und beschreibt ‹moralische Mißstände› in den dreißiger und vierziger Jahren, als die Regierung Herzog Friedrichs des Streitbaren das Land in schwere politische und ökonomische Krisen stürzte. Um die haßerfüllten Attakken des Strickers gegen die Ketzer besser verstehen zu können, bedarf es allerdings eines kurzen historischen Rückblicks.

Seit der Erhebung zum Herzogtum durch Friedrich Barbarossa (1156) hatte Österreich einen großen wirtschaftlichen Aufschwung genommen. Der babenbergische Herzog Heinrich — wegen einer ständigen Redewendung ‹Jasomirgott› zubenannt — hatte Anspruch auf das alte Herzogtum Bayern gehabt, doch das hatte Friedrich Barbarossa dem Sachsenherzog Heinrich dem Löwen gegeben. Das von Bayern abgetrennte neue Herzogtum Österreich war zur Entschädigung mit vielen Hoheitsrechten ausgestattet worden, die schon an die im 13. Jahrhundert entstehenden deutschen Territorialstaaten erin-

1 Der Baum der Erkenntnis
Holzschnitt aus einer niederländischen Vita Christi, 1487

2 Vertreibung aus dem Paradies
Holzschnitt aus der ›Chronica von der hilligen Stadt Coellen‹,
1499

3 Versuchung und Erlösung
Holzschnitt aus dem 15. Jahrhundert

4 König Salomo und der Sündenfall
Holzschnitt aus dem ›Belial‹ des Jakob von Teramo, 1472

5 Christus öffnet die Höllenpforte
Holzschnitt aus dem ›Belial‹ des Jakob von Teramo, 1472

6 Hexen bei der Mahlzeit
Holzschnitt aus Ulrich Molitors ›De lamiis‹, um 1500

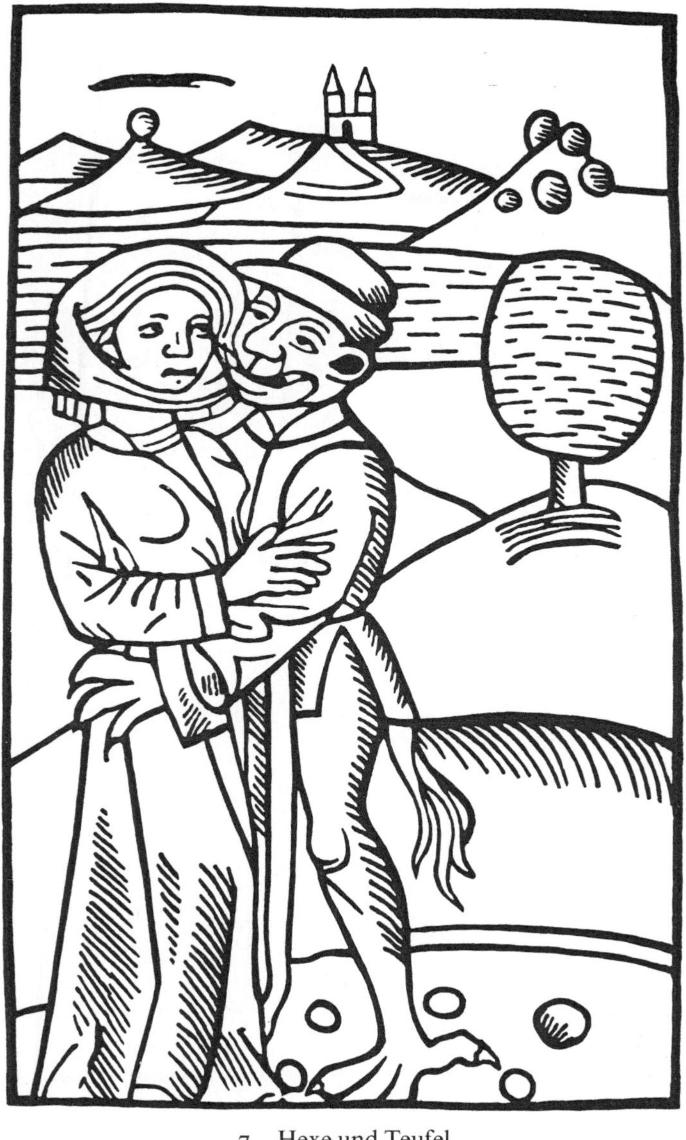

7 Hexe und Teufel
Holzschnitt aus Ulrich Molitors ›De lamiis‹, um 1490

8 Das Jüngste Gericht
Holzschnitt aus Hartmann Schedels ›Buch der Chroniken‹, 1493

9 Der Teufel verkuppelt die Ehebrecher
Holzschnitt aus dem ›Büchlein, das da heisset der Sele trost‹, 1478

10 Der Modeteufel
Holzschnitt aus dem ›Seelenwurzgarten‹, 1483

11 Das üble Weib
Einblatt-Holzschnitt, Ende des 15. Jahrhunderts

12 Milchzauber
Holzschnitt aus Hans Vindlers ›Tugendspiegel‹, 1496

13 Eine Hexe öffnet unter Beistand des Teufels ein Weinfaß
Holzschnitt, 1486

14 Eine Hexe verzaubert das Bein eines Bauern
Holzschnitt aus Ulrich Molitors ›De lamiis‹, um 1500

15 Teufelsbuhlschaft
Holzschnitt aus Ulrich Molitors ›De lamiis‹, um 1500

16 Der Teufel zeigt sein Hinterteil
Holzschnitt aus dem ›Buch des Ritters vom Turm, von den Exempeln der Gottesfurcht und Ehrbarkeit‹, 1493

nern. Diese weitgehende Selbständigkeit ermöglichte innenpolitische Besonderheiten, die zum Teil auch das Aufkommen einer starken antipäpstlichen Oppositionsbewegung in Österreich erklären.

Städte wie Krems, Tulln, St. Pölten und Hainburg blühten auf. Der alten Donaumetropole Regensburg machte nun Wien erfolgreich Konkurrenz. Die Finanzpolitik des Herzogs, der sich klug auf seine Städte und den herzoglichen Dienstadel stützte, hatte aber auch einen heftigen Streit mit dem Bischof der Diözese Passau, Heinrichs Bruder Konrad, zur Folge. Als durch die Kirchenpolitik des Kaisers ein Schisma entstand, indem zwei rivalisierende Päpste Anspruch auf höchste geistliche Autorität erhoben, unterstützte der Herzog den ‹kaiserlichen› Papst, der Bischof jedoch dessen Gegner.

Bald darauf kam es auch noch zu schweren außenpolitischen Verwicklungen mit Böhmen, Polen und Ungarn, die zu umfangreichen Verwüstungen durch gegenseitige Raub- und Plünderungszüge führten. In dieser bewegten Zeit sind vermutlich in Österreich die ersten Ketzer aufgetreten, und zwar in der Diözese Passau, die über die Grenzen des heutigen Österreich hinausreichte. Ketzerverfolgungen gab es aber erst am Anfang des nächsten Jahrhunderts unter Herzog Leopold VI., da dieser offenbar die Gefahr erkannte, die nicht nur der Papstkirche und ihren korrupten Vertretern, sondern der ganzen feudalen Gesellschaftsordnung drohte.

Von grausamen Vernichtungsaktionen ist in der ersten Hälfte des 13. Jahrhunderts in Österreich dann nicht mehr die Rede, obwohl ein um 1243 verfaßter Brief des Klerikers Ivo von Narbonne von einem jahrelangen Aufenthalt unter lombardischen und österreichischen Katharern berichtet. Auch der eingangs erwähnte Brief Gregors IX. an die Friesacher Dominikaner scheint daran nichts geändert zu haben. Einem erstaunlichen Gedicht des Strickers zufolge haben in diesen Jahren, als zum Stedinger-Kreuzzug aufgerufen wurde, auch in Österreich selbstbewußte Bauern feudale Zwingburgen zerstört und adlige Unterdrücker verjagt. Daß diese Bauern nicht wie die bedauernswerten Stedinger zu ‹Dienern des Teufels› erklärt wurden, obwohl die Forschung gerade bei ihnen Schwerpunkte waldensischer Agitation vermutet, hat seine Ursache wahrscheinlich in der für die damaligen Verhältnisse etwas ungewöhnlichen Innenpolitik des Herzogs Friedrich mit dem vielsagenden Beinamen ‹der Streitbare›.

Dieser letzte Babenberger begann sogleich nach seinem Regierungsantritt (1230) mit Kriegen gegen seine Nachbarn. Das dafür nötige

Geld versuchte er sich durch zusätzliche Steuern zu beschaffen, und zwar sogar beim Adel und bei der Geistlichkeit. Das führte natürlich auch zu schweren innenpolitischen Verwicklungen. Als er es sogar mit Kaiser Friedrich II. verdarb, indem er die Rebellion des deutschen Königs Heinrich (VII.) unterstützte, wurde er Anfang 1237 abgesetzt und geächtet, konnte jedoch nach 1239 das Herzogtum wieder zurückgewinnen. 1246 fiel er im Kampf gegen König Béla IV. von Ungarn.

In diesen von Krieg und Streit erfüllten Jahrzehnten war der Hof der Babenberger zumindest bis zum Tode Leopolds VI. ein bedeutendes Kulturzentrum. Walther von der Vogelweide, der dort ‹singen und sagen› lernte, wurde Zeit seines Lebens nicht müde, den ‹wünneclichen hof ze Wien› zu preisen, obwohl gerade ihm Leopold VI. durchaus nicht freundlich gesinnt war. Über das Leben dieses berühmtesten der adligen Minnesänger sind wir zwar nicht lückenlos, aber doch in großen Zügen informiert. Ganz anders steht es dagegen um den aus dem Bürgertum stammenden Stricker, dem wir die tiefsten Einblicke in die gesellschaftlichen Verhältnisse seiner Zeit verdanken.

Die wenigen biographischen Anhaltspunkte besagen nur, daß sein umfangreiches Werk etwa zwischen 1215 und 1250 entstanden ist, daß er im südfränkisch-alemannischen Grenzgebiet aufgewachsen ist und daß er sich längere Zeit in Österreich aufgehalten hat. ‹Der Stricker› ist vermutlich eine Art Künstlername und bedeutet dann soviel wie ‹Dichter›. Nachdem er sich zunächst mit wenig Erfolg am großen höfischen Roman versucht hatte, entdeckte er sein überragendes Talent für moralisierende, aber auch schwankhafte Kleindichtung. Seine gereimten Schwänke vom ‹Pfaffen Amis› – einem Vorläufer des Till Eulenspiegel – gelten als erste deutsche Novellensammlung.

Wenn er sich hier über korrupte Kleriker und abergläubische Wundersucht lustig macht und das ritterliche Tugendideal verspottet, so erweist er sich in seinen vielen ‹Lehrstücken› doch eindeutig als kirchenfrommer Mann, der wie ein Bußprediger die damaligen Hauptanliegen der Papstkirche propagiert: Reue, Beichte und Buße. Immer wieder warnt er vor den drei schlimmsten Feinden des Menschen: Welt, Leib und Teufel. Sein bereits kurz erwähntes Gedicht über erfolgreiche Aktionen von Bauern gegen adlige Räuber, die erste Darstellung vom Standpunkt der Bauern, weist ihn nicht etwa als Sozialreformer, als Freund der Unterdrückten aus, wie man leicht annehmen könnte; diese Bauern handelten nämlich im Interesse des Landesherrn, der die Abgaben der auf Rodungsland angesetzten Bauern nicht mit adligen Parasiten teilen wollte. So entstand das antifeudal klingende Gedicht von den ‹Gäuhühnern›.

Der Spottname ‹Gäuhühner› (Zinshühner) klingt wie ein Ehrenname für freie Bauern, wie sie zum Beispiel auf dem fruchtbaren Tullner Feld zwischen Krems und Wien auf Rodungsland zu günstigen Bedingungen lebten. Immer wenn ein adliger ‹Gäustrauß›, ein Allesschlucker mit unersättlichem Straußenmagen, dem schlechten Rat seiner Gefolgsleute folgte und sich eine Zwingburg erbauen ließ, um die Zahl der Zinshühner steigern zu können, erhoben sich die Bauern wie Blitz und Donner, unterstützt von einem ‹Erdbeben›, das der Landesherr erzeugte. Auf diese Weise wurde Burg Kilchberg bei Klosterneuburg mehrmals zerstört. Warnend schreibt der Stricker: ‹Der Gau hat so große Kraft, daß ihn niemand besiegen kann. Wer dort unberechtigt Abgaben eintreiben will, Ritter oder Knecht, der wird von der Gemeinschaft der Bauern besiegt werden.›

Neben diesem Gedicht wird heute von Historikern die ‹Klage› am häufigsten zitiert. Sie ist wahrscheinlich in der zweiten Hälfte der Regierungszeit Friedrichs des Streitbaren, zwischen 1236 und 1246 entstanden. Der Dichter beklagt, daß es ‹auf deutscher Erde› keine wahre Freude mehr gebe. ‹Die Reichen› hätten sich — auf des Teufels Rat — der Traurigkeit verschworen, und da er nun einmal in diesem Land leben müsse, wolle er ein trauriges Lied singen, so laut, daß man es bis ins (ferne) sächsische Osterland hören könne.

An erster Stelle beklagt er, daß Gottes Huld von Priestern und von Laien zu gering geachtet werde. Die Frauen ehrt man nicht mehr nach Gebühr. Die Herren sind ungerecht. Sie erwählen sich einen Kaiser und bekämpfen ihn dann, um sich bereichern zu können. Der Arme findet beim Kaiser keinen Schutz, denn dieser kann gegen ungerechte Fürsten nicht wirksam vorgehen. Am Fürstenhof regiert das Laster, weil die in Ehren ergrauten Alten, die Weisen und die edel Geborenen dort keinen Platz mehr finden. Nur Reichtum verhilft dort zu Ansehen und Einfluß. Falsche Ratgeber, bestechliche Richter und Verleumder beherrschen schwache Fürsten. Wein und lasterhafte Frauen werden hoch geschätzt, Anstand und Zuverlässigkeit gehen zugrunde. Mancher erfreut sich des Gewinns, den ihm freudlose Tätigkeit erbringt — das ist zu tadeln. Und so reiht sich Klage an Klage. Folgerichtig kommt der Dichter dabei auf Sodom und Gomorrha zu sprechen und in diesem Zusammenhang wie zwangsläufig auf die Ketzer.

Unterschwellig ist in diesem Gedicht fast überall vom Teufel die Rede, dessen falscher Rat so viele Christen verführe; doch nun stimmt der Stricker eine wortreiche Klage über den Unglauben an, der in Österreich von Gottesfeinden verbreitet werde, von erklärten Anhängern einer Teufelsreligion! Diese Partie macht fast den vierten Teil des ganzen Gedichtes aus. Die in ihrer Aussage manchmal etwas dunklen Verse besagen etwa:

‹Ich beklage den Unglauben, der durch Worte und Taten der Ketzer verbreitet wird. Möge Gott rächen, daß sie ihn verleugnen! Sie bekennen öffentlich, daß sie an den Großen glauben, der aus dem Himmel verstoßen wurde und nun in der Hölle brennt. Ihrer Lehre zufolge lebten Gott und Lucifer einst einträchtig im Himmel, bis es Streit gab. Nur aus Demut habe Luzifer sich aus dem Himmel vertreiben lassen. Das beweise, daß er der gütigere, bessere Gott sei. Doch wenn er den Kummer nicht länger ertragen wolle, dann steige er aus der Hölle empor und halte in Gegenwart aller, die mit ihm verstoßen wurden, Gerichtstag. Dann werde derjenige, der ihm das Himmelreich geraubt habe, besiegt und vertrieben.

So etwas glauben diese Toren. Sie wären besser daran, wenn sie weder sehen noch hören könnten. Denn sie hören und sehen doch, daß Gott uns sein Gebot übermittelt hat und daß wir alles Gute lieben: Keuschheit, Demut, Zucht, Wahrheit und Treue, nach Sünden echte Reue, wahre Beständigkeit, rechte Buße. Das ist der reine, weise Gott, der so reine Dinge gebietet!

Dagegen liebt der Gott der Ketzer die schlimmsten Dinge, die man nur erdenken kann: Mord, Totschlag, Meineid, Rauben und Stehlen, freches Leugnen, Unkeuschheit, Untreue – das alles soll jeder treiben, der seine Gebote halten will. Dieser Gott gehört in die Hölle. Gäbe es einen schlimmeren Ort, so müßte er dorthin und mit ihm alle, die ihn anbeteten oder noch anbeten. Wie können sie nur so dumm sein zu glauben, der Teufel habe die Erde erschaffen mit allem, was auf ihr ist, und außerdem glauben, der Mensch werde zu Erde, wenn er sterbe. Wenn eine Frau schwanger werde, so fahre der Teufel nach 20 Wochen in das Kind, er sei dessen Seele und Geist, von ihm lebe es. Wenn der Körper sterbe, so sei der Geist, was er vorher war, der Körper aber vergehe. Jede Seele sei also ein Teufel.

Sie sollen alle Teufel sein und bleiben, nach Teufelsrecht sollen sie auch behandelt werden! Denn sie bestreiten uns den Lebensodem, den Gott Adam eingeblasen hat, von dem alle Seelen kamen, die Gott den Menschen gegeben hat und die nun ewig leben müssen, im Guten oder im Bösen. Gott schuf am Menschen nichts, das ihm mehr gleicht, als die Seele. Diese beweist uns, daß wir am Jüngsten Tage auferstehen werden. Wenn man sieht, daß jemand Gott dient und damit auch seiner eigenen Seele eine Wohltat erweist – es wäre doch ungerecht, wenn dessen Leib nicht auch belohnt würde. Sonst hätten die Ketzer ja recht ...›

Damit ist der Stricker wieder im Fahrwasser der katholischen Glaubenslehre, wo er sich deutlich sicherer fühlt, obwohl sein letztes, sein stärkstes Argument allenfalls Gläubige im Glauben bestärken, keineswegs aber Ungläubige von der Wahrheit des katholischen Dogmas überzeugen konnte: Es gibt nur einen einzigen Glauben, während es viele Unglauben gibt. Wer sündigt, dabei aber den rechten Glauben hat, der hat sich an Gott und Christus versündigt, nicht aber am Heiligen Geist. Dieser hilft ihm. Wer den rechten Glauben jedoch nicht hat, der hat sich an der Dreieinigkeit versündigt und findet daher keinen Beistand.

Was sich in diesem Gedicht als Quelle für das Studium eines breit entwickelten Teufelsglaubens anbietet, erweist sich bei näherem Hinsehen als wüstes Pamphlet eines von offenbar wirksamer antipäpstlicher Agitation erschreckten frommen Eiferers. In den dreißiger und vierziger Jahren stellten in Österreich nicht mehr katharische Lehren, sondern die waldensische ‹Nachfolge Christi in apostolischer Armut› den Weiterbestand der Papstkirche in Frage. Diese Papstkirche begann 1239 jedoch ihren letzten großen Kampf mit dem mittelalterlichen Kaisertum, indem Papst Gregor IX. Friedrich II. von Hohenstaufen bannte. In diesem Kampf, der auf beiden Seiten mit den schärfsten ideologischen Waffen geführt wurde, unterstützte Herzog Friedrich der Streitbare den Kaiser und folgerichtig auch alle Papstgegner. Unter solchen Voraussetzungen blieb dem Stricker nur die Möglichkeit, alles, was die Kirche als Ketzerei bezeichnete, auf lange Sicht literarisch zu ‹verteufeln›.

Diese Saat ging übrigens schon bald – um 1260 – auf, als der Erbe der Babenberger und der Hohenstaufen, König Ottokar II. von Böhmen, den Papst durch intensive Ketzerverfolgung in Böhmen und Österreich für seine politischen Ziele zu gewinnen suchte. Da wurden aus sittenstrengen waldensischen Handwerkern und Bauern schnell wieder Teufel in Menschengestalt.

Doch nicht nur am Schreckensbild des Ketzers, auch am ‹normalen› Teufelsbild seiner Zeit hat der Stricker fleißig gemalt, vor allem in seinen geistlichen ‹Beispielen›, religiöser Lehrdichtung, die sich noch im 15. Jahrhundert großer Beliebtheit erfreute. Ein ‹Beispiel› beschreibt mit großer Gelehrsamkeit, welche ‹Ammen› die Kinder des Teufels nähren: die ‹Welt› und die ‹menschliche Natur›. Beide bieten an ihren Brüsten jeweils zwei geistige beziehungsweise fleischliche Hauptlaster dar, die eine Hochmut und Habgier, die andere Völlerei und Wollust. Der Dichter benötigt für diese wenig komplizierte Aussage 236 Verse.

Das umfassendste Teufelsbild verspricht jedoch ein anderes ‹Beispiel›, dessen lateinischer Titel nach dem Vorbild ähnlicher Abhandlungen ‹Processus Luciferi› (‹Der Prozeß gegen Luzifer›) lautet. Ebenso wie ‹Des Teufels Ammen› ist auch dieses Werk erst 1959/60 gedruckt und ausführlich kommentiert worden. Von den etwa 170 kleineren Gedichten, die von der Forschung dem Stricker zugeschrieben worden sind, machen die ‹geistlichen Bispelreden› einen großen Teil aus. Fast alle befinden sich in einem Wiener Codex, der 160 ‹echte› Strickergedichte enthält. Diese gegen Ende des 13. Jahrhunderts entstandene, umfangreichste und älteste von 17 Stricker-Sammlungen weist gerade im Zusammenhang mit diesem ‹Processus Luciferi› eine interessante Besonderheit auf.

Der Vergleich mit einer anderen Handschrift hat bestätigt, was eine Unregelmäßigkeit in der Blattzählung vermuten ließ: Das 176 Zeilen enthaltende Blatt, auf dem der Schluß dieses Gedichtes stand, ist entfernt worden, an dem Text wurde 40 oder 50 Jahre nach dem Tode des Dichters herumredigiert. Anlaß könnte eine rein stilistische Umarbeitung gewesen sein, näher läge aber ein Bestreben, ‹dogmatisch Anstößiges oder Veraltetes zu beseitigen, entsprechende Partien im Sinne der Ketzermission zu verschärfen, abzuändern, hinzuzufügen oder zu unterdrücken› (Ute Schwab). Mit viel philologischem Scharfsinn wurde der – vermutlich – echte Text wiederhergestellt.

In diesem ‹Prozeß› geht es um den Besitz des Menschengeschlechts. Er spielt zunächst vor der Menschwerdung Christi. Trotz aller Klagen und Berufungen des Teufels wird ihm mit juristischer, wenn auch nicht immer ganz stichhaltiger Spitzfindigkeit das Recht an der Menschheit abgesprochen. Ging es hier um die Erlösung aus der

Gewalt Satans, so geht es in den nächsten Abschnitten mit nicht weniger Gelehrsamkeit um das Problem der Versöhnung des Menschen mit Gott durch das stellvertretende Leiden Christi.

Christus hat den Teufel besiegt und in die Hölle geworfen, mit ihm alle ‹gefallenen Engel› beziehungsweise Dämonen, die zu ihm hielten. Neben den ‹guten Engeln› Gottes gab es aber noch zahlreiche ‹Zweifler›, die dem Kampf unparteiisch zusahen. Um diese ‹neutralen› Engel, die zwar ungebunden blieben, doch nun in der Hölle brennen müssen, gab es im Mittelalter leidenschaftliche Auseinandersetzungen. Aus ihrer ‹ungeheuren Zahl› rekrutierten die Katharer ihre ‹Menschenseelen›, andererseits begründeten diese mitverdammten Engel die Existenz der zahllosen Teufel und Dämonen, ohne die zum Beispiel die Wundergeschichten des Caesarius von Heisterbach nicht denkbar wären. Wer die Möglichkeit einer Begnadigung der Zweiflerengel durch Gott zu diskutieren wagte, setzte sich dem Verdacht der Ketzerei aus. Das war beim Stricker jedoch nicht der Fall, und somit bleibt der Anlaß für die Veränderungen in der Wiener Handschrift im dunkeln.

Noch rätselhafter ist ein anonymes Gedicht in derselben Wiener Handschrift, das Jakob Grimm in seiner ‹Deutschen Mythologie› 1835 dem Stricker oder einem seiner Zeitgenossen zugeschrieben hat. Es beweist, daß volkstümliche Vorstellungen von schadenstiftenden Hexen, wie sie das durch Burchard von Worms überlieferte Bußbuch erkennen ließ, in Süddeutschland fortbestanden, doch nach wie vor ohne Billigung durch das katholische Dogma. Der Text wird im Zusammenhang mit der ‹Hexensekte› im Kapitel 9 wiedergegeben.

Das Wirken des Teufels wird in den zeitkritischen Klagen des Strickers mit scholastischer Gelehrsamkeit so charakterisiert, daß ‹alles Böse› ihm allein angelastet werden konnte. Als Prototyp aller, die dem Teufel dienen, wird ‹der Ketzer› wortreich, aber merkwürdig unkonkret verurteilt. Ein Ketzer ist dem dort vermittelten Wertsystem zufolge jeder, der nicht ‹dem einen› Glauben huldigt. Es wäre nun im Hinblick auf die spätere Entwicklung reizvoll anzunehmen, daß damals der Glaube an Hexen von der Kirche nicht nur ‹nicht gebilligt›, sondern als heidnisches Relikt mit Kirchenstrafen belegt wurde. Dann hätte der kirchenfromme Stricker mit dem uns unbekannten Verfasser des Hexen-Gedichtes in der Ablehnung des Glaubens an schadenstiftende ‹Unholde› übereingestimmt. In der Verurteilung böser Ratgeber waren sich beide jedenfalls einig. Eine Übereinstimmung auch in der Hexenfrage ließe den Schluß zu, daß in der ersten Hälfte des 13. Jahrhunderts, aber auch um 1300 – so wird die Wiener Stricker-Handschrift datiert – noch niemand daran dachte, Ketzer und Hexen in einen für beide gefährlichen Zusammenhang zu bringen.

6

Der leibhaftige Antichrist

Die ersten Christen hatten geglaubt, daß der gekreuzigte Messias bald wiederkehren, seine Feinde besiegen und eine 1000 Jahre währende Friedensherrschaft antreten werde. Diese Visionen der Verfolgten spiegeln sich deutlich in der ‹Apokalypse› wider, einer dem Apostel Johannes zugeschriebenen ‹Offenbarung›, die im letzten Drittel des 1. Jahrhunderts verfaßt und bei der Kanonisierung der biblischen Schriften in das Neue Testament aufgenommen worden ist.

Im 20. Kapitel stehen dunkle Worte, die Martin Luther folgendermaßen übersetzt hat: ‹Und ich sah einen Engel vom Himmel fahren, der hatte den Schlüssel zum Abgrund und eine große Kette in seiner Hand. Und er griff den Drachen, die alte Schlange, welche ist der Teufel und Satan, und band ihn tausend Jahre und warf ihn in den Abgrund und verschloß ihn und versiegelte ihn oben darauf, daß er nicht mehr verführen sollte die Heiden, bis daß vollendet würden tausend Jahre; und danach muß er los werden eine kleine Zeit. … Und wenn tausend Jahre vollendet sind, wird der Satanas los werden aus seinem Gefängnis und wird ausgehen, zu verführen die Heiden an den vier Enden der Erde, den Gog und Magog, sie zu versammeln zum Streit, welcher Zahl ist wie der Sand am Meer.›

Als das Christentum am Anfang des 4. Jahrhunderts unter Kaiser Konstantin dem Großen gleichberechtigte und dann im Jahre 391 alleinherrschende römische Staatsreligion geworden war, mußte die Hoffnung auf einen radikalen Umsturz der bestehenden staatlichen und kirchlichen Ordnung bald verdächtig erscheinen, und so war es nur logisch, wenn im folgenden Jahrhundert der heilige Augustin verkündete, daß die Kirche bereits — trotz erheblicher Unzulänglichkeiten — die Herrschaft Christi auf Erden verkörpere.

Als das erste christliche Jahrtausend zu Ende ging, erwarteten viele, daß der in der ‹Offenbarung des Johannes› angekündigte Antichrist nun erscheinen werde. Der Glaube an ein nahes Weltende veranlaßte reuige Sünder zu Schenkungen an Klöster und Kirchen, und auch als sich zeigte, daß Gott sich nicht nach dem von der Kirche übernommenen Kalender des Heiden Julius Caesar richtete, sorgten Bußprediger und kirchliche Schauspiele wie das lateinische Tegernseer ‹Spiel vom Antichrist› dafür, daß die Angst vor den Schrecken der Apokalypse wachgehalten wurde. Gegen Ende des 12. Jahrhunderts gab eine ‹neue Offenbarung› solchen Erwartungen dann neuen Auftrieb.

Der Abt Joachim des süditalienischen Zisterzienserklosters Corazzo hatte als scharfer Kritiker der verweltlichten Kirche um 1192 sein Kloster verlassen, um in der Wildnis bei Fiore eine asketisch lebende Mönchsbruderschaft zu gründen. Schon vorher hatte er durch eigenwillige Bibelauslegungen Aufsehen erregt. Päpste und Kaiser hatten ihn um Rat gebeten. Sensationell wirkte seine Voraussage, daß die Zeit des im 14. Kapitel der Offenbarung des Johannes sehr vage verkündeten ‹ewigen Evangeliums› nun bald kommen werde. In diesem ‹Zeitalter des Heiligen Geistes› werde ein ‹neuer Anführer› mit Hilfe vorbildlich lebender Mönche regieren, doch nicht lange, denn mit dem Erscheinen des Antichrist sei innerhalb der nächsten beiden Generationen zu rechnen ...

Als Joachim diese Prophezeiung niederschrieb, befand sich das Stauferreich noch auf dem Gipfel seiner Macht, Bündnisse Friedrich Barbarossas mit dem Königreich Sizilien, der mächtigen Stadtrepublik Mailand und dem König von Frankreich schienen die nächste Zukunft zu sichern. Doch der Tod Barbarossas auf einem Kreuzzug (1190) und der schon bald darauf folgende Tod seines Sohnes, Kaiser

Heinrichs VI., bei der Vorbereitung eines neuen Kreuzzuges (1197) stürzten das Stauferreich in eine tiefe Krise, da der Sohn Heinrichs VI., Friedrich II., erst zwei Jahre alt war und von seiner sizilianischen Mutter unter die Vormundschaft des Papstes Innozenz III. gestellt wurde. In Deutschland kämpften der Barbarossa-Sohn Philipp und der Welfe Otto IV. um den Thron, während Innozenz III. durch ein angemaßtes Bestätigungsrecht entscheidenden politischen Einfluß zu erlangen suchte.

Diese Thronkämpfe, die in Deutschland von vielen zu Recht dem Papst angelastet wurden, führten schnell zu einer weiteren Verrohung der Kriegsbräuche. Selbst Nonnen waren vor Gewalttaten zügelloser ‹Pfaffenfeinde› nicht mehr sicher. Das Interdikt, mit dem alle kirchlichen Handlungen – örtlich und zeitlich begrenzt – verboten wurden, mißbrauchte der Papst für ganz offensichtlich politische Zwecke.

Abt Joachim konnte sein Leben unangefochten, ja hochgeehrt 1202 in Fiore beschließen, doch seine Anhänger beschritten den gefährlichen Weg tagespolitischer Aktualisierung der neuen Lehre vom Nahen des Antichrist. Viele sahen nun höchst bedenkliche Warnzeichen. Schon 1201 sang Walther von der Vogelweide: ‹Wir haben viele Zeichen gesehen, an denen wir sein Kommen gut erkennen, wie uns die Heilige Schrift wahrheitsgetreu belehrt hat. Die Sonne hat sich verfinstert, Treulosigkeit ihren Samen allenthalben auf die Wege ausgestreut ... Der geistliche Stand, der uns den Weg zum Himmel bereiten sollte, treibt in seinen Schalkskleidern Betrug, Gewalttätigkeit sprießt auf, vor Gericht welkt Gerechtigkeit dahin.›

Als schließlich der siegreiche König Philipp 1208 ermordet und der Welfe Otto im folgenden Jahr zum Kaiser gekrönt worden war, sah Innozenz mit Entsetzen, wie auch der Welfe als Kaiser sogleich staufische Politik trieb. Da Otto sich trotz Bannung als ‹Ketzerkaiser› anschickte, von Sizilien aus den ‹Besitz des heiligen Petrus› in die Zange zu nehmen, entschloß sich der Papst nach einigem Zögern, den schwerbedrohten König von Sizilien, den 17jährigen Staufer Friedrich, von einer papsthörigen Fürstenpartei in Deutschland zum Gegenkönig wählen zu lassen.

Damals gab es nicht nur in Deutschland, sondern auch in der ‹Ewigen Stadt› neue Unruhe. Der Sprecher einer römischen Bürgerpartei soll Innozenz während einer öffentlichen Predigt zugerufen haben: ‹Dein Mund ist Gottes Mund, aber deine Werke sind Werke des Teufels!›

Es vergingen nur wenige Jahre, bis es den Nachfolgern Innozenz' III. wirklich erscheinen mochte, als sei die Thronerhebung des ‹Kindes von Apulien› ein ‹Werk des Teufels› gewesen, denn der arme ‹König von Gottes und des Papstes Gnaden› erwies sich als Kaiser Friedrich II. bald als außerordentlich tatkräftiger und geschickter Gegner päpstlichen Weltherrschaftsstrebens.

‹Wunder Gottes› hatten ihn auf seinem gefahrvollen Wege von Sizilien nach Deutschland begleitet. Auf ungesatteltem Pferd war er bei einem Überfall der feindlichen Mailänder allein entkommen. Die Reichsstadt Konstanz, für ihn der Schlüssel zum Reich, hatte er wenige Stunden vor dem Eintreffen Kaiser Ottos für sich gewinnen können, die Bevölkerung des Elsaß jubelte ihm zu, weil ein Kinderkreuzzug gerade elend gescheitert war, nun aber ein ‹Kind› so offensichtlich unter Gottes Schutz stand.

Als Kaiser oblag ihm die Pflicht, den Sarazenen die Herrschaft über das Heilige Grab in Jerusalem zu entreißen. Da Friedrich zunächst seine Herrschaft in Deutschland und Italien festigen wollte, schob er den Termin für den Kreuzzug zehn Jahre lang immer wieder auf. Als er 1227 endlich mit einem Heer in See stach, verhinderte eine Seuche die Fortsetzung des Kreuzzuges. Trotz objektiver Schuldlosigkeit wurde der selbst erkrankte Kaiser daraufhin von Papst Gregor IX. gebannt. Da tat Friedrich etwas für die damalige Zeit Ungeheuerliches: Im folgenden Jahr zog er als Gebannter mit einem Kreuzheer nach Jerusalem und erlangte trotz heimtückischer Behinderung durch Anhänger der Papstpartei ohne Schwertstreich ein Abkommen mit Sultan al-Kamil, das den Christen den friedlichen Besuch der ihnen heiligen Stätten ermöglichte.

Bisher waren europäische Kreuzritter und die sie begleitenden Pilger nur als Eroberer in Palästina eingefallen — wenn sie überhaupt so weit gelangten. Nun hatte dieser Sizilianer, der als Erbe eines verschiedene Völker des Mittelmeergebietes vereinigenden Normannenstaates seit frühester Jugend mit arabischer Sprache und Kultur vertraut war, wie ein befreundeter Gelehrter mit dem Sultan verhandelt.

Anstatt sich über diesen Erfolg zu freuen, bezeichneten es religiöse Fanatiker als unerträglich, daß den Heiden zu große Rechte in der Heiligen Stadt eingeräumt worden seien. Friedrichs höchster Triumph stand indessen noch bevor. Obwohl der eifersüchtige Papst es beharrlich ablehnte, die Ergebnisse des Kreuzzuges als Erfüllung des Gelübdes anzuerkennen und den Kaiser vom Bann zu lösen, setzte sich dieser am 18. März 1229 in der Grabeskirche die Krone von Jerusalem (den Königstitel hatte er kurz zuvor durch eine zweite Heirat erworben) selbst aufs Haupt.

Diese aus der Not der Umstände geborene ‹Ersatzzeremonie› ließ an eine Betonung der ‹Gottunmittelbarkeit seines Kaisertums› denken, ohne daß man eine entsprechende Absicht des auch als Propagandist hochbegabten Staufers voraussetzen könnte. Er versäumte jedenfalls nicht, der ganzen Christenheit seine Krönung in einem Manifest kundzutun, das mit biblischem Pathos seinen Erfolg unterstrich.

Es scheint, daß damit das kaum noch glimmende Feuer der Kreuzzugsbegeisterung aufs neue angefacht wurde. Nun aber ertönte auch ein Chor von Stimmen neuer Propheten, die alten Wünschen und Hoffnungen aus Kreisen der Anhänger Joachims von Fiore ein nahes, konkretes Ziel wiesen: Sowohl im kaiserlichen wie im päpstlichen Lager flammte wie ein Fieber der Glaube an den ‹Endkaiser Friedrich› auf, von dem einige erwarteten, er werde in Jerusalem Krone und Reich in die Hand Gottes legen. Welche irdischen Konsequenzen dies unmittelbar haben würde, blieb allerdings unklar. Schließlich blieb bei diesem ‹Idyll› ja der Antichrist unberücksichtigt, dessen Erscheinen der alternde Sänger Walther bei seiner Kreuzzugspropaganda im Winter 1227/28 prophezeit hatte: ‹Wehe, es wird ein Wind kommen, das wisset wahrlich, von dem künden uns Lieder und Geschichten; der wird alle Reiche mit Grimm durchbrausen ... Darum laßt uns zu Gottes Grab flüchten!›

Die vom Machtkampf der obersten Häupter der Christenheit verstörten und gequälten Menschen setzten ihre Hoffnungen natürlich lieber auf einen friedenbringenden ‹Endkaiser› als auf den grauenerregenden Antichrist, und diese Erwartungen blieben nun jahrhundertelang mit dem Namen Friedrichs II. von Hohenstaufen verbunden. Die Tagespolitik beeinflußten sie freilich zunächst noch nicht.

Nach der Krönung mußte der Kaiser schleunigst nach Süditalien zurückkehren, nicht nur, weil der Erzbischof von Caesarea die Stadt Jerusalem schon beim Einzug des Gebannten mit dem Interdikt belegt hatte und weiterhin alle Christen im Heiligen Land aufhetzte, sondern vor allem wegen der Lage im Königreich Sizilien. Dort hatte der Papst alle Untertanen vom Treueid entbunden und stand im Begriff, Apulien von Söldnern erobern zu lassen.

Die beschleunigte Rückkehr des schon totgesagten Kaisers veränderte die Situation schnell. Dann zeigte sich Friedrich II. zu so erheblichen Zugeständnisen bereit, daß Gregor IX. alle moralische Berechtigung verlor, den Bann noch länger bestehen zu lassen. Im Sommer 1230 wurde ein Frieden ausgehandelt, der allerdings mehr einem Waffenstillstand glich, denn der Konflikt zwischen Kaisertum und Papsttum konnte nur durch die totale Niederlage einer der rivalisierenden Parteien beendet werden. Immerhin blieb für fast ein Jahrzehnt ein brüchiger Friede gewahrt.

Vielleicht um Zweifeln an seiner Rechtgläubigkeit von vornherein den Boden zu entziehen, jedenfalls wohl aus machtpolitischen Überlegungen, hatte Friedrich II. schon am Krönungstage 1220 in Rom unter anderem auch ein Gesetz erlassen, das alle Staatsorgane in Italien verpflichtete, die Kirche bei der Ketzerverfolgung tatkräftig zu unterstützen. In einer Konstitution für die Lomdardei forderte er schon 1224 nach dem Vorbild des römischen Rechts für ‹Ketzer› den Feuertod. Die mit seiner ersten Bannung verbundenen Erfahrungen haben seine religiöse Indifferenz und seinen uns heute befremdenden Zynismus in der Wahl machtpolitischer Mittel dann wohl noch verstärkt.

Im Gesetzbuch für das Königreich Sizilien, das im August 1231 seine endgültige Form erhielt, wurden besonders scharfe Maßnahmen gegen Ketzer festgelegt, da diese in der göttlichen Majestät auch die kaiserliche beleidigten! Ihnen drohte der Scheiterhaufen. Wer Ketzer aufnahm oder begünstigte, verlor sein Vermögen. Kinder von Ketzern durften kein öffentliches Amt bekleiden. Mit dem Ketzer wollte Friedrich nicht den Andersgläubigen vernichten (Sarazenen und Juden standen ja unter seinem besonderen Schutz), sondern den Staatsfeind, der die Staatsreligion gefährdete. Ketzerverfolgungen wurden vom Kaiser wie vom Papst nach rein pragmatischen Gesichtspunkten betrieben.

Schon im März 1232 dehnte Friedrich II. den Wirkungsbereich seiner verschärften Ketzergesetze auf Deutschland aus. Diese Unterstützung der 1231 in Deutschland voll einsetzenden päpstlichen Inquisition fand jedoch ihre Grenzen, als das wahnsinnige Wüten des Generalinquisitors Konrad von Marburg auch vor hochgeborenen Herren und Damen nicht haltmachte.

Die weitgehende Lähmung der Inquisition in Deutschland nach der Ermordung Konrads von Marburg im Juli 1233, der beispiellose

Triumph des Kaisers bei der Absetzung des rebellierenden Königs Heinrich (VII.) und die Verkündung des ‹Reichskrieges› gegen die mit König Heinrich verbündet gewesenen lombardischen Städte, die ‹gesetzmäßigen› Verbündeten des Papstes, ließen diesen schließlich die Rolle des mißtrauischen Beobachters mit der des offen auftretenden, unversöhnlichen Feindes vertauschen. Kurz vor Beginn des Krieges gegen den Lombardenbund schrieb Gregor IX. provokatorisch an seinen weltlichen Rivalen: ‹Die Nacken der Könige und Fürsten siehst Du unterworfen den Knien der Priester, und christliche Kaiser müssen ihr Tun unterstellen nicht nur dem römischen Pontifex, sondern dürfen ihm nicht einmal den Vorzug geben vor anderen Priestern.› – Wie mußte das auf diesen Kaiser wirken, der sich mit orientalischem Pomp wie ein Gott verehren ließ!

Friedrich II. begann den Kampf zunächst gegen den wichtigsten Verbündeten des Papstes, den lombardischen Städtebund. Seinem Aufruf, der Rebellion des Städtebürgertums mit internationaler Solidarität der Könige und Fürsten zu begegnen, waren bedeutende Söldnerkontingente aus Frankreich, Ungarn, Kastilien, England und sogar aus Ägypten gefolgt. Bei Cortenuova schlugen seine Elitetruppen das Heer der Städter vernichtend, so daß sich das mächtige Mailand zu Friedensverhandlungen genötigt sah, doch maßlose Forderungen des Staufers machten diese Aussicht auf einen schnellen Erfolg zunichte.

Die Städter beschlossen, auf Tod und Leben weiterzukämpfen, und nun wandte sich das Kriegsglück von Friedrichs schwerfälligem Vielvölkerheer ab. Der Papst konnte aufatmen, zumal auch in Rom, wo eine starke Kaiserpartei für die Umfunktionierung der Stadt als Herrschaftszentrum eines staufischen Weltreiches eingetreten war, sich das Blatt zu seinen Gunsten wendete.

In dieser Situation wagte Gregor IX. den endgültigen Bruch mit dem glühend gehaßten ‹Feind der heiligen Kirche›: Am Palmsonntag des Jahres 1239 bannte er den Staufer zum zweiten Mal. Damit begann die entscheidende Phase des dramatischen Ringens um Rom, das Herz des geistlichen wie des weltlichen Imperium Romanum, das jeder Papst vom Vatikan, dieser Kaiser jedoch vom Kapitol aus regieren wollte. Erst der Untergang des ganzen Herrschergeschlechts der Hohenstaufen hat das Papsttum von der abergläubischen Furcht befreit, daß sich durch einen ‹Antichrist› aus diesem Hause dunkle Weissagungen erfüllen und über die offenkundig verweltlichte katholische Kirche furchtbare Strafen verhängt werden könnten.

Die erste Reaktion Friedrichs war eine moralische Verurteilung Gregors. Er ließ darlegen, wie wenig gerade dieser Stellvertreter Christi durch seine Taten legitimiert sei, einen so ‹milden, gerechten und großmütigen Kaiser› zu verdammen. Der Papst ging nun aber noch einen Schritt weiter, indem er in einem ‹Rundschreiben›, das zur Weitervermittlung an die Volksmassen in ganz Europa bestimmt war, den Kaiser als Ketzer bezeichnete. Es dachte aber natürlich kein Richter daran, das grausame Ketzergesetz von 1232, das 1238 und 1239 noch verschärft worden war, gegen seinen Initiator anzuwenden, zumal die kaiserliche Propaganda diese Brandfackel geschickt ins päpstliche Lager zurückwarf.

Der Papst hatte begonnen: ‹Es steigt aus dem Meer ein Tier, voll Namen der Lästerung, mit den Tatzen eines Bären, dem Rachen eines wütenden Löwen und dem Leib eines Leoparden. Es öffnet sein Maul, um Schmähungen gegen den Namen Gottes auszustoßen ... Blicket an Haupt und Mitte und Ende dieser Bestie *Friedrich*, des sogenannten Kaisers ...›. Diesen Bildern aus der ‹Offenbarung des Johannes› ließ Gregor noch die Verleumdung folgen, Friedrich sei der Urheber des schlimmen Wortes von den drei Betrügern Christus, Moses und Mohammed und habe überdies gesagt, Christus sei wie jeder andere Mensch gezeugt und geboren worden. Niemand dürfe etwas glauben, was sich nicht kraft natürlicher Vernunft beweisen lasse.

Doch dem Kaiser fiel es nicht schwer, den Papst als den eigentlichen Ketzer und Ketzerfreund hinzustellen, da dessen Gemeinschaft mit den lombardischen Häretikern offenkundig war. Es fehlte Friedrich auch nicht an Ausdrucksmitteln, den Papst mit gleichwertiger Rhetorik zu schlagen: ‹Wir behaupten, er selbst sei jenes Ungetüm, von dem man liest: Es ging heraus ein ander Pferd, ein rotes, aus dem Meere, und der darauf saß, nahm den Frieden von der Erde, daß die Lebenden sich untereinander würgten.› So wurde der Papst selbst zum großen Drachen, zum Antichrist, zumindest aber zum unwürdigen Statthalter Christi.

Da wurden nun also beide Häupter der Christenheit als Antichrist in menschlicher Gestalt beschrieben und verschrien. Zahllose Gläubige mußten meinen, daß das schon so oft angekündigte Weltende diesmal wirklich, unwiderruflich bevorstehe.

Zwar weigerten sich die deutschen Fürsten, die wohl einen zu großen Einfluß des Papstes befürchteten, zunächst noch einmütig, den

Bann in ihren Machtbereichen verkünden zu lassen, und auch König Ludwig IX. von Frankreich wies die Anschuldigungen Gregors gegen Kaiser Friedrich energisch zurück, doch mit der Zeit mußte sich der Druck von seiten des Papstes, die Verhängung des Interdikts über ‹kaiserliche› Länder und Städte, demoralisierend auswirken — allerdings gegen beide Parteien. Auch die Interessen des Papstes waren gefährdet, wenn das Interdikt als politische Waffe entlarvt und von religiösen Oppositionsbewegungen agitatorisch genützt wurde.

Während im Königreich Sizilien die ‹Staatskirche› ihre Bewährungsprobe bestand, indem das Interdikt einfach ignoriert wurde, und während in Reichsitalien kaiserliche Heere die Wirkungsmöglichkeiten des Papstes einschränkten, drohte in Deutschland ein religiös-politisches Chaos. Für den minderjährigen König Konrad IV. regierte ein Reichsverweser, der Erzbischof von Mainz. Dieser war gerade im Begriff, zusammen mit seinem Kölner Amtsbruder eine kaiserfeindliche Koalition zu gründen und Deutschland damit in einen neuen inneren Krieg zu stürzen, als eine furchtbare äußere Gefahr auftauchte.

Batu, einer der Erben Tschinggis-Chans, des 1227 verstorbenen Herrn des mongolischen Weltreiches, sandte 1241 seine sieggewohnten Reiterheere gegen Ost- und Südosteuropa. Wer sollte sie in Deutschland aufhalten? Gerade hatte sich auch der Erzbischof von Trier der Verschwörung der beiden anderen rheinischen Erzbischöfe angeschlossen. Alle drei ließen nun den Bann gegen Friedrich II. von den Kanzeln verlesen. Außerdem drangen sie raubend und sengend in die Wetterau ein, die den Staufern gehörte.

Der ferne Kaiser verkörperte damals die einzige Macht, die berufen schien, das Reich vor den Heeren Batus zu schützen. Da viele Zeitgenossen in den herandrängenden Mongolen die in der Bibel angekündigten Mitstreiter des Antichrist, Gog und Magog sahen, hätte ihm ein Sieg ‹über den Antichrist› auch psychologisch sehr genützt, denn der päpstlichen Propaganda, daß er selbst der Antichrist oder zumindest sein Vorläufer sei, wäre dadurch alle Glaubwürdigkeit entzogen worden. Der Abzug seiner Truppen aus Italien wäre aber einer vollständigen militärischen Niederlage gleichgekommen, und so mußte er sich darauf beschränken, die Fürsten Europas zur gemeinsamen Aktion aufzurufen und die Verteidigung Deutschlands im Namen seines Sohnes Konrad organisieren zu lassen.

Währenddessen betrieb Gregor IX. weiterhin die Einberufung eines allgemeinen Konzils, das Friedrich II. absetzen sollte. Nur zögernd entschloß er sich, gegen die Mongolen das Kreuz predigen zu lassen. Immerhin gelang es, in Deutschland einen allgemeinen Landfrieden durchzusetzen. Unter dem Eindruck der Mongolengefahr hörten die zahllosen Fehden und Raubüberfälle der großen und kleinen Herren eine Zeitlang auf. Doch der erwartete Reitersturm aus dem Osten blieb ohne sichtbaren Grund aus. Am 9. April 1241 hatten die Mongolen bei Liegnitz ein schlesisch-polnisches Ritterheer vollständig vernichtet, dem am nächsten Tage heranziehenden böhmischen Heer wichen sie jedoch nach Süden aus, um das von einem anderen Mongolenheer bereits verwüstete Ungarn nochmals heimzusuchen. Machtkämpfe in Zentralasien verhinderten dann weitere Raubzüge.

Die Bemühungen Gregors IX. um ein Konzil in Rom als Tribunal zur Aburteilung des Kaisers hatten keinen Erfolg, eine Gruppe spanischer, französicher und lombardischer Prälaten, die zu Schiff anreiste, ließ Friedrich – trotz der zu erwartenden propagandistischen Nachteile – gefangennehmen. Doch als Friedrich dann gegen Rom zog, um den Papst notfalls durch ihm ergebene Kardinäle absetzen zu lassen, ging dieser zunächst erfolgversprechende Stoß ins Leere, weil Gregor im August 1241 starb.

Die nächste Papstwahl versuchte Friedrich zu manipulieren, doch der auf schikanöse Weise gewählte Cölestin IV. starb bereits nach 17 Tagen. Die schleunigst abgereisten Kardinäle kamen erst im Juni 1243 zu einer neuen Wahl zusammen. Sie entschieden sich für einen Befürworter friedlicher Verhandlungen zwischen Kaiser und Papst, der den Namen Innozenz IV. annahm. Friedrich hoffte, ihn in seinem Sinne beeinflussen zu können. Wohl kaum jemals hat er sich folgenschwerer getäuscht.

Innozenz IV. floh an die äußerste Grenze des Heiligen Römischen Reiches, nach Lyon, und berief das von Friedrich so gefürchtete allgemeine Konzil dorthin ein. Die Verhandlungen begannen am 26. Juni 1245, ein gewandter ‹Anwalt› des Kaisers schien eine schnelle Verurteilung zunächst verhindern zu können, doch am 17. Juli überraschte Innozenz die im Dom von Lyon zur letzten Sitzung Versammelten mit der Verkündung der heimlich vorbereiteten Absetzungssentenz. Meineid, Friedensbruch, Gotteslästerung und Ketzerei waren die Hauptpunkte der Anklage.

Mit diesen Anklagepunkten hatte die päpstliche Propaganda schon vorher das Bild eines gottlosen und heimtückischen Kaisers gezeichnet, der eindeutig alle Merkmale des Antichrist aufweise. Es scheint, als ob Friedrich die Wirkung solcher im Bereich des Irrationalen liegenden Anklagen hoch einschätzte, denn er zeigte bei Friedensverhandlungen, die der Absetzung vorausgingen, eine für ihn erstaunliche Bereitschaft zu Konzessionen. Doch Innozenz gelangte zu der Überzeugung, daß diese Friedensbereitschaft nur Taktik sei. Dieser Kampf konnte eben nur noch mit der vollständigen Niederlage einer der beiden Parteien enden.

In Deutschland hatte schon bald nach dem letzten Zug des Kaisers über die Alpen eine Art Interregnum, ‹die kaiserlose, die schreckliche Zeit› begonnen. Nach 1239 wirkte sich das Interdikt für alle Anhänger des gebannten und 1245 ‹abgesetzten› Staufers wahrhaft verheerend aus. Zahlreiche Bettelmönche zogen durch das Land, um zum Kreuzzug gegen Friedrich II. aufzurufen. Wer das Teilnahmegelöbnis später bereute, konnte es mit Geld ablösen, das der Papst für seine Parteigänger dringend benötigte. Staufisch gesinnte Bischöfe wurden kurzerhand suspendiert. Wenn sie nicht durch Anhänger des Papstes ersetzt werden konnten, verfiel ihre Diözese dem Interdikt. Jahrelang gab es in solchen Bistümern keine Taufen, keine Trauungen, keine kirchlichen Beerdigungen. Welche Seelenqualen damit zahllosen Menschen bereitet wurden, kann man heute wohl gar nicht mehr voll ermessen.

Diese rücksichtslose Machtpolitik ließ die Volksmassen für Lehren christlicher Sektierer empfänglicher werden. Von den Waldensern wurde in den vierziger Jahren gelehrt, daß die ‹Kirche Gottes› bereits Anfang des 4. Jahrhunderts wegen des Erwerbs weltlicher Reichtümer zu bestehen aufgehört habe und daß seitdem die römische Papstkirche mit der ‹großen Hure› der Apokalypse zu vergleichen sei.

In der Zeit zwischen 1243 und 1250 trat sogar ein Dominikaner namens Arnold mit zwei radikalen Reformschriften auf. In ihnen sind Gedanken Joachims von Fiore über die Ablösung des verweltlichten Klerus durch einen Predigerorden zu erkennen. Arnold bezeichnete Papst Innozenz IV. als den wahren Antichrist und Friedrich II. als seinen gerechten Verfolger, ja als ‹Verteidiger der wahren Kirche›.

Zum Jahre 1248 berichtet ein in Stade lebender Franziskaner-Abt, daß in Schwäbisch-Hall, im staufischen Kernland, regelrechte Ketzer für den Kaiser und Konrad IV. agitiert hätten. Diese sollen verkündet haben, der Papst sei ein Ketzer, Bischöfe und Prälaten seien Ketzer und Simonisten (weil sie Ämter und Amtshandlungen als käuflich ansahen), und überhaupt seien alle katholischen Priester Betrüger, denn wer selbst in Sünden lebe, könne keine Sünden vergeben. Zum Schluß habe einer gesagt: ‹Betet für den Herrn Kaiser Friedrich und seinen Sohn Konrad, denn sie sind *vollkommen* und gerecht.› Als ‹Vollkommene› (perfecti) hatten sich früher die getauften Katharer bezeichnet, inzwischen war der Name auch auf die waldensischen Laienprediger übergegangen.

Immerhin hatte der abgesetzte Kaiser an die Könige und Fürsten Europas geschrieben, daß auch sie von der Tyrannei der geistlichen Gewalt bedroht seien. ‹Gott rufen Wir zum Zeugen an, daß es immer Unsere Absicht war, die Kleriker jeden Ranges, besonders aber die hohen, in den Zustand der Urkirche zurückzuführen.› Solche Sätze prägten sich dem Gedächtnis der mit Enteignung bedrohten Pfründenbesitzer tief ein. Jedes, aber auch jedes Mittel, das diesen kaiserlichen Ketzer zu diffamieren, moralisch und auch physisch zu vernichten versprach, mußte in diesem ‹Endkampf› herhalten. Gegenkönige, Bestechungen, Anstiftung zum Meuchelmord — alles wurde erprobt, führte jedoch nicht zum Ziel.

Auf der anderen Seite entsprach der Verteufelung durch die Feinde eine Vergötterung durch die Anhänger, dem Antichrist stand ein Messias-Kaiser gegenüber.

Als Kaiser Friedrich II. am 13. Dezember 1250 auf einem Jagdschloß in Süditalien starb, kaum 56 Jahre alt, wollte weder Freund noch Feind an seinen Tod glauben. Noch nach Jahrzehnten fanden ‹falsche Friedriche› Glauben und in einem Falle sogar nennenswerte Gefolgschaft. Im 14. Jahrhundert füllte sich in Deutschland die aus Hoffnungen des einfachen Volkes erwachsene Friedrichsage von einem Frieden und soziale Gerechtigkeit bringenden Erlöser-Kaiser mit revolutionärem Gehalt.

Doch im ersten Jahrzehnt nach Friedrichs Tod, als die Papstpartei das ganze ‹Viperngeschlecht› der Staufer auszurotten bestrebt war, erwarteten in Italien Anhänger der Prophezeiungen Joachims von Fiore ‹ihren› Antichrist in der Gestalt Friedrichs II., und zwar nach einem ‹Sibyllenspruch› im Jahre 1260. Als er nicht erschien, war die Enttäuschung riesengroß. Einige übertrugen die Erwartung dann auf Nachkommen dieses faszinierenden Mannes, von dem sie nicht glauben wollten, daß er weder ein Gott noch ein Teufel war.

7

Der Bußprediger Berthold von Regensburg

Während in Italien – besonders im Franziskanerorden – nach dem Tode Kaiser Friedrichs II. die Wiederkehr des ‹kaiserlichen Antichrist› von Ausdeutern der Prophezeiungen Joachims von Fiore zum Jahre 1260 erwartet wurde, war in Deutschland eine derartig konkrete Voraussage wohl kaum bekannt. Zwar fehlt es nicht an Hinweisen, daß das Ende der Welt bald kommen werde, doch dabei handelt es sich nur um die traditionellen Drohungen geistlicher und weltlicher Bußprediger. In Deutschland ließen vielmehr die vergeblichen Hoffnungen auf eine friedenbringende Wiederkehr des ‹fernen Kaisers› die Volkssage vom Erlöser-Kaiser Friedrich entstehen, deren erste Spuren jedoch erst am Ende des 13. Jahrhunderts nachzuweisen sind.

In den fünfziger und sechziger Jahren folgte auf den Tod des Kaisers eine Zeit tiefgreifender politischer und sozialer Umwälzungen. Es wurde nicht nur das Ende der weltlichen Zentralgewalt, eines starken deutschen Königtums, allen Zeitgenossen sichtbar, auch das äußerlich siegreiche Papsttum hatte schweren ideellen Schaden genommen, als es im Ringen um die Weltherrschaft skrupellos geistliche Waffen einsetzte. In einigen deutschen Territorien stellten zahlreiche religiöse Oppositionsbewegungen den Fortbestand der alten Kirchenorganisation ernsthaft in Frage.

Gegen diese Ketzer setzte die Papstkirche die neuen Bettelorden – Dominikaner und Franziskaner – mit Erfolg ein. Hauptargument der abtrünnigen Christen war ja, daß die alte Kirche durch weltliche Interessen korrumpiert, mit Zunahme der Geldwirtschaft sozusagen ‹vergeldlicht› sei. Dem war schon im Kampf gegen die Albigenser der spanische Priester Dominikus mit der Übernahme ‹apostolischer Armut› durch eine Gemeinschaft katholischer Prediger entgegengetreten. Der von ihm 1216 begründete und von Papst Innozenz III. anerkannte Orden der Dominikaner wurde 1231 in Deutschland und 1232 in ganz Europa mit der Ketzerinquisition beauftragt. Die Flut der unkontrollierten Volksfrömmigkeit war aber mit Terror allein nicht zu bändigen. Vorbeugende Agitation arm und bedürfnislos auftretender Prediger versprach nachhaltigere Wirkung. Dieser Aufgabe widmeten sich die Schüler des Franz von Assisi.

Im Gegensatz zu Dominikus war Franziskus Laie gewesen. Als Sohn eines reichen Kaufmanns war er unter dem Eindruck einer gefährlichen Erkrankung zum schwärmerischen Asketen und bald danach zu einem verstoßenen und verlachten Einsiedler geworden. Nur zögernd nahm er einige Schüler an. 1208 stellte er eine Regel für eine Gemeinschaft von Missionaren auf, die von ihrer Hände Arbeit leben und nur im Notfall betteln sollten. Der zunächst mißtrauische Papst soll dieser Bruderschaft angeblich erst auf Grund einer nächtlichen Vision das öffentliche Predigen 1210 gestattet haben. Nur widerstrebend duldete Franziskus 1219/20 die Umwandlung der Gemeinschaft in einen straff organisierten Mönchsorden. Dessen endgültige Bestätigung erfolgte erst 1223. Vier Jahre zuvor waren die ersten in Deutschland auftretenden Franziskaner noch der Ketzerei verdächtigt und vertrieben worden.

Beide Bettelorden ließen sich auch in Deutschland nur in Städten nieder, gewissermaßen als Stadtpolizei des Papstes. Da sie von den Päpsten auch zu politischen Aufgaben herangezogen wurden, gerieten die neuen Mönche bald in heftige Rivalität mit dem Weltklerus. 1227 ermächtigte sie Gregor IX., überall zu predigen, Beichte zu hören und Absolution zu erteilen. In dem bald darauf einsetzenden, 1239 sein letztes und höchstes Stadium erreichenden Kampf gegen

Kaiser Friedrich II. waren die Bettelmönche des Papstes zuverlässigste Werkzeuge, da der Weltklerus oft für den Kaiser Partei ergriff. Zwischen 1240 und 1244 wurden sie durch päpstliche Privilegien von den Bischöfen – zu deren größtem Verdruß – völlig unabhängig; 1241 erhielten sie sogar die Erlaubnis, auch in den Ländern exkommunizierter Fürsten frei zu wirken. Gegen Ende der Regierungszeit Friedrichs II. ermöglichte dieses Privileg so bedeutende propagandistische Erfolge des Papstes, daß der Kaiser energisch gegen die Bettelmönche vorging. Er ließ alle aus seinem Herrschaftsbereich verbannen und nach 1248 einige dennoch auftretende sogar verbrennen. Es ist also nicht verwunderlich, daß die eingangs erwähnte joachimitische Weissagung in Kreisen der italienischen Franziskaner besonders große Resonanz fand.

Bei den deutschen Franziskanern standen – wie schon angedeutet – andere Sorgen und Interessen im Vordergrund. Näheren Einblick vermitteln die zahlreichen Predigten des Paters Bertholdus de Ratisbona, den wir als Bruder Berthold von Regensburg kennen. Erst am Ende des Mittelalters hat ein anderer Kanzelredner, der Straßburger Münsterprediger Geiler von Kaisersberg, ähnlichen Ruhm als Volksprediger erlangt. Nur dieser außerordentlichen Beliebtheit Bertholds ist es zu verdanken, daß seine Predigten überliefert sind, denn der faszinierende Redner war durchaus kein Mann der Feder.

Unter Bertholds Namen sind etwa 500 lateinische und 71 deutsche Predigten bekannt, die jedoch nur überarbeitete Nachschriften seiner Verehrer darstellen. Drei lateinische Sammlungen wurden von Berthold selbst redigiert. Eine ihm zugeschriebene ‹Auslegung der Offenbarung des Johannes› und eine ‹Anweisung für das klösterliche Leben› sind offenbar verlorengegangen. Was dieser Bußprediger über die Apokalypse zu sagen hatte, wäre für unser Thema sehr interessant, da er sich dabei auch zur damals höchst aktuellen Frage der Wiederkehr des Antichrist geäußert haben dürfte. Was in seinen Predigten dazu gesagt wird, ist recht dürftig.

Leider ist die Authentizität der uns heute vorliegenden Texte durchaus nicht so gesichert, wie es den Anschein hat, denn die zahlreichen Handschriften, die sie uns überliefert haben, stammen alle aus dem 14. und dem 15. Jahrhundert. Nur ganz wenige Bruchstücke deutscher Handschriften werden um 1300 datiert. Berthold ist jedoch 1272 gestorben.

Gesicherte Angaben über sein Leben könnten die Bemühungen

der Philologen um einen ‹echten› Text erleichtern, doch diese sind rar. Bertholds latinisierter Name besagt, daß er in Regensburg geboren ist. Um 1240 hat er – Augsburger Chroniken zufolge – in Augsburg gepredigt. Da er 1246 zusammen mit seinem ‹socius› David von Augsburg und zwei Regensburger Domherren vom päpstlichen Legaten mit der Visitation des Frauenstiftes Neumünster beauftragt worden ist und damals sicherlich schon ein lebenserfahrener Mann gewesen sein dürfte, wird sein Geburtsjahr wohl um 1210 liegen. Die Frage, ob David von Augsburg Lehrer oder Schüler Bertholds gewesen ist, konnte noch nicht geklärt werden. Auf mehreren der Missionsreisen, die Berthold seit etwa 1250 in fast zwei Jahrzehnten durch die Länder an Donau und Rhein, nach Thüringen, Franken, Schlesien, Böhmen und bis nach Paris führten, hat David ihn begleitet. Neben Traktaten in lebensnaher mittelhochdeutscher, schon deutlich von der neu aufkommenden Mystik beeinflußter Prosa hat dieser auch gewichtige lateinische Abhandlungen verfaßt, darunter eine Schrift über die Ketzerinquisition.

Als Spiegel für den Teufelsglauben dieser Zeit sollen im folgenden mittelhochdeutsche Predigten Bertholds dienen. Da die Originaltexte manchmal schwer oder gar mißverständlich sind, wird weitgehend die freie Übersetzung von Otto H. Brandt übernommen. Wann und wo diese Predigten gehalten worden sind, ist nicht mehr festzustellen. Sicherlich sind sie oftmals – eventuell mit Abwandlungen – an verschiedenen Orten wiederholt worden.

Das gilt sicher für die Predigt ‹Wie man die Welt in zwölf Teile teilt›. Nach dem Beispiel einer Erzählung im Alten Testament, wo ein Prophet mit einem gewissen Jeroboam – der niemand anders war als der Teufel – die ‹zwölf Geschlechter Israels› so teilte, daß zehn von ihnen dem Teufel, zwei aber Gott gehören sollten, teilte auch der Bußprediger Berthold von Regensburg die große Zahl seiner von weither zusammengeströmten Zuhörer mit dem Teufel. Chroniken sprechen von 60 000, ja von 100 000 Anwesenden, doch das sind natürlich Phantasiezahlen, wie sie in mittelalterlichen Berichten immer wieder vorkommen. Berthold soll diese Aufteilung so dramatisch vorgespielt haben, daß er hinterher gebeten worden sein soll, er möge doch bitte nie wieder so furchterregend predigen!

Zu Beginn fordert er alle Anwesenden auf: ‹Nun setze dich und mache ein Kreuze vor dich! Hättest du ein gut Herze, das wäre dir viel besser als alle Kreuze, die du machtest. Ihr Teufel, wollt ihr nun hören, welche Teile euch angehören, wer die sind, die euch der allmächtige Gott erlaubet?›

Mit solcher Rhetorik scheint Bruder Berthold seine Zuhörer in atemlose Spannung versetzt zu haben, obwohl man doch annehmen müßte, daß das nun folgende Register der Sünden und der Sünder jedermann hinlänglich bekannt gewesen sein müßte. Predigten vor dem einfachen Volk und andere Formen seelsorgerischer Belehrung waren jedoch nicht nur durch das oft verhängte Interdikt zu seltenen Ereignissen geworden; der überall schnell zunehmende Hunger nach Geld hatte auch dazu geführt, daß die Pfründen mehrerer Pfarrstellen oft zu einer ertragreichen Pfründe zusammengelegt wurden. Diese große Pfründe konnte nur gegen Zahlung entsprechend hoher Gebühren übernommen – oder besser: erworben – werden. Der dann offiziell eingesetzte Pfarrer ließ sich aber eventuell durch einen schlecht bezahlten Vikar vertreten. Doch auch wenn er seinen Pflichten voll nachkommen wollte, war das in einem übergroßen Pfarrsprengel gar nicht möglich. Andererseits klagt Berthold, daß Feudalherren, die den Kirchenbann nicht fürchteten, ihre Pfarreien so beraubten, daß vier Pfarrpfründe kaum einen Pfarrer ernähren konnten.

Die so entstandenen Bedürfnisse befriedigten oft die waldensischen Prediger, bibelkundige Laien, die sich positiv von den katholischen Pfarrern unterschieden, indem sie für gottesdienstliche Handlungen kein Geld nahmen. Niemand konnte ihrer überzeugenden Agitation für eine ‹arme Kirche›, eine ‹Kirche der Armen›, so wirksam entgegentreten wie die armen und bedürfnislosen Schüler des heiligen Franz (Franziskus war bereits 1228, zwei Jahre nach seinem Tode, heiliggesprochen worden).

Antirömische Sektierer sind für Berthold durchweg ‹Ungläubige›. Er stellt sie neben Juden und Heiden an die erste Stelle jener ‹zehn Teile› seiner Predigtgemeinde, die er dem Teufel beziehungsweise den vielen Teufeln, auf deren Wesen er an anderer Stelle näher eingeht, überantworten muß. ‹Ihr Teuel, nehmt euch die allesamt. Deren bedarf Gott nicht, sie sind ihm seit Angang der Welt unlieb gewesen, denn sie haben ihm viel zuleide getan.›

Diese erste Kategorie der Verworfenen wird jedoch noch auf sehr bemerkenswerte Weise ergänzt: «Es sind aber gar viele andere hier, Giftmischerinnen, Zauberinnen. Alle, die mit Gift und Zauber umgehen, die gehen auch mit Unglauben um. Ihrer wird so wenig Rat wie der Juden, Heiden und Ketzer, denn sie haben das erste Gebot unseres Herrn gebrochen. Das heißet also: ‹Du sollst keinen fremden Gott haben außer mir.› ... Ihr Männer, es ist ein großes Wunder, daß ihr nicht unsinnig werdet von dem großen Zauber und von dem Ungeheuerlichen, das die Frauen an euch durch Zauber tun. Darum ihr Teufel, ihr sollt diese allesamt ergreifen.»

Von dieser Diffamierung von Frauen als Giftmischerinnen und Zauberinnen führt bereits ein gerader Weg zum ‹Hexenhammer› von 1489, dem Lehrbuch aller späteren Hexenjäger. Bei dem an Männern verübten Zauber sollte es sich einerseits um Liebestränke, andererseits um Mittel zur Erzeugung von Impotenz handeln. Der ‹Sachsenspiegel›, das zwischen 1220 und 1232 entstandene erste deutsche Rechtsbuch, bedroht zwar Zauberei und Giftmischerei mit dem Feuertode, doch richtet sich diese Strafbestimmung nicht ausschließlich gegen Frauen.

Aus der großen Schar der Sünder, die Berthold ebenfalls dem Teufel überlassen will, seien noch die ‹Neider und Hasser› hervorgehoben, die den Frieden der von Gott eingerichteten feudalen Gesellschaftsordnung stören. ‹Sieh, kannst du ihm das nicht gönnen, was ihm Gott im Himmel gönnt? ... Das ist ihm vielleicht angeboren oder er hat es durch seine Arbeit gewonnen. Oder wenn einer durch wenig Arbeit mehr hat, als du durch viele Arbeit hast, das tut dir Gott mehr zugute als zu Übel. ... Wolltest du, daß er dir's gäbe, so gäbe er dir das ewige Leben, das nimmermehr zerrinnen kann.›

Der elfte Teil gehört Gott: alle jene, die in ihrem Leben keine Todsünde begangen haben – da werden sich nicht viele Zuhörer angesprochen gefühlt haben! Um so mehr mußte der Schluß der Predigt wirken. ‹Die zwölften, das sind alle, die aus den zehn Teilen des Teufels zurückkehren zu dem allmächtigen Gotte durch wahre Reue und durch lautere Beichte und mit Buße nach Gottes Gnade und nach euern Kräften. ... Laßt Neid und Haß aus eurem Herzen und vergebet allen denen, die euch je ein Leid taten ... und laßt alle Todsünde aus eurem Herzen! Dann kommt ihr allesamt von dem leidigen Teufel zu dem allmächtigen Gotte, zuerst an der Seele und am Jüngsten Tage am Leib und an der Seele.›

‹Armer Teufel!› möchte man da sagen. Was wird ihm bleiben, wenn alle, von Reue gepackt, nun sofort beichten und die Bußen auf sich nehmen? – In einem oben zitierten Gedicht des Stricker versuchte der Teufel, die ihm seiner Ansicht nach zustehenden Seelen in einem regelrechten Prozeß gegen Gott einzuklagen. Eine ähnliche ‹Gerichtsverhandlung› schildert Berthold am Schluß seiner Predigt ‹Von den sieben Siegeln der Beichte›. Der Teufel hat die Seele des Menschen mit sieben ‹Schlössern› (Verführungen zur Sünde mit falschen Hoffnungen oder Befürchtungen) verschlossen, doch Jesus wird diese Schlösser alle öffnen. Vorerst gibt der Teufel seine Ansprüche jedoch nicht auf.

«‹Ich räume ihn noch nicht; ich gedenke den Sünder mit gerechtem Urteil wohl zu behalten. ... Herre, du weißt wohl, wer ein Gut in Gewalt und in Gewere hat ohne Widerspruch 40 Jahre oder 50 oder 100, daß es der mit Recht für immer behalten soll. ... Du weißt wohl, daß ich den Sünder wohl 5000 Jahre gehabt habe.› Da sprach der Herr: ‹Nein, denn ich habe den Sünder alle Jahre eingefordert, wie es das Recht verlangt, durch Patriarchen und durch Propheten und durch meine andern Boten und meine Engel, die ich zu ihm sandte mit heiliger Lehre, und habe meinen Anspruch daher bis heute behalten.› Da gewann unser Herr.

Aber der Teufel sprach: ‹Nein, denn ich habe noch mehr Anrecht auf ihn. Du weißt wohl, daß ich eine Urkunde habe, derzufolge der Sünder mir gehört, wenn er dein Gebot übertritt.› Da sprach unser Herr: ‹Nein, deine Urkunde ist falsch und erlogen. Ich hatte geschrieben, wenn der Sünder mein Gebot überträte, dann müsse er sterben. Du hast ihm jedoch verheißen, er stürbe nicht. Deshalb ist die Urkunde ungültig.› Da war der Teufel wieder geschlagen. Doch er gab noch nicht auf: ‹Du weißt wohl, wenn der Sünder die Sünde tut, das wiegt so schwer, daß er niemals genug dafür büßen kann.› Doch der Herr sprach: ‹Hätte ich für den Menschen nicht gebüßt, so könnte es wohl sein. Nun aber lege aller Menschen Sünde auf eine Waagschale und lege von meinem Blut, das ich für den Sünder vergossen habe, einen einzigen Tropfen auf die andere Waagschale. Wiegen die Sünden schwerer, so will ich den Sünder verloren haben. Wiegt aber mein Blut schwerer, so habe ich ihn gewonnen.›

Da gewann unser Herr, denn ein einziger Tropfen seines Blutes wiegt mehr als alle Sünden, die das Menschengeschlecht jemals beging.»

Die Spannung, mit der viele Anwesende einen solchen ‹Prozeßverlauf› verfolgten, beruhte nicht zuletzt darauf, daß Berthold auch sehr viele Teufel als anwesend betrachtete und sie immer wieder direkt ansprach. Er lehrte, daß jeder Mensch von Geburt an von einem

Engel, aber auch von einem Teufel begleitet werde, die beim Tode ‹ihres› Menschen um seine Seele ringen.

Gewissermaßen zum Beweis dafür, daß Gott einen feudalen *Stände*staat geschaffen hat, predigte der wortgewaltige Franziskaner, der Anspielungen auf aktuelle politische Probleme sonst peinlichst vermied, auch ‹Von den zehn Chören der Engel und der Christenheit›. Dabei deutete er an, daß auch in der Hölle eine ähnliche Ordnung herrsche. ‹Denn da der allmächtige Gott das Himmelreich ordnete mit den zehn Chören der heiligen Engel, wie ich soeben sagte, da hatte er die heiligen Engel noch nicht gefestigt, sie konnten das Himmelreich noch verlieren. Und darum wurden etliche dem allmächtigen Gott abtrünnig und sind noch heute abtrünnig. Sie wurden allesamt zu Teufeln und sind noch heute Teufel.

Und es war nicht ein einziger ganzer Chor, der mit Lucifer vom Himmelreiche fiel. Sie fielen aus den zehn Chören allen, aus jeglichem ein Teil, aus den höchsten und aus den niedersten und aus den mittelsten. Ihrer fielen aus den zehn Chören so viele im ganzen, daß es einem Chore gleichkam, und man nimmt an, daß der zehnte Teil aus den zehn Chören fiel.›

Obwohl Bertholds Predigt gemäß der Lehre des Neuen Testaments den Sieg Christi über Tod und Teufel verkündete, bewirkte sie doch nicht, daß die Furcht seiner Zuhörer vor den Fallstricken der allgegenwärtigen Teufel gemildert würde. Das hätte ja nicht den Zielen des Bußpredigers entsprochen.

Mit erstaunlich geringem Gottvertrauen äußert er sich sehr persönlich über die Gefährlichkeit dieser religiösen Außenseiter, sogar in öffentlicher Predigt. ‹Es gibt wohl anderthalbhundert Ketzereien. Die einen glauben nicht wie die andern. Wenn einer eine neue Ketzerei erfunden hat, … die Ketzerei heißet dann wie jener … Aber wie mancherlei Namen sie haben, sie heißen doch überall Ketzer. Und das tat unser Herr nicht ohne Grund, daß er sie Ketzer hieß … Das tat er darum, weil der sich gar wohl zutulich machen kann, wo man ihn nicht wohl kennt, wie auch die Katze …

Und davon heißet er ein Ketzer, daß seine Vertraulichkeit so schädlich ist wie die einer Katze, und noch viel schädlicher. Die Katze verunreinet dir den Leib, so verunreinet euch der Ketzer Seele und Leib, daß ihnen beiden nimmermehr Rat wird. Und er ist halt so schädlich; und hätte ich eine Schwester im ganzen Land, darinnen ein Ketzer wäre, um die hätte ich Angst, nur vor dem einen Ketzer, der ist halt so schädlich. Und also hüte sich all die Welt vor ihm. Ich habe, so Gott will, einen so festen Christenglauben, wie ihn von Rechts wegen ein jeder Christenmensch haben soll. Doch ehe ich nur vierzehn Tage in einem Hause wollte sein, darinnen ein Ketzer wäre, eher wollte ich in einem Hause sein, darinnen 500 Teufel wären, ein ganzes Jahr.›

Doch wer nun von Berthold die übliche Verteufelung dieser so außerordentlich gefährlichen Feinde der Kirche erwartet, der wird enttäuscht. Konrad von Marburg verfolgte die ‹Luciferianer› als ‹Sodomiter›; der Stricker dichtete ihnen alle nur denkbaren Greuel an; doch unser neuer Gewährsmann zeigt sich im Vergleich mit diesen Eiferern um Sachlichkeit bemüht. ‹Luciferianer› kommen bei ihm gar nicht vor. Sodomiterei deutet er als vierte und letzte der ‹rufenden Sünden› – die den Menschen an Leib und Seele verderben –, ohne das Wort zu gebrauchen. Selbst die Teufel wagen nicht, eine Bezeichnung für diese Sünde zu erfinden. Von Ketzern ist dabei aber keine Rede. Für diese gibt es andere, eindeutige Kennzeichen.

«‹Bruder Berthold! Wie sollen wir uns vor ihnen hüten, solange sie guten Leuten gar so gleich sind?› ‹Seht, das will ich euch lehren ... Das erste: Wer da spricht, es dürfe kein Ehemann bei seiner Frau liegen ohne Hauptsünde, der ist ein arger Ketzer. ... Das andere ist: Wer da spricht, es dürfe ein Richter niemand töten ohne Hauptsünde. ... Das dritte: Wer sagt, daß die sieben Sakramente und das Weihwasser keine Kraft haben, der ist ein Ketzer. ... Das vierte: Wer da sagt, daß ein Priester, der selber in Hauptsünden ist, niemand von seinen Sünden entbinden könne, der ist auch ein Ketzer. Das fünfte: Wer da spricht, man solle die Wahrheit nicht beschwören ... Das sechste: Wer da spricht aus der Schrift, der in der Schrift nie gelehret ward und will doch aus der Schrift reden ..., denn das hat ihn gelehrt sein Meister, der Ketzer. Das siebente: Wer da spricht, wer zwei Röcke habe, der soll um Gott einen geben, und wer das nicht tue, sei ewig verloren. Pfui, unseliger Ketzer! So könnte niemand gerettet werden, weder geistliche noch weltliche Leute. Fürwahr, es ist einem manchmal not, daß er den dritten dazu habe.›»

Mit solchen Klagereden war bibelfesten Sektierern natürlich nicht beizukommen, zumal antiquiertes Buchwissen über die Katharer, die traditionellen ‹Teufelsanbeter›, hier ins Leere stieß. Berthold sah, daß die Ketzerei zunahm, und wertete das als Zeichen für das Nahen des Weltendes. Zur Resignation blieb ihm aber keine Zeit.

König Ottokar II. von Böhmen, der nach dem Tode Kaiser Friedrichs II. das Herzogtum Österreich mit Duldung des Papstes übernehmen konnte, versuchte sich in – schließlich erfolglosen – Kreuzzügen nach Preußen und Litauen. 1263 wurde Berthold vom Papst Urban mit der Kreuzpredigt in Ottokars Ländern beauftragt. Gleichzeitig kam es in Österreich auf Betreiben Ottokars zu schweren Ketzerverfolgungen. Auch Herzog Ludwig II. von Bayern zeigte sich bestrebt, die staufischen Bindungen seiner Familie durch Ketzerverfolgungen in milderem Lichte erscheinen zu lassen. Aus dieser Zeit stammt wahrscheinlich das lateinische Werk des David von Augsburg ‹Über die Inquisition›. Mit den Zielen dieser päpstlichen Institution war zwar auch das Wirken Bertholds verbunden, doch Näheres ist uns darüber nicht bekannt. Die ‹Bekehrungsmittel› der Inquisitoren waren jedenfalls andere als die des Bußpredigers Berthold von Regensburg.

8

Die Anfänge der Ketzerinquisition in Deutschland

Der in den ersten Kapiteln schon mehrmals erwähnte, hier ausschließlich auf den kirchlichen Bereich bezogene Begriff ‹Inquisition› bedeutet wörtlich ‹Aufspürung› (und zwar ‹häretischer Verderbtheit› durch ein kirchliches Glaubensgericht). Als ‹Häresie› wird bekanntlich alles bezeichnet, was mit der katholischen Lehrmeinung nicht übereinstimmt.

Schon das Urchristentum kannte Glaubensgerichte, die über die Reinerhaltung der Lehre Christi wachen sollten. Höchstes Strafmaß war der Ausschluß aus der Gemeinschaft der Christen, die Exkommunikation. In der Theorie sollte das so beiben; doch seitdem das Christentum am Anfang des 4. Jahrhunderts Staatsreligion des römischen Reiches geworden war, ergaben sich für den Exkommunizierten eventuell zusätzlich noch sehr harte Konsequenzen, und nach der Wiederbelebung der römischen Reichsidee durch die römisch-deutschen Kaiser des Mittelalters kam es schließlich zu einer dauerhaften Arbeitsteilung zwischen geistlicher und weltlicher Rechtsprechung. Der Blutbann, Gerichtsbarkeit über Leben und Tod, blieb formal den weltlichen Richtern vorbehalten. Die katholische Kirche hatte damit eine schlechte Erfahrung gemacht.

Als im Jahre 385 in Trier der spanische Christ Priszillian, der die Lehre von der Dreieinigkeit verwarf, die Auferstehung der Toten bestritt und die Ehe als ‹Fleischeslust› ablehnte, zusammen mit einigen Anhängern in einem kirchlichen Gerichtsverfahren verurteilt und durch das Schwert hingerichtet worden war, erregte dieser ‹erste Brudermord im Namen der christlichen Lehre› größtes Aufsehen. Die Bischöfe von Mailand und Tours setzten durch, daß die für diese Hinrichtungen verantwortlichen Bischöfe ihr Amt verloren.

Die Bestrafung der ersten Agitatoren kirchenschädlicher oder gar kirchenfeindlicher Lehren erscheint in den ältesten Quellen zur deutschen Geschichte als Aufgabe der Könige und Kaiser, die sich in der ‹Reichskirche› ein sehr wirksames Herrschaftsinstrument geschaffen hatten. Als Kaiser Heinrich III. 1052 in Goslar Häretiker hängen ließ, geschah das angeblich ‹consensu cunctorum› (‹mit Zustimmung aller Anwesenden›), ohne daß über die Beteiligung hoher kirchlicher Würdenträger Näheres berichtet wird.

Der Beginn der Unterdrückung häretischer Lehren durch eine speziell dafür geschaffene Gerichtsorganisation, eben die Inquisition, wird auf 1184 datiert. Damals ließ Papst Lucius III. auf dem Konzil zu Verona verkünden, daß alle Ketzer von den Bischöfen verurteilt und exkommuniziert werden sollten. Der anwesende Kaiser Friedrich Barbarossa versprach, bei der Verfolgung der Ketzerei zu helfen, und verfügte im folgenden Jahr, daß jeder, der nicht innerhalb eines Jahres die kirchliche Freisprechung (Absolution) erlangen könnte, der Reichsacht verfallen würde. Doch diese Bestimmung wurde in der Praxis kaum beachtet.

Erst als am Anfang des 13. Jahrhunderts nicht mehr zu ignorieren war, daß in Südfrankreich und Oberitalien die Katharer eine eigene Kirchenorganisation geschaffen hatten, während waldensische Wanderprediger in denselben Gebieten, aber auch in Deutschland immer erfolgreicher für die Rückkehr zu den Lehren des Urchristentums, für die ‹Nachfolge Christi in apostolischer Armut› warben, erfolgte die entscheidende Wende. Papst Innozenz III. rief zum Albigenserkreuzzug (1209–1229) auf, dem ersten Kreuzzug gegen Christen. Deutlicher konnte das skrupellose Machtstreben der Kirche nicht offenbart werden, zumal sich Innozenz auch in die Thronkämpfe zwischen Staufern und Welfen nach recht unchristlichen Gesichtspunkten einmischte. Auf dem 4. Laterankonzil (1215) drohte er allen Fürsten, die in ihren Ländern Ketzer duldeten, nicht nur die Exkommunikation, sondern auch die Einziehung ihrer Besitzungen an, als wenn der Papst oberster Lehnsherr wäre!

Auf diesem Laterankonzil wurde auch die Ohrenbeichte als Teil des Bußsakraments allen Katholiken zur Pflicht gemacht. Wer sich diesem wichtigen Instrument der Seelenkontrolle entzog, war von vornherein der Ketzerei verdächtig. Im übrigen wurden die bis dahin wenig beachteten Ketzergesetze Lucius' III. und Friedrichs I. von 1183/84 erneuert. Sie waren schon zur Grundlage des Kampfes gegen die Albigenser gemacht worden. Der große Ketzerprozeß von Straßburg im Jahre 1212 scheint aber in Deutschland eine Ausnahme geblieben zu sein, bis die Ketzergesetze Kaiser Friedrichs II. von 1232 auch hier eine verhängnisvolle Entwicklung einleiteten.

Die Päpste beriefen sich schon vor Friedrich II. auf das römische Recht, das für ‹Manichäer› die Todesstrafe vorsah, für andere ‹Häretiker› jedoch nur Ausweisung beziehungsweise ewige Verbannung. In Deutschland galt aber noch das germanische Gewohnheitsrecht, und dieses stellte die — nicht genauer beschriebenen — ‹Ketzer› neben Giftmischer und Zauberer. Der zwischen 1220 und 1232 aufgezeichnete ‹Sachsenspiegel›, das älteste und bedeutendste Rechtsbuch des deutschen Mittelalters, bestimmt: Ein Christ, der sich von seinem Glauben lossagt und mit Zauber oder Gift umgeht, soll auf dem Scheiterhaufen verbrannt werden.

Das seit Anfang des 13. Jahrhunderts in mehreren oberdeutschen und niederdeutschen Varianten belegte Wort ‹Ketzer› wird hier mit ‹christenman›, der ‹ungeloubic› ist, umschrieben, doch im engsten Zusammenhang mit Zauberei und Giftmischerei. Die niederdeutsche Form ‹kötzer› führt etymologisch zu mittelniederdeutsch ‹quetser› (‹Schänder›). Es handelte sich also um Personen, die als Religionsschänder angesehen und entsprechend hart bestraft wurden.

Da man den Katharern neben anderen Scheußlichkeiten auch Hostienschändung andichtete, wurde dieser Sektierername mit dem Begriff ‹Religionsschänder› identifiziert, und schließlich geriet die sprachliche Verwandtschaft mit ‹quetser› so gründlich in Vergessenheit, daß heute in der historischen Literatur durchweg das Wort Ketzer von ‹Katharer› beziehungsweise der italienischen Form ‹gazari› abgeleitet wird.

Im 13. Jahrhundert behauptete der Volksprediger Berthold von

Regensburg nach dem Vorbild des französischen Philosophen Alain von Lille (Alanus ab Insulis, 1120—1203), das Wort Ketzer stamme von ‹catta› (Katze) her. Seiner bildhaften Begründung folgten Prediger und literarische Ketzerjäger noch jahrhundertelang. Berthold lehrte, die Katze lecke an einer Kröte, bis diese blute. Von dem ‹Eiter› dieses Teufelstiers werde sie durstig. Dann trinke die Katze von Wasser, mit dem auch Menschen ihren Durst stillen, und stecke sie auf diese Weise mit dem Gift der Kröte an. Langes Siechtum oder gar Tod sei die Folge. Angesichts der damaligen Unbekümmertheit in Fragen der Hygiene ist diese sehr modern anmutende ‹Warnung vor Infektionsgefahr› recht verwunderlich.

Viel stärker als eventuell noch nachwirkende sprachliche Assoziationen mit ‹Schänder› und ‹Teufelstier› wirkte jedoch die immer wieder erneuerte Verteufelung aller Andersgläubigen, vor allem der Juden, oder auch nur der Häresie Verdächtigter durch religiöse Fanatiker oder kühl berechnende Machtpolitiker, die es verstanden, ‹gute Christen› zu Pogromen aufzuhetzen. Die Juden lebten nur unter dem kostspieligen Schutz mächtiger Feudalherren oder städtischer Obrigkeiten einigermaßen sicher. Ihr Privileg, Geld gegen Zinsen verleihen zu dürfen, machte sie ihren Schuldnern und vielen armen Leuten so verhaßt, daß allein schon das Gerücht von einer ‹Hostienschändung› oder gar von einem ‹jüdischen Ritualmord› grausame Plünderung und Totschlag über die nun schutz- und rechtlosen ‹Gottesfeinde› brachte.

Der krankhaften Phantasie des bereits wiederholt erwähnten Konrad von Marburg blieb es vorbehalten, aus Greuelmärchen über die Katharer des 11. und 12. Jahrhunderts eine ebenso infame wie wirksame Anklage zu konstruieren. Konrad sah in allen der Ketzerei Verdächtigen sogenannte Luciferianer, Teufelsanbeter, von denen er behauptete, daß sie sich in gotteslästerlicher Verkehrung der heiligen Messe in ihr teuflisches Abbild mit Teufelstieren geschlechtlich vereinigten.

Mit Konrads Namen ist der erste große Feldzug der zentralgesteuerten päpstlichen Inquisition in Deutschland untrennbar verbunden. Nach dem Tode der von ihm ‹geistlich betreuten› Landgräfin Elisabeth von Thüringen (1231) scheint Konrad gänzlich religiösem Wahnsinn verfallen zu sein. In Hessen, Thüringen und im Rheinland loderten alsbald seine Scheiterhaufen auf. Man erzählte schaudernd, sein ständiger Begleiter, der Dominikaner Konrad Dorso, habe einen Krüppel bei sich, der sich rühmte, die Ketzer auf den ersten Blick erkennen zu können.

Die abergläubische Menge soll angeblich überall verlangt haben, daß die weltlichen Behörden alle von den Inquisitoren Bezeichneten verbrannten. Als das wahllose Vernichten schließlich doch verdächtig wurde, wußte Dorso die Unterstützung adliger Herren zu gewinnen, indem er nun wohlhabende Bürger ‹bevorzugte› und die feudalen Gerichtsherren sowie auch König Heinrich (VII.), den Statthalter Kaiser Friedrichs II. in Deutschland, bei der Aufteilung der konfiszierten Vermögen großzügig berücksichtigte.

Konrad von Marburg wurde jedoch durch seine Erfolge so verblendet, daß er auch gegen Angehörige des hohen Adels vorging. Er behauptete zum Beispiel, der Graf von Sayn sei auf einem Krebs geritten, und auch andere Grafen sowie die Gräfin von Loz verfielen seinem Urteilsspruch.

Dieses offensichtliche Verkennen der realen Machtverhältnisse rief einige Bischöfe und auch den König auf den Plan. Der Graf von Sayn erschien im Juli 1233 vor ihnen auf einem Hoftag in Mainz und bot an, seine Unschuld nach deutschem Recht durch Eideshelfer zu beweisen. Konrads Gegenzeugen verließ angesichts so starken Rückhalts für den Angeklagten der Mut, und so mußte der Generalinquisitor zum ersten Mal zähneknirschend eine Appellation an den Papst hinnehmen. Sein Versuch, sofort zu einem Kreuzzug gegen die adligen Ketzer aufzurufen, scheiterte am Machtwort des Erzbischofs von Mainz und des Königs. Daraufhin faßten die noch immer Bedrohten Mut, und schon auf der Heimreise von Mainz nach Marburg wurde Konrad überfallen und erschlagen.

Ein zeitgenössischer Chronist läßt erkennen, daß auch Angehörige des hohen Klerus den Amoklauf des Generalinquisitors scharf verurteilten: ‹Wer ihm in die Hände fiel, so berichtet der Erzbischof von Mainz an den Papst, dem blieb nur die Wahl, entweder freiwillig zu bekennen und dadurch sich das Leben zu retten, oder seine Unschuld zu beschwören und unmittelbar darauf verbrannt zu werden. Jedem falschen Zeugen wurde geglaubt, rechtliche Verteidigung war niemandem gestattet, auch dem Vornehmsten nicht; der Angeklagte mußte gestehen, daß er ein Ketzer sei, eine Kröte berührt, einen blassen Mann oder sonst ein Ungeheuer geküßt habe.

Darum, sagt der Erzbischof, ließen sich viele Katholiken lieber um ihres Leugnens willen unschuldig verbrennen, als daß sie so schändliche Verbrechen, deren sie sich nicht bewußt waren, auf sich genommen hätten. Die Schwächeren logen, um mit dem Leben davonzukommen, in bezug auf sich selbst und jeden beliebigen andern, besonders Vornehme, deren Namen ihnen Konrad als verdächtig suggerierte. So gab der Bruder den Bruder, die Frau den Mann, der Knecht den Herrn an; viele gaben den Geistlichen Geld, um Mittel zu erfahren, wie man sich entziehen könne, und es entstand auf diese Weise eine unerhörte Verwirrung.›

Konrad von Marburg und sein eifrigster Helfer, Bischof Konrad von Hildesheim, haben an den Papst ‹Berichte› über das angebliche Treiben von Ketzern in Thüringen, Hessen und am Rhein gesandt, deren verleumderischer Inhalt am 13. beziehungsweise am 14. Juni 1233 als Papstbulle an die beiden Initiatoren sowie an König Heinrich zurückgelangte, um die Ketzerverfolger speziell zu legitimieren. Da diese Bulle ‹Vox in Roma audita› noch auf die Phantasie der Hexenjäger des 16. und 17. Jahrhunderts verhängnisvoll eingewirkt hat, wird sie im folgenden besonders ausführlich zitiert.

«Wenn ein Neuling aufgenommen wird und zuerst in die Schule der Verworfenen eintritt, so erscheint ihm eine Art Frosch, den manche auch Kröte nennen. Einige geben ihm einen schmachwürdigen Kuß auf den Hintern, andere auf das Maul und ziehen die Zunge und den Speichel des Tieres in ihren Mund. Dieses erscheint zuweilen in gehöriger Größe, manchmal auch so groß wie eine Gans oder Ente, meistens jedoch nimmt es die Größe eines Backofens an. Wenn nun der Novize weitergeht, so begegnet ihm ein Mann von wunderbarer Blässe, mit ganz schwarzen Augen, so abgezehrt und mager, daß alles Fleisch geschwunden und nur noch die Haut um die Knochen zu hängen scheint. Diesen küßt der Novize und fühlt, daß er kalt wie Eis ist, und nach dem Kusse verschwindet alle Erinnerung an den katholischen Glauben bis auf die letzte Spur aus seinem Herzen. Hierauf setzt man sich zum Mahle, und wenn man sich von ihm erhebt, steigt durch eine Statue, die in solchen ‹Schulen› zu sein pflegt, ein schwarzer Kater von der Größe eines mittelmäßigen Hundes rückwärts und mit zurückgebogenem Schwanz herab. Diesen Kater küßt zuerst der Novize auf den Hintern, dann der Meister und so fort alle übrigen der Reihe nach ...

Wenn nun alle ihre Plätze eingenommen, gewisse Sprüche hergesagt und ihr Haupt gegen den Kater hingeneigt haben, so sagt der Meister: ‹Schone uns!› und spricht dies dem Zunächststehenden vor, worauf der Dritte antwortet und sagt: ‹Wir wissen es, Herr!› und ein Vierter hinzufügt: ‹Wir haben zu gehorchen!› Nach diesen Verhandlungen werden die Lichter ausgelöscht, und man schreitet zur abscheulichsten Unzucht ohne Rücksicht auf Verwandtschaft. Findet sich nun, daß mehr Männer als Frauen zugegen sind, so befriedigen auch Männer mit Männern ihre schändliche Lust. Ebenso verwandeln auch Frauen durch solche Begegnungen miteinander den natürlichen Geschlechtsverkehr in einen unnatürlichen. Wenn aber diese Ruchlosigkeit vollbracht, die Lichter wieder angezündet und alle wieder auf ihren Plätzen sind, dann tritt aus einem dunklen Winkel der ‹Schule›, wie sie diese Verworfensten aller Menschen haben, ein Mann hervor, oberhalb der Hüfte glänzend und strahlender als die Sonne, wie man sagt, unterhalb aber rauh wie ein Kater, und sein Glanz erleuchtet den ganzen Raum …

Auch empfangen sie jährlich um Ostern den Leib des Herrn aus der Hand des Priesters, tragen ihn im Mund nach Hause und werfen ihn in den Unrat zur Schändung des Erlösers. Überdies lästern diese Unglückseligsten aller Elenden den Regierer des Himmels mit ihren Lippen und behaupten in ihrem Wahnwitze, daß der Herr der Himmel in gewalttätiger, ungerechter und arglistiger Weise den Lucifer in die Hölle hinabgestoßen habe. An diesen glauben auch die Elenden und sagen, daß er der Schöpfer der Himmelskörper sei und einst nach dem Sturze des Herrn zu seiner Glorie zurückkehren werde; durch ihn und mit ihm und nicht vor ihm erwarten sie auch ihre eigene ewige Seligkeit …»

Der Papst war schon geneigt gewesen, den offenbar schädlichen Eifer seiner deutschen Inquisitoren zu dämpfen, doch nun veranlaßte ihn die Verzweiflungstat einiger deutscher Feudalherren, auf energischer Fortsetzung der Ketzerverfolgung zu bestehen, notfalls mit Hilfe eines regelrechten Kreuzzugs. Das durch den Tod des Marburgers vakant gewordene Amt des Generalinquisitors wurde Bischof Konrad von Hildesheim übertragen.

Vielleicht sollte dieser Vertrauensmann Papst Gregors IX. Deutschland mit einem System von Inquisitionsgerichtshöfen überziehen, wie es nach dem Albigenserkreuzzug (1229) in Frankreich eingeführt worden war und von nun an die zentralgesteuerte Ketzerverfolgung in Europa kennzeichnete. Eine wesentliche Voraussetzung dafür war die drakonische Ketzergesetzgebung Kaiser Friedrichs II., die sich zunächst allerdings auf Italien beschränkte. Der mit orientalischem Pomp regierende Staufer behauptete, daß der Häretiker mit der göttlichen auch die kaiserliche Majestät beleidige. Im Ketzer vernichtete er nicht den Andersgläubigen (Sarazenen und Juden standen unter seinem Schutz), sondern den Verächter der Staatsreligion.

Schon im März 1232 hatte Friedrich II. die Ausdehnung der Todesstrafe für Ketzer auf Deutschland verfügt, um ‹die emporwuchernde Ketzerei zu tilgen›. Den Inquisitoren sicherte er vollen Schutz durch alle weltlichen und geistlichen Vollzugsorgane des Reiches zu. Alle Ketzer sollten unverzüglich angezeigt werden. Wer sie beschützte, verfiel der Reichsacht. Überführten Ketzern drohte die Todesstrafe, seit 1238 ausdrücklich der Feuertod. Wer abschwor, sollte mit ewigem Gefängnis bestraft werden. Der gesamte Besitz wurde konfisziert. Einspruch gegen das Urteil eines Inquisitionsgerichts war nicht statthaft. – Dennoch stieß Bischof Konrad von Hildesheim schon bei den ersten Versuchen, den Terror Konrads von Marburg fortzusetzen, auf unerwartet energischen Widerstand.

Etwa 50 von Bischof Konrad angeklagte, teils auch bereits verurteilte ‹Ketzer› wandten sich nämlich mit der Bitte um gerichtliche Untersuchung ihrer Schuld an König Heinrich (VII.), und dieser berief für Anfang Februar 1234 einen öffentlichen Hoftag nach Frankfurt ein. Dort kam es zu heftigen Auseinandersetzungen und wilden Kundgebungen gegen Konrad von Hildesheim und die Dominikaner. Der junge Staufer machte sich zum Vollstrecker des allgemeinen Volkswillens, indem er ein Friedensgesetz ausarbeiten ließ, das die Ketzerverfolgung ordentlichen weltlichen Gerichten zuwies.

Einige praktische Bedeutung erlangte dieses – dem 1232 verkündeten Willen des Kaisers klar entgegenstehende – Gesetz nur als Mittel zur Einschränkung der hemmungslosen Ketzerverfolgung. Die Stedinger, vom Erzbischof von Bremen zu Ketzern erklärte aufständische Bauern in den Wesermarschen, hat es nicht gerettet. Wenige Wochen später erlagen sie einem sogenannten Kreuzheer, während König Heinrich seinem Vater in offener Rebellion entgegentrat.

Obwohl der Kaiser im Jahr darauf in einem wahren Triumphzug ganz Deutschland wieder seinem Willen unterwarf, hat es offenbar bis zum Ende der Stauferherrschaft in Deutschland (kurz nach 1250) kein Zusammenwirken von Staat und Kirche gegen häretische Volksbewegungen mehr gegeben. Daß Friedrich sein Ketzergesetz von 1232 in den Jahren 1238 und 1239 noch verschärfte, hatte wohl nur taktische Bedeutung in seinem Kampf gegen das militante Papsttum, der mit der zweiten Bannung des Kaisers 1239 in seine letzte, dramatische Phase eintrat. Friedrichs Tod (1250) entschied zwar dieses Ringen zugunsten des Papsttums, doch die Tatsache, daß mit dem Wort ‹Ketzer› politischer Mißbrauch getrieben wurde, war dabei so offenkundig geworden, daß die päpstliche Inquisition nur im Rahmen einzelner Territorien (wie Bayern und Österreich) tätig werden konnte. Für das deutsche Reichsgebiet haben dann erst König Rudolf von Habsburg (1292) und Kaiser Heinrich VII. (1312) die Ketzergesetze Friedrichs II. wieder erneuert.

Als besonders verhängnisvoll hat sich auch in Deutschland ausgewirkt, daß Papst Innozenz IV. im Jahre 1252 die Folter zum festen Bestandteil des Inquisitionsprozesses machte. An die Stelle des nach deutschem Recht üblichen, auf begründeter Anklage beruhenden Gerichtsverfahrens (des Akkusationsprozesses), war zwar schon seit den ‹Gerichtsverhandlungen› Konrads von Marburg der auf bloßen Verdacht hin einzuleitende Inquisitionsprozeß getreten; doch erst der routinemäßige Gebrauch der Folter, der auch im etwa gleichzeitig eingeführten weltlichen Inquisitionsprozeß eine entscheidende Rolle spielte, brachte alle jene Schrecken und Greuel über das christliche Europa, die wir heute mit dem Begriff ‹Inquisition› verbinden.

In Deutschland ist die Entwicklung der Inquisition jedoch anders verlaufen als in Frankreich, Italien und vor allem in Spanien, wo das Wüten des Großinquisitors Tomás de Torquemada von 1483 bis 1498 traurigste Berühmtheit erlangt hat. Nach dem gewaltsamen Tode Konrads von Marburg konnten sich päpstliche Ketzerverfolger nur dort voll einsetzen, wo es die politischen Voraussetzungen erlaubten. Solange große Teile Deutschlands noch fest in der Hand der Stauferpartei waren, lebten antipäpstliche Sektierer dort unbehelligt, und auch danach hatten Versuche, die Waldenser und die ebenfalls christlich argumentierenden Beginen und Begarden als ‹Teufelsanbeter› zu diffamieren, nicht überall Erfolg.

Am Anfang des 14. Jahrhunderts bezichtigte Papst Johannes XXII., ein Südfranzose, der das Kaisertum Ludwigs des Bayern bekämpfte, deutsche Waldenser des ‹Teufelsdienstes›, und unter Ludwigs Nachfolger, dem von der Papstpartei unterstützten Kaiser Karl IV., kam es zu harter Verfolgung der jeder kirchlichen Kontrolle entglittenen religiösen Arbeitsgemeinschaften der Beginen und Begarden, doch tiefergreifende Auswirkungen auf ganz Deutschland hatte erst die Ausweitung der Ketzerinquisition auf ‹Zauberer›.

Die Päpste Johannes XXII. (1316–1334) und Benedikt XII. (1334 bis 1342) lebten in beständiger Furcht vor Vergiftung durch Zauberer und ließen diese durch die Inquisition rigoros verfolgen. Das dadurch zustande kommende Gewohnheitsrecht wirkte sich verhängnisvoll aus, als der spanische Dominikaner Nicolas Eymeric sein ‹Directorium inquisitorum› 1376 herausgab, in dem dieses Gewohnheitsrecht kodifiziert wurde, so daß es wie ein Gesetzbuch wirken konnte. Eymeric amtierte als Generalinquisitor von Aragon. Er hatte sich eine Zeitlang in Avignon aufgehalten, wo von 1309 bis 1377 vom französischen Königtum abhängige Päpste residierten, und war dort wohl auf die Gefahren, die angeblich von Zauberern drohten, besonders aufmerksam gemacht worden. Von nun an galt als verbindlich, daß man ‹Zauberer› als ‹Ketzer› nach dem Grundsatz verurteilen müsse, daß der Tatbestand eines Teufelsbündnisses gegeben sei.

Damit war ein Weg beschritten, der vom Ketzerprozeß – bei dem die Angeklagten noch die Chance hatten, mit kirchlichen Bußen (Gebete, Almosen, Wallfahrten) davonzukommen, wenn sie sich schuldig bekannten – zum Hexenprozeß führte. Bis ins 15. Jahrhundert hinein hatte der ‹Canon Episcopi› des Burchard von Worms, in dem der Hexenflug als Blendwerk des Teufels bewertet worden war, die Haltung der Kirchenrechtler zu diesem Thema bestimmt. Um 1450 begann sich jedoch die Auffassung des spanischen Kardinals Johann von Turrecremata durchzusetzen, daß der Glaube an Herodias und Diana zwar irrig und verwerflich sei, doch habe der Teufel die Kraft, Menschen durch die Lüfte zu tragen. Diese neue Lehre ließ sich mit der Scholastik in Einklang bringen.

Joseph Hansen, ein verdienstvoller Erforscher dieses Weges, sagt dazu: ‹Die Saat, welche aus dem sinnlosen und kritiklosen Spekulieren der Scholastiker über die Kräfte der Dämonen und aus dem menschenfeindlichen Spürsinn der Inquisitoren aufgegangen war, äußerte jetzt allerwärts ihren verderblichen Einfluß auf die Praxis der Strafjustiz; die theologische Geistesrichtung, welcher in diesen Dingen das Unterscheidungsvermögen zwischen Wirklichkeit und den törichten Erzeugnissen der eigenen abgeirrten und zügellosen Phantasie völlig abhanden gekommen war, verführte die über Leben und Tod entscheidenden Autoritäten in Kirche und Staat dazu, … unzählige wehrlose Opfer unerbittlich systematischem Justizmord zu überantworten.› – Das eigentliche Lehrbuch für Hexenjäger war aber noch nicht geschrieben.

9

‹Hexensekte› und ‹Hexenhammer›

Daß der Glaube an Menschenfleisch essende Nachtwesen, die als griechische Diana oder Herodias, aber auch als die germanische Frau Holle an der Spitze einer Dämonenschar durch die Lüfte brausten, im deutschen Mittelalter eine erstaunliche Lebenskraft bewies, zeigte bereits das Kapitel über das ‹Decretum› des Burchard von Worms. Wenn es zu einer größeren Verfolgungswelle gegen ‹Hexen› kam, wie zwischen 1230 und 1240 in der Gegend um Trier, so wurden die Opfer als ‹Zauberinnen› verbrannt, denen zwar – ebenso wie den Zaubermeistern, den Hexern – ein Teufelsbündnis angelastet wurde, nicht aber der später so typische ‹Hexenflug›. Volkstümliche Vorstellungen von fliegenden ‹Unholdinnen›, die vor allem in Süddeutschland fortbestanden; lehnt um 1300 ein gelehrter Dichter, dessen Name nicht überliefert ist, entschieden ab. Der Text lautet in freier Übersetzung:

‹Ich war in Portugal, in Toledo, auch im Zauberland Kalatrá, in Köln und in Paris, doch niemand konnte mir sagen, was eine Unholdin (Hexe) wäre. Daß ein Weib auf einem Kalbe ritte oder gar auf einer Deichsel oder einem Hausbesen, um aus Halle Salz zu holen, das wäre gar zu merkwürdig. Ich würde es nicht glauben, wenn ich es nicht sähe. Denn auf diese Weise würde uns das Salz von dem Ungeheuer nicht zu teuer werden (?).

Ich glaube nicht, daß sich eine Frau rittlings auf eine Ofengabel setzt, um so nach Halle zu fliegen. Auch ähnliche Redereien um Frauen sind erlogen, zum Beispiel, daß sich eine Frau auf einen Mann setzt und ihm das Herz herausschneidet, um Stroh an dessen Stelle zu legen — wie könnte er damit leben und froh sein? Jeder Mensch muß ein richtiges Herz haben.

Ich will euch auch sagen, was rechte Unholde (Hexer) sind: Das sind falsche Ratgeber, die ihre Herren beschwatzen und betrügen. Die rauben ihnen das Herz und saugen ihnen das Blut aus den Adern, was man an so manchem Herren sehen kann.›

Das hier genannte ‹Halle› ist nicht genau zu lokalisieren, in Österreich und Oberdeutschland kommen mehrere Salzorte in Frage. Da in germanischer Zeit die Salzgewinnung, das Sieden der Salzflüssigkeit auf offener Flamme, wohl manchmal von Frauen, speziell aber auch von Priesterinnen vorgenommen wurde und dann als heilige Handlung von Geheimnissen umgeben war, konnte später der Glaube an ‹Unholdinnen›, die auf Besen und Ofengabeln über Berg und Tal ritten, damit verbunden werden.

Eine verhängnisvolle Entwicklung setzte ein, als in Oberdeutschland, vor allem in schweizerischen Grenzgebieten mit italienischer und französischer Bevölkerung, eine Vermischung der Bezeichnungen für ‹Ketzer› und ‹Zauberer› erfolgte. Wo ‹Schadenzauber› aller Art nicht mehr von den örtlichen geistlichen und weltlichen Gerichten verfolgt, sondern vor die Tribunale der zentralgesteuerten päpstlichen Inquisition mit ihren Folterpraktiken gezogen wurde, genügte das Kriterium des ‹Teufelsbündnisses›, um das Bestehen einer speziellen ‹Sekte› zu konstatieren. Es wurde ‹Beweismaterial› gegen eine ‹Hexensekte› zusammengetragen, das sich schließlich zu einem regelrechten System zusammenfügen ließ.

Die Chronik des von etwa 1400 bis 1469 lebenden Hans Fründ, Gerichtsschreiber von Luzern, zeigt dies bereits deutlich. Es heißt darin — in freier Übersetzung —: ‹Im Jahre 1428 nach Christi Geburt ward im Lande und Bistum Wallis (Rhonetal) Bosheit, Mord und Ketzerei der Hexen und Zauberer offenbar, und zwar bei Frauen und Männern in zwei wallisischen Tälern ... Und einige von ihnen wurden verurteilt und verbrannt. ... Insbesondere soll man wissen, daß diese Frauen und Männer, welche sich der vorgenannten Bosheiten schuldig gemacht haben, diese von dem bösen Geist gelernt haben ...›

Die Aufzählung dieser Lehren enthält bereits fast lückenlos, was später als ‹Delikt› die deutschen Hexenprozesse in schauerlichem Gleichklang charakterisiert. Fründs Bericht schließt:

‹... Viele von ihnen gestanden gar nichts ein, obwohl doch andere über sie aussagten. Sie ließen sich lieber zu Tode foltern, wurden aber dennoch verurteilt und verbrannt, manche tot, manche lebendig.

Das Gerichtsverfahren dauerte mehr als ein und ein halbes Jahr. Insgesamt wurden mehr als 100 Personen ... verbrannt. Viele hatten vor neun Jahren mit dem Hexenwesen begonnen, manche schon viel früher. Sie hatten davon gelassen, vor neun Jahren aber wieder aufs neue begonnen. Sie meinten, hätten sie noch ein Jahr lang ungestört wirken können, dann wären ihrer so viele gewesen, daß sie keine Herrschaft oder Gericht mehr fürchten müßten. Sie hätten dann vielmehr selbst Gerichtshöfe eingesetzt und die Christenheit bezwungen. Es seien ihrer schon 700 gewesen. Davon sind in eineinhalb Jahren mehr als 200 verbrannt worden, und es ist noch kein Ende abzusehen. In den welschen Ländern und Tälern von Wallis und am St. Bernhard sind ebenfalls viele verbrannt worden. Ihre Zahl weiß ich nicht ...›.

Zu dieser Zeit waren also in der Schweiz schon viele der Anschuldigungen, die in deutschen Hexenprozessen des 16. und 17. Jahrhunderts stereotyp wiederholt werden, aus ‹Geständnissen› verurteilter ‹Ketzer› zusammengetragen, so daß sie in ein System gebracht werden konnten. Ein solches ist aus Savoyen überliefert, wo ein unbekannter Verfasser um 1450 ‹Irrtümer der Katharer› (‹Errores Gazariorum›) aufzeichnete. Anfang 1476 wurde eine Übersetzung in die Chronik des Mathias Widman von Kemnat, Hofkaplan des Kurfürsten Friedrich von der Pfalz in Heidelberg, aufgenommen und mit einem Kommentar Widmans versehen. Stellenweise glaubt man allerdings eine Übersetzung der bereits wiederholt erwähnten Anklagen des Alain von Lille vor sich zu haben, die dieser im 12. Jahrhundert gegen die Katharer richtete, oder die ebenfalls ständig wiederholten Vorwürfe gegen deutsche ‹Hexen› des 16. und 17. Jahrhunderts.

Widman geht schließlich noch einmal ausführlich auf die Heidelberger Vorkommnisse ein. Er meint, die dort Verbrannten seien doch wohl harmloser gewesen als die um 1450 in den ‹Irrtümern der Katharer› beschriebenen Ketzer. Die Heidelberger hätten nur bekannt, daß sie in der ersten Fastenwoche ausgefahren seien, um Unwetter zusammenzubrauen, bestimmte Leute zu lähmen, Kopfschmerzen zu erzeugen und Männer impotent zu machen. Gegen letzteres weiß Widman übrigens einen Gegenzauber, der auch von kirchlichen Autoritäten gebilligt wird: Man trage ein mit Quecksilber gefülltes Röhrchen bei sich. Dann fährt der Chronist jedoch fort: ‹Aber von den Ausfahrten der Frauen in der ersten Fastenwoche halte ich wenig.› Er beruft sich auf den heiligen German. In dessen Legende wird erzählt, daß er in einem Hause zu Gast war, wo nach dem Nachtmahl der Tisch nochmals gedeckt wurde, und zwar für ‹Nachtmahre›, ‹Unholde›, die dann auch tatsächlich erschienen. German gebot ihnen zu bleiben, holte die Wirtsleute, und diese glaubten in den am Tisch sitzenden Dämonen ihre Nachbarn zu erkennen. Die Nachbarn befanden sich aber alle in ihren Häusern. Da beschwor Sankt German die Nachtmahre, sich als Teufel zu erkennen zu geben, und denen blieb nun nichts anderes mehr übrig. Widman schließt: ‹So wurden die Leute betrogen. Der Teufel hatte ihnen im Schlafe eingegeben, daß die verfluchten Nachtmahre, wenn sie ausfahren, essen und trinken wollen. Das ist ein Irrwahn und böser Glaube. Jedoch: der Teufel kann und vermag viel: Wer ihm nachfolgen will, der findet den Kaufmann.›

Die damals noch weit verbreiteten Vorbehalte Widmans gegen die vom schweizerischen Rhonetal und aus Savoyen her eindringenden Vorstellungen von nachts ausfahrenden, Schadenzauber stiftenden und Kinder verzehrenden Hexen und Hexern, die als Sekte organisiert seien, teilten zwei einflußreiche deutsche Dominikaner keineswegs. Heinrich Institoris, Prior des Dominikanerklosters zu Schlettstadt im Elsaß, und sein Ordensbruder Jakob Sprenger waren von 1474 bis 1505 beziehungsweise von 1481 bis 1489 als päpstliche Inquisitoren tätig und begannen in Oberdeutschland kurz nach 1480 Massenverfolgungen im Stil der Schweizer Hexenjäger. Allein im Bistum Konstanz brachten sie in fünf Jahren 48 Hexen auf den Scheiterhaufen. Mit ihren Bemühungen, die Existenz einer ketzerischen *Hexen*sekte im Bewußtsein der deutschsprachigen Bevölkerung ebensofest zu verankern, wie es im französischen Sprachgebiet mit der Bezeichnung ‹Vaudois› (Waldenser = ‹Hexe›!) gelungen war, hatten sie zunächst wenig Erfolg. Das allgemein übliche Wort ‹Unholde› war noch fest mit Vorstellungen verbunden, die sich auf Schadenzauber in einzelnen Fällen beschränkten. Institoris hatte sich in seinem speziell frauenfeindlichen Wüten vor allem deswegen ungehindert austoben können, weil ihn der Herzog Siegmund von Tirol im Bistum Konstanz als Landesherr unterstützte.

Entscheidend war jedoch das Eingreifen des Papstes Innozenz VIII., der Institoris und Sprenger als Inquisitoren in Oberdeutschland bestätigte und ihr mörderisches Vorgehen durch die berüchtigte ‹Hexenbulle› vom 5. 12. 1484 sehr ausführlich guthieß. Innozenz, der den Ruf eines ungebildeten, nur an Frauen, Geld und Wein interessierten Wüstlings hatte, ließ in dieser Bulle unter anderem verkünden: ‹Uns ist neuerdings zu unserem Leidwesen zu Ohren gekommen, daß in einigen Teilen Oberdeutschlands, so auch in den Erzbistümern Mainz, Trier, Köln und Salzburg, Städten, Ländern, Orten und Bistümern, sehr viele Personen beiderlei Geschlechts, ihrer eigenen Seligkeit vergessend und vom katholischen Glauben abfallend, mit Teufeln, die sich als Inkubi und Sukkubi mit ihnen vermischen, Mißbrauch treiben und mit ihren Verzauberungen, Liedern und Beschwörungen sowie anderen abscheulichen abergläubigen Handlungen, zauberischen Vergehen, Lastern und Verbrechen die Geburten der Weiber, die Jungen der Tiere, die Feldfrüchte, das Obst und die Weintrauben, wie auch Männer, Frauen, Tiere und Vieh aller Art, ferner die Weinberge, Obstgärten, Wiesen, Weiden, das Getreide und andere Erzeugnisse des Bodens verderben, ersticken und umkommen lassen und selbst die Menschen, Männer und Frauen und aller Art Vieh mit grausamen, sowohl innerlichen als äußerlichen Schmerzen und Plagen belegen und peinigen und die Männer hindern zu zeugen, die Frauen zu gebären, und die Männer, daß sie den Frauen, und die Frauen, daß sie den Männern die ehelichen Pflichten leisten können; außerdem, daß sie den Glauben selbst, welchen sie beim Empfang der heiligen Taufe angenommen, mit eidbrüchigem Munde verleugnen und andere überaus viele Leichtfertigkeiten, Sünden und Laster durch Anstiftung des Feindes des menschlichen Geschlechtes zu begehen und zu vollbringen sich nicht fürchten, zur Gefahr ihrer Seelen, zur Beleidigung der göttlichen Majestät und zu sehr vieler Leute Ärgernis und schädlichem Beispiel.›

Den beiden Professoren der Theologie Institoris und Sprenger sowie einem dritten erfahrenen Mitarbeiter der Inquisition wird sodann der Auftrag erteilt, ‹wider alle Personen, welchen Standes und Ranges sie auch sein mögen, das Amt der Inquisition zu vollziehen und die Person selbst, welche sie der vorstehend bezeichneten Dinge schuldig befinden, in Haft zu nehmen und an Leib und Vermögen zu strafen›.

Als ‹Leitfaden› für die weitere Tätigkeit der speziellen Hexeninquisition verfaßten Institoris und Sprenger 1486/87 in lateinischer Sprache den ‹Malleus Maleficarum›, den ‹Hexenhammer›, der die ‹schadenstiftenden Frauen› (von Männern ist plötzlich kaum noch die Rede) ‹zermalmen› sollte. Nachdem der sogenannte ‹Kehlheimer Hexenhammer› von 1487 mit einer gefälschten Approbation der theologischen Fakultät zu Köln versehen worden war, erschien 1489 die erste von dieser theologischen Fakultät wirklich anerkannte Auflage, der bald viele andere folgten. 1669 erschien bereits die 25. Auflage! Hexerei wurde hier als ‹das ungeheuerlichste, schwerste und abscheulichste Verbrechen› definiert, als ein ‹außerordentliches› Verbrechen, dem nicht mit gewöhnlicher Strafverfolgung, sondern nur mit ‹außerordentlichen› Mitteln beizukommen sei. Das Verfahren beruhte vor allem auf den Aussagen von Denunzianten. Ihnen wurde zugesichert, daß sie auch dann nichts zu befürchten hätten, wenn sie für ihre Anklagen nicht den geringsten Beweis vorbringen könnten. – Damit war dem furchtbarsten Mißbrauch geistlicher und weltlicher Gerichtsbarkeit Tür und Tor geöffnet.

Der ‹Hexenhammer› besteht aus drei Teilen, die folgenden Hauptthemen gewidmet sind: 1. Erörterung der drei beteiligten ‹Parteien› (Teufel, Hexe oder Hexer, Duldung durch Gott); 2. Mittel gegen Schadenzauber; 3. Anleitung für geistliche und weltliche Richter, wie der Prozeß geführt werden soll. Hinsichtlich der Zuständigkeit wurde entschieden, daß das Verbrechen der Hexerei zwar vor die örtlichen geistlichen und weltlichen Gerichte gehöre, doch müßten alle Fälle von Ketzerei der Gerichtsbarkeit der päpstlichen Inquisition unterworfen bleiben. Damit war die Beteiligung von Theologen in jedem Falle gesichert.

Die Ankläger gingen mit ‹streng wissenschaftlicher› Argumentation davon aus, daß jeder Mensch, der einen Pakt mit dem Teufel geschlossen und ihm damit seine Seele verkauft habe, damit zu einer ‹Teufelsgeburt›, also einem Zauberer oder einer Hexe geworden sei. Da der Teufel seine Versprechen stets genau einhält, um seine Glaubwürdigkeit nicht zu verlieren, bleiben die Bande der Verführung außerordentlich stark. Die Sexualität spielt dabei eine so große Rolle, daß der ‹Hexenhammer› vom Anfang bis zum Ende mit diesbezüglichen Ausgeburten krankhafter Phantasie angefüllt ist.

Der Teufel kann sowohl in Mannesgestalt (Incubus = oben liegend) als auch in Gestalt einer Frau (Succubus = unten liegend) auftreten. Mit Berufung auf führende Vertreter der mittelalterlichen Scholastik, vor allem Thomas von Aquino (1225–1274), wird die heikle Frage erörtert, ob aus der geschlechtlichen Vereinigung des Teufels mit Menschen Kinder entstehen können. Auf die noch viel heiklere Frage, warum der allmächtige Gott die Hexerei eigentlich zulasse, gehen Institoris und Sprenger im ersten Teil ihres Werkes besonders ausführlich ein. Sie unterscheiden zwischen ‹besonderer› und ‹allgemeiner› Vorsehung Gottes. ‹Denn der besondere Vorseher hat es nötig, das Böse so weit als möglich auszuschließen, weil er aus dem Bösen das Gute nicht hervorbringen kann. Da aber Gott der allgemeine Vorseher der Welt ist und er aus den besonderen bösen Dingen sehr viel Gutes hervorbringen kann, wie aus der Verfolgung seitens der Tyrannen die Geduld der Märtyrer und aus den Werken der Hexen die Läuterung oder Prüfung des Glaubens der Gerechten, wie sich zeigen wird, deshalb braucht Gott nicht alle Übel zu verhindern, damit es sich nicht ereignete, daß dem Universum viel Gutes entzogen würde.› Thomas von Aquino habe gelehrt: ‹Aber auch in den Sünden erscheint Gott lobenswert, da er aus Mitleid schont und mit Gerechtigkeit straft: Daher durfte die Sünde nicht gehindert werden.›

Ein weiterer Ansatzpunkt für Zweifel am Teufelsbündnis der Hexen schien darin zu bestehen, daß viele der Angeklagten keineswegs reich waren. Die Verfasser des ‹Hexenhammers› nennen als Gründe: erstens das Bestreben des Teufels, sie ‹zur größtmöglichen Schande für Gott zum allerniedrigsten Preis zu haben›, und zweitens die Befürchtung, daß Reichtum unnötig Verdacht errege.

Zweckmäßig erschien den Verfassern auch der Hinweis, daß die Zauberer nicht in der Lage seien, alle ihre Feinde zu vernichten, weil ein guter Engel sie daran hindere. Deshalb könnten sie zum Beispiel den Inquisitoren und anderen Amtspersonen der öffentlichen Rechtspflege nicht schaden. Im übrigen hüteten die Inquisitoren sich jedoch davor, Zweifel an der Macht des Teufels zu nähren. Deshalb wurde bei den Beschwörungsformeln, die von den Priestern beim Exorzismus, der ‹Austreibung des Teufels› aus dem Körper eines Besessenen, auch nicht an düsterem Pomp gespart. Der Teufel war für die Kirche ja ebensowichtig wie Gott.

Als Hauptfeind und Rivale Gottes strebte er mit seinem zahllosen Gefolge, den Dämonen, unablässig danach, Gläubige zum Abfall von Gott zu bewegen, um sich selbst anbeten zu lassen. Als Zerrbild der kirchlichen Messe erfanden die Theologen die ‹Schwarze Messe›, den ‹Hexensabbat›, der nach einer wüsten Orgie damit endet, daß der Teufel auf gotteslästerliche Weise den christlichen Gottesdienst nachäfft (daher seine Bezeichnung als ‹Affe Gottes›).

Vom zweiten und dritten Teil des Werkes, die von Schutzmaßnahmen gegen Hexen und von der Durchführung der Hexenprozesse handeln, wird bei der Schilderung von Hexenverfolgungen des 16. und 17. Jahrhunderts noch so oft die Rede sein, daß hier darauf nicht näher eingegangen werden soll.

17 Der Teufel verführt Frauen in der Kirche
Holzschnitt, 1493

18 Hexen beim Schadenzauber
Holzschnitt zu Ciceros ›De officiis‹, 1531

19 Hans Weiditz: Die Wetterhexe
Holzschnitt, um 1530

20 Die bösen Geister
Aus der ersten illustrierten Ausgabe des Exerzitienbuches (›Exercitia spiritualia‹) des Begründers des Jesuitenordens, Ignatius von Loyola (1491–1556)

21 Berthold von Regensburg (um 1220–1272)
Miniatur, 1447

22 Aufruf des Papstes zum Kreuzzug
Holzschnitt aus der ›Histori wie die Turcken
die christelichen Kirchen angefochten‹, 1482

23 Ketzerverbrennung
Holzschnitt, 1493

24 Ankunft des Antichrist
Holzschnitt aus Hartmann Schedels ›Buch der Chroniken‹, 1493

25 Folter- und Hinrichtungswerkzeuge mit Richtstätten
Holzschnitt aus der Brandenburgischen Halsgerichtsordnung,
1517

26 Vorbereitung auf die Folter oder Territion
Holzschnitt aus der Bamberger Halsgerichtsordnung, 1508

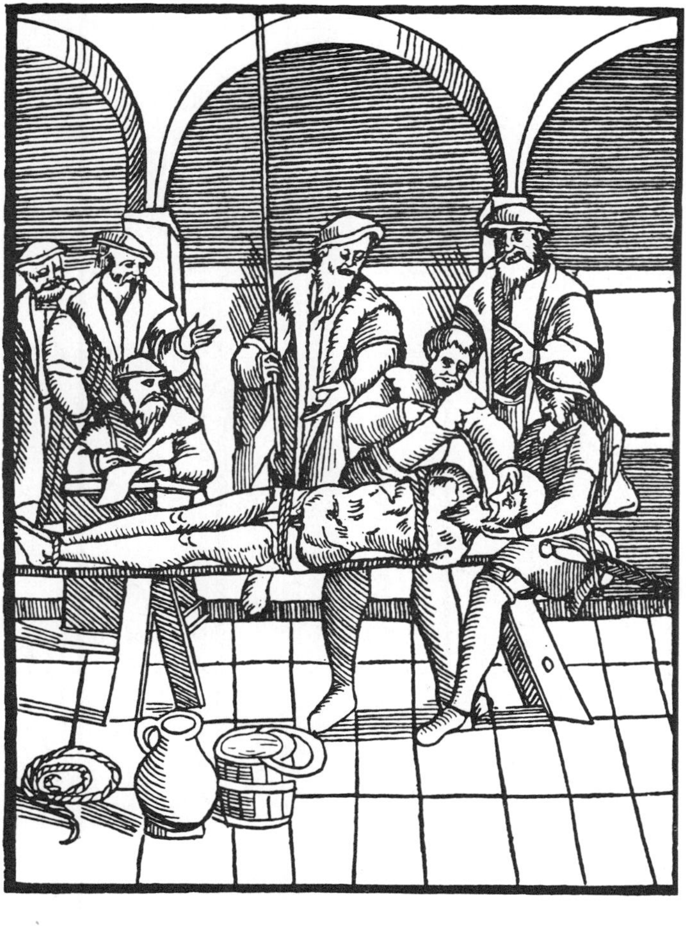

27 Folterszene: Gewaltsames Einflößen
Holzschnitt, 16. Jahrhundert

28 Folterszenen
Holzschnitt aus Ulrich Tenglers ›Laienspiel‹, 1508

29 Hans Burgkmair d. Ä.: Foltergewölbe mit Folterungsszenen
Holzschnitt, um 1500

30 Das Wirken des Teufels bei einer Hexenverbrennung
in Derneburg im Harz im Jahre 1555
Flugblatt aus dem 16. Jahrhundert

31 Hexenverbrennung zu Baden in der Schweiz im Jahre 1574
Kolorierter Holzschnitt

32 Jan Luyken: Hinrichtung einer Hexe in Amsterdam
im Jahre 1571
Kupferstich

10

Johann Geiler von Kaisersberg

Als Papst Innozenz VIII. Ende 1484 die ‹Hexenbulle› erließ, wandte er sich darin auch ausdrücklich an den Bischof von Straßburg mit dem Befehl, Institoris und Sprenger vorbehaltlos zu unterstützen. Damals predigte in Straßburg bereits seit sechs Jahren der als Kanzelredner schnell Berühmtheit erlangende Johann Geiler. Der 1445 in Schaffhausen (Schweiz) geborene, in Kaisersberg (Elsaß) für eine geistliche Laufbahn erzogene Sohn eines Stadtschreibergehilfen begann 1460 ein Studium an der Universität Freiburg im Breisgau und hatte dabei so großen Erfolg, daß ihn die Professoren der Artistenfakultät (wo nur Allgemeinbildung vermittelt wurde) 1469 und 1470 zu ihrem Dekan wählten. Von 1478 bis zu seinem Tode im Jahre 1510 predigte er in Straßburg, und zwar seit 1486 als ‹Meisterprediger› am Münster.

Seine volkstümliche Ausdrucksweise, die humorvolle Art, in der er aktuelle Probleme mit scholastischer Gelehrsamkeit zu verbinden wußte, ließen ihn zum Schöpfer einer außerordentlich weit verbreiteten ‹Erbauungsliteratur› werden, obwohl er sich kaum literarisch betätigte. Seine meist lateinisch entworfenen Reden und Predigten wurden von Zuhörern mit- oder nachgeschrieben. Der ebenfalls sehr beliebte Volksschriftsteller Johannes Pauli, von 1506 bis 1510 Prior des Franziskanerklosters in Straßburg, machte sich in dieser Hinsicht besonders verdient, indem er solche Aufzeichnungen in mehreren Büchern veröffentlichte. In der Fastenzeit des Jahres 1508 hörte er 41 Predigten des ‹Doctor Keyserspergs› (wie Geiler nach seinem Schulort genannt wurde), die er 1517 unter dem Titel ‹Emeis. Dies ist das Buch von der Omeißen› in deutscher Sprache herausgab.

Von diesen 41 Fastenpredigten handeln 26 von Hexen und Zauberern. Es ist für unser Thema nun sehr interessant zu prüfen, ob Geiler sozusagen als Sprachrohr der Hexenjäger Institoris und Sprenger anzusehen ist oder ob er sich auf andere Gewährsmänner beruft. Schon bei flüchtiger Durchsicht fallen Namen auf, die mit der von Burchard von Worms begründeten offiziellen ‹deutschen› Tradition verbunden sind, während die von deutschen Chronisten verbreiteten ‹romanischen› Berichte von einer neuen Hexensekte, die von Institoris und Sprenger mit dem ‹Hexenhammer› bekämpft wurde, abgelehnt werden.

Hauptgewährsmann Geilers ist der Dominikaner Johann Nider, der als Prior des Dominikanerklosters in Basel seit 1431 am dortigen Generalkonzil der katholischen Kirche teilnahm und während der langen Verhandlungen in den Jahren 1435 bis 1437 einen Traktat verfaßte, in dem er – nach dem Beispiel der Bibel – die Ameisen den Menschen als Vorbild hinstellte. Obwohl die Beweisführung sehr naiv anmutet – nach dem Vorbild der Wundergeschichten des Caesarius von Heisterbach wird ein ‹Träger› durch einen ‹Theologen› belehrt –, wurde Niders umfangreicher Traktat mehrmals gedruckt. Das 5. Buch dieses ‹Formicarius› (‹Ameisenbuch›) ist für das Zauber- und Hexenwesen besonders ergiebig. Es wurde übrigens erstaunlicherweise den meisten der im 16. und 17. Jahrhundert erschienenen Ausgaben des ‹Hexenhammers› als Anhang beigegeben.

In der 17. Fastenpredigt heißt es: ‹Nun fragst du, was von Weibern zu halten sei, die des Nachts ausfahren, und wie sie zusammenkommen. Du fragst: Wie ist das eigentlich mit dem Venusberg und den Hexen, wenn sie hin- und herfahren – sind sie eigentlich wirklich unterwegs oder bleiben sie zu Hause? Oder handelt es sich um Gespenster? Ich will dir antworten.

Sie fahren hin und her und bleiben doch an einer Stelle, denn der

Teufel kann ihnen vorgaukeln, was gar nicht geschieht. Und so meinen sie, daß sie ausfahren, zu anderen Frauen gehen, tanzen, springen und essen. Das kann er vor allem denen antun, die sich ihm verschrieben haben. Du brauchst dich nicht darüber zu wundern, daß sie ihre Träume für Wirklichkeit halten. Du wirst doch selbst schon geträumt haben, daß du wirklich viele Gulden habest, daß du bei einem Mann lägest oder bei einer Frau, daß du etwas besonders Gutes zu essen habest, und wenn du erwacht bist, so war nichts da. Mancher erlebt etwas in einem Traum, das ihm die Wirklichkeit vorenthält. Wenn das schon die Natur kann, wieviel mehr kann das dann erst der Böse bewirken. Dafür folgendes Beispiel:

Ich las bei Nider: Ein Prediger kam einmal in ein Dorf, da sagte ihm eine Frau, daß sie des Nachts ausfahre. Der Prediger schalt sie aus und sagte ihr, das sei nur Einbildung. Da bot sie ihm einen Beweis an, und er willigte ein. Sie ließ ihn nachts zu sich kommen und traf folgende Vorkehrungen: Sie legte eine Backmulde auf eine Bank, setzte sich hinein, rieb sich mit Öl ein, sprach bestimmte Worte und schlief dann sitzend ein. Dabei wähnte sie auszufahren und hatte dabei innerlich so großes Vergnügen, daß sie mit Händen und Füßen strampelte, und zwar so heftig, daß die Backmulde von der Bank fiel. Sie geriet unter die Mulde und schlug sich ein Loch in den Kopf.

Du hast sichere Kunde vom heiligen Germanus ... Du fragst also: Wie geht es zu, daß man eine solche Frau mit glühenden Zangen zerfleischen kann, ohne daß sie etwas empfindet? Ich sage dir: Das ist durchaus möglich, denn der böse Geist kann sie inwendig so erhitzen, daß sie äußere Hitze gar nicht mehr bemerkt, und außerdem ist auch bekannt, daß man Menschen in so tiefen Schlaf versenken kann, daß sie nichts mehr empfinden. So ergeht es auch jenen, die vom Veitstanz befallen sind. Der heilige Augustinus berichtet von einem, dem es so nahe ging, wenn er einen Menschen weinen hörte, daß er bewußtlos niederfiel. Doch genug davon.›

Es folgen Erörterungen über das ‹wütende und unholde Heer›, ‹des Teufels Gespenst›, ‹wilde Mannen› und ‹Werwölfe›, wobei Geiler behauptet, daß es sich hier nicht um Menschen handele, sondern um wirkliche Wölfe oder um Teufel, die sich in Wölfe verwandeln. Die Möglichkeit, solche ‹Teufelskünste› durch einen Teufelspakt zu erlangen, wird in einer anderen ‹Predigt nach Halbfasten› nachdrücklich verneint:

‹Du fragst: Können Hexen Menschen in Wölfe, Schweine oder Vögel verwandeln? Wir lesen bei Sankt Augustinus in seinem Buch vom Gottesstaat von der berühmten Zauberin Circe, die einige Gefährten des Odysseus in Schweine verwandelte. Da sandte Odysseus zwei weitere zu ihr, von denen wurde nur einer verwandelt, weil er von der ihnen vorgesetzten Speise gegessen hatte, der andere, der nichts aß, blieb ein Mensch. Des weiteren lesen wir von einer Wirtin, die ihre Gäste in Pferde und Esel verwandeln konnte. Diese Pferde und Esel mußten für die Wirtin Holz und Säcke tragen, sie verloren ihren menschlichen Verstand aber nicht. Außerdem lesen wir von Diomedes, der über das Meer fuhr und mit seinem Schiff unterging. Da hieß es, er sei ein Gott geworden, und die Heiden bauten ihm einen Tempel. Seine Gesellen, die mit ihm ertranken, wurden in weiße Vögel mit langen roten Schnäbeln verwandelt, und flogen um diesen Tempel herum. Wenn ein Grieche zu diesem Tempel kam, so näherten sie sich freundlich und schmiegten sich an ihn. Kam aber jemand, der nicht Grieche war, so schossen sie auf ihn zu, als wollten sie ihn erstechen. – Was soll ich davon halten?

Ich antworte: Ein Mensch kann weder in einen Wolf noch in ein Schwein verwandelt werden, es sei denn, es geschehe durch Blendwerk oder Hirngespinst, dann ist es nur ein Gespenst (wie schon Bischof Burchard von Worms in seinem Canon dargelegt hat). Der Teufel kann weder einen Menschen in ein Tier noch ein Tier in ein anderes verwandeln. Der Teufel kann nur Tiere machen, die bereits von der Natur erzeugt worden sind, wie Mäuse, Schlangen und Frösche. Wenn man Unrat lange liegen läßt, so können Schlangen daraus entstehen. Wenn der Teufel nämlich Samen von Schlangen, Fröschen oder anderen unvollkommenen Tieren hat, so kann er sie durch Wärme ausbrüten lassen, was er auch tut. Was die Natur nicht aus sich heraus vollbringen kann, das kann auch der Teufel nicht bewirken. Nun – die Natur kann nicht einen Menschen in ein Tier und auch nicht ein Tier in ein anderes verwandeln, also kann es der Teufel auch nicht.

Und nun zu der Frage: Kann der Teufel einen Menschen wider seinen Willen von Ort zu Ort schaffen? Ich sage: ja. Denn ein Engel kann es, wie wir von Habakuk› (jüdischer Prophet des Alten Testaments – der Verf.) ‹lesen, den der Engel über die Grube Daniels getragen hat. Das kann der böse Geist auch, denn Gott hat ihm zwar seine Gnade entzogen, doch er hat seine natürliche Kraft nicht gebrochen. Es kommt aber oft vor, daß jemand wähnt, er sei an einen anderen Ort entführt worden, während alles nur in seiner Phantasie geschehen ist.›

Geiler betont wiederholt, daß ‹Hexen und Zauberer nicht selbst bewirken können, was da geschieht, sondern daß sie dem Teufel nur Zeichen geben können, der dann für sie das Gewünschte tut. Denn der Teufel hat mit einigen Menschen einen Pakt geschlossen und Worte und Zeichen mit ihnen verabredet. Das mag ein Beispiel erklären. Wenn eine Hexe Unwetter und Hagel machen will, so nimmt sie einen Besen, steigt in einen Bach und wirft mit dem Besen Wasser hinter sich. Doch das Wasser-hinter-sich-Werfen und Bestimmte-Worte-Sprechen führt noch nicht direkt den Hagel herbei. Der entsteht vielmehr erst durch das Wirken des Teufels, der hoch in den Lüften das Zeichen der Hexe bemerkt und das gewünschte Unwetter schickt. Ja, spricht mancher, ich glaube nicht, daß sie es tun. Ich glaube, daß mir keine Hexe etwas tun kann, wenn ich mich bekreuzige. Das ist Unsinn, denn man sieht doch deutlich, daß es geschieht. Sie selbst tun es zwar nicht, doch der Teufel kann es für sie tun, wenn sie bestimmte Zeichen und Worte gebrauchen, die er sie gelehrt hat.›

Nachdem Geiler seinen Zuhörern eingeschärft hat, daß sie Schadenzauber nicht durch einen Gegenzauber bekämpfen dürfen (die erlaubten kirchlichen Mittel werden besonders behandelt), geht er auf die Vorliebe der Frauen für Hexenkünste ein. Er stellt fest, daß auf einen verbrannten Mann zehn Frauen kommen, und begründet dies – gestützt auf die Autorität des scholastischen Philosophen Wilhelm von Paris – mit der Leichtfertigkeit der Frauen, ihrer Schwäche, ihrer Raffiniertheit und ihrer Geschwätzigkeit.

Eine ganze Predigt widmet Geiler dem Thema ‹Wie die Hexen Milch aus einem Axtstiel melken›. Darin wird der an anderer Stelle so stark betonte Grundsatz, daß ‹nachtfahrende Frauen› nur vom Teufel getäuscht werden und ihren Aufenthaltsort gar nicht verlassen, einer neuen Logik geopfert, ohne daß davon viel Aufhebens gemacht wird. Es scheint, daß der Redner es geradezu darauf anlegt, die Gewalt des Teufels einerseits sehr zu betonen, andererseits jedoch Hoffnung auf Gegenmittel zu stärken. Wie dieses mit weitschweifiger, durch Wiederholung einprägsamer Rhetorik bewerkstelligt wird, mag ein längerer Auszug demonstrieren.

‹Du fragst, was ich davon halte, daß die Hexen die Kühe besprechen, so daß sie keine Milch mehr geben, und daß sie die Milch aus einem Axtstiel melken? Ich sage: ja, mit Hilfe des Teufels können sie das wohl. Aber auf welche Weise? Es gibt ein Naturgesetz, daß der Teufel ein leiblich Ding von einem Ort zum andern tragen kann durch die Kraft, die ihm Gott verliehen hat. Daher kann ein böser Geist einen großen Felsen tragen, leicht wie ein Vögelein. Ein anderer böser Geist kann einen Berg umstoßen, und so vermag einer mehr als ein anderer, weil sie ungleich stark sind.

So ist es auch, wenn eine Hexe auf einer Ofengabel sitzt, dieselbe salbt und die Worte spricht, die sie sprechen soll, und dann dahin fährt, wohin sie will. Das kann die Gabel nicht von sich aus, und die Salbe tut es auch nicht, sonst könnte ja jedermann salben und davonfliegen. Nein, das ist allein das Werk des Teufels. Und so verhält es sich auch mit den Kühen. Die Milch ist ein leiblich Ding, also kann sie der Teufel — wie schon gesagt — von einem Ort zum andern tragen, wenn er das Zeichen der Hexe sieht. Und wenn die Hexe denkt, sie melke einen Axtstiel, so kann der Teufel in kurzer Zeit die Milch herbeischaffen.

Der Teufel kann in einem Menschen die Feuchtigkeit aufziehen, kann durch einen Menschen hindurchgehen, wie der Sonnenschein durch ein Fenster, kann einem Menschen die Zunge heben (wie im Evangelium beschrieben ist) und auch – so sagen die Lehrer – es dir eng über dem Herzen machen. Er kann Borsten und Haare durch die Schweißporen oder durch Haare einem in den Schenkel stoßen, so geschickt ist er, oder auch Borsten oder Haare in eine Wunde legen, so daß man meint, sie seien darin entstanden. Er kann auch bewirken, daß jemand, der sich zu einer Frau legen will, kein Mann ist. Johannes Duns› (Scotus, scholastischer Philosoph des 13./14. Jahrhunderts — der Verf.) ‹spricht, daß eine Hexe eine Nadel biegt, und solange diese krumm ist, halte das männliche Unvermögen an. Das ist das Zeichen der Hexe für den Teufel. Der böse Geist hat große Gewalt, es steht geschrieben, daß auf Erden keine größer sei, doch ist — wie schon gesagt — die Kraft der bösen Geister untereinander sehr verschieden.

Wenn jemand fragt, ob man einer Kuh, deren Milch versiegt ist, nicht zu Hilfe kommen kann, so sage ich, daß man dabei vielerlei bedenken muß. Es gibt natürliche Ursachen, zum Beispiel wenn sie kalben, wenn sie bestimmte Kräuter fressen — da kann man mit natürlichen Mitteln helfen. Wenn aber der Teufel im Spiel ist, so soll man sich hüten. Ich habe gehört, daß einmal ein frommer, ehrbarer Mensch zu einer solchen Kuh gegangen ist, drei Paternoster, drei Ave Maria gebetet und das Zeichen des Kreuzes gemacht hat, und daraufhin hat die Kuh wieder Milch gegeben.›

Durch so vage Angaben über die Macht des Teufels verunsichert, brauchten die Zuhörer offenbar eine besondere Predigt ‹Von des Teufels Gewalt›. Mit scholastischer Gründlichkeit wird abermals Bekanntes mit Zusätzen, die für den Hörer sicherlich neu sind, verbunden, wobei anekdotische Details geschickt eingestreut werden. ‹Der Teufel kann Schnee, Regen, Wind, Hagel und Donner machen, wenn er die Zeichen der Hexen sieht. Darum können Hexen in einer Stube hageln lassen, es muß aber Wasser da sein. Der Teufel kann auch Speisen zu ungewöhnlicher Zeit bringen, jetzt zum Beispiel Kirschen. Er macht sie aber nicht, sondern er bringt sie nur aus wärmeren Ländern herbei. So kann er gebratene Hühner, Kapaunen und seltsame Speisen herbeibringen, weil er weiß, wo sie fertig zubereitet zu finden sind. Darum können Eingeweihte unbesorgt Gäste einladen, sie greifen nur zum Fenster hinaus und finden, was sie wollen.

Einige fragen: Kann der Teufel auch die Gestalt eines bestimmten Menschen annehmen? Ich antworte in aller Kürze: ja. Aber jener Leib, den er annimmt, der lebt nicht, der Teufel wirkt darin nur als Beweger, nicht aber als Seele eines Leibes. Der Teufel kann also auch nicht Werke des Lebens in diesem Leib, der nicht lebt, vollbringen. Er kann nicht richtig essen und trinken, nur zuschneiden und mit den Zähnen zerkauen. Die Speise verschwindet in seinem Leib und wird darin nicht verwandelt. Dieser Leib empfindet auch nichts, er kann auch nicht gebären. Auch seine Worte sind nicht natürliche Worte, obwohl er spricht. Er kann auch Hände, Füße, Augen und alle Glieder bewegen, ohne zu sehen und zu hören.

Du fragst, wieso man sage, der oder jene habe mit dem Teufel zu schaffen, obwohl er doch gar nicht gebären könne. Da will ich nicht lange drum herum reden. Ich will nicht behaupten, daß die Bösen mit den Hexen und mit anderen nichts zu schaffen haben, da Augustin und Isidor von Sevilla ausführlich darüber schreiben. Dennoch gebiert er nicht durch den angenommenen Leib. Das macht er vielmehr so: Er kann sich (wie du gehört hast) in einen Mann verwandeln und mit einer Frau umgehn wie ein Mann, und den Samen kann er von einem anderen Mann nehmen, der einen unzüchtigen Traum gehabt und dabei, wie es so geht, seinen Samen verloren hat. Diesen Samen kann der Teufel lebenskräftig erhalten und durch List auf eine Frau übertragen, so daß ein Kind entsteht. Der Teufel ist jedoch nicht dieses Kindes Vater, sondern der Mann, dessen Samen der Teufel genommen hat. Ebenso kann der Teufel die Gestalt einer Frau annehmen und wie eine richtige Frau mit einem Mann verkehren (diese Teufel heißen Sukkubi). Der Teufel kann auch jemand versprechen, er wolle ihn zu einer bestimmten Frau bringen, in deren Gestalt er sich dann verwandelt. Und wenn du meinst, du liegst bei dieser Frau, so liegst du beim Teufel. Bischof Haimo von Halberstadt, ein Schüler Alkuins, Gelehrter am Hofe Karls des Großen, schreibt über die Offenbarung des Johannes, daß in der Luft so viele böse Geister seien wie Stäubchen, die man im Sommer im Sonnenschein sieht. Johannes Nider sagt: Wenn du übers Feld gehst, so siehst du große Mückenschwärme umeinander tanzen, so ist es auch mit den bösen Geistern.›

Und wieder einmal muß der Prediger damit rechnen, daß seine Zuhörer fragen: Warum hat Gott dem Teufel eigentlich so viel Gewalt gegeben? Anders als die Verfasser des ‹Hexenhammers›, die darin – mit Thomas von Aquino – eine ‹gute Absicht› Gottes erkennen, verweist Geiler hier auf die Begrenztheit menschlichen Wissens. Er legt die Äußerungen höchster kirchlicher Autoritäten zu dieser Frage – insgesamt nicht weniger als fünfzehn – ausführlich dar, kommt dann aber doch zu dem Schluß: Die Gründe sind dem Menschen verborgen.

Wo ist da Hilfe? Geiler verweist auf das 5. Buch Mose, dort habe Gott gesagt: Du sollst ihnen nicht glauben, sondern man soll sie totschlagen. Dann wendet er sich dem ‹kaiserlichen Recht› zu, das allen, die zaubern oder siech machen, ebenfalls den Tod androhe, aber allen, die gesund machen, Lob und Lohn verspreche. Das läßt Geiler nur gelten, wenn man ‹mehr Zwiebeln an den Stockfisch tue›, also den richtigen Kommentar beifüge. Man müsse nämlich das Gesetz Gottes beachten, das verbiete, Zauberei durch Zauberei zu bekämpfen. ‹Lieber soll ein Mensch krank bleiben, als daß er sich gesund machen ließe mit etwas, das wider Gottes Gebot wäre.›

Wäre hier nicht Veranlassung gegeben, auf den seit zwei Jahrzehnten gedruckt vorliegenden ‹Hexenhammer› zu verweisen? Geiler erwähnt ihn mit keinem Wort, obwohl Institoris noch bis 1505 persönlich als Inquisitor für das Elsaß zuständig war. Der religiös verbrämte Sadismus und die extreme Frauenfeindlichkeit der Hexenjäger aus dem Dominikanerorden lagen diesem gelehrten Humanisten, dem Freund von Sebastian Brant und Jakob Wimpheling, zweifellos fern. Wie Brant und Wimpheling, die nach 1500 ebenfalls in Straßburg lebten und publizierten, bezog Geiler in seine Gesellschaftskritik auch die himmelschreienden Mißstände innerhalb der Kirche ein. Er kann durchaus als Mitstreiter des – neben Erasmus von Rotterdam – bedeutendsten humanistischen Gelehrten Deutschlands, Johannes Reuchlin, angesehen werden, dessen Streit mit den gefährlichen Kölner Dominikanern einige seiner gelehrten Freunde veranlaßte, ihm mit den berühmt gewordenen ‹Dunkelmännerbriefen› literarischen Beistand zu leisten.

11

Briefe von ‹Dunkelmännern›

Die Juden waren im christlichen Europa seit Beginn der Kreuzzüge häufig Verfolgungen ausgesetzt. Besonders in Zeiten religiöser Massenpsychosen, die durch Kreuzzugspropaganda, Seuchen oder ‹Wunder› verschiedenster Art ausgelöst werden konnten, kam es zu mörderischen Pogromen, die sich bis zur Ausrottung ganzer jüdischer Gemeinden steigern konnten. So fielen allein den Judenverfolgungen im Zusammenhang mit dem ‹Schwarzen Tod›, der Pestepidemie von 1348 bis 1352, in Deutschland nicht weniger als 350 jüdische Gemeinden zum Opfer.

Angebliche ‹Hostienschändungen› oder Ritualmorde gaben Anlaß zu örtlichen Ausschreitungen. Durch ‹Schutzgelder› und ‹Geldbußen› konnten sich die Juden manchmal freikaufen, aber relative Sicherheit bot ihnen nur der Übertritt zum Christentum. Nur dieser hob die vielfältigen Beschränkungen auf, denen die jüdischen ‹Gottesfeinde›, die ‹Mörder Christi› vor allem auch im Wirtschaftsleben unterworfen waren.

Zum Christentum ‹bekehrte› Juden, wie etwa der im vorigen Kapitel erwähnte Johann Pauli, konnten besonders als Angehörige eines der beiden großen Bettelorden eine bedeutende wissenschaftliche, aber auch eine politische Karriere machen. Gegen Ende des 15. Jahrhunderts begannen die Dominikaner von Köln aus eine Propaganda, die auf eine allgemeine Christianisierung der Juden abzielte. Ein getaufter Jude namens Pfefferkorn ließ in den ersten Jahren des 16. Jahrhunderts mehrere in volkstümlicher Sprache für diesen Zweck werbende Schriften erscheinen. Sie erregten beträchtliches Aufsehen. Pfefferkorns größter Erfolg war, daß Kaiser Maximilian I. nun selbst eingriff. Im August 1509 erging ein kaiserliches Edikt, in dem gemäß dem Vorschlag Pfefferkorns befohlen wurde, daß alle christenfeindlichen Schriften, im besonderen die religiösen Bücher der Juden beschlagnahmt werden sollten, und daß vor allem der Talmud zu vernichten sei.

Unter den Kölner Theologen, die dieses Edikt rigoros zu handhaben gedachten, tat sich ein gewisser Ortwin Gratius besonders hervor, der als Inquisitor eingesetzt worden war, im Erzbistum Mainz aber nicht tätig werden konnte, weil der Erzbischof Einwände erhob. Pfefferkorns Beschwerde beim Kaiser hatte zur Folge, daß von den führenden deutschen Universitäten Mainz, Köln, Erfurt und Heidelberg Gutachten angefordert wurden. Die Professoren von Mainz, Köln und Erfurt stimmten der Vernichtungsaktion gegen alle religiöse Schriften der Juden zu, während nur die Heidelberger sich der Stimme enthielten. Die heiligen Bücher der Juden waren also in größter Gefahr.

Der Erzbischof von Mainz veranlaßte jedoch, daß ein hervorragender Fachmann als weiterer Gutachter herangezogen wurde: der weithin berühmte Gelehrte Johannes Reuchlin. Dieser war in Stuttgart beim Schwäbischen Bund – einer Vereinigung süddeutscher Fürsten, Adliger und Reichsstädte – als Richter angestellt. Nach gründlichem Studium der klassischen Philologie sowie der Rechtswissenschaft (als Brotberuf) hatte er, angeregt durch jüdische Freunde, eine noch jahrhundertelang als Vorbild geltende hebräische Grammatik und ein Wörterbuch zusammengestellt. Seinem Urteil konnte also größte Bedeutung beigemessen werden.

Ein solcher Experte erschien aber auch den Inquisitoren sehr nützlich. Pfefferkorn veranlaßte, daß Reuchlin in eine Vollstreckungskommission für die Einziehung jüdischen Schrifttums berufen wurde. Dieser weigerte sich jedoch, dem Ruf Folge zu leisten. In einem ‹Ratschlag› stellte er im Jahre 1510 eine Liste von Einwendungen gegen das kaiserliche Edikt zusammen. ‹Unsinnig› nennt er die Forderung, die gesamte religiöse Literatur der Juden als christenfeindlich konfiszieren und vernichten zu lassen. Nur Streitschriften, die sich ausdrücklich gegen den christlichen Glauben richteten, sollten verboten werden, aber ebenso auch Publikationen, die Anleitungen für Zauberer und Hexen enthielten, weil diese den Aberglauben förderten.

Damit stellte sich Reuchlin nicht nur gegen das terroristische Treiben eines Pfefferkorn und seiner Hintermänner, die den Hebräern nach altem Brauch für das Freikaufen ihrer heiligen Schriften große Summen abpressen wollten, sondern auch gegen die Pläne der Kölner Dominikaner Institoris und Sprenger, die mit ihrem ‹Hexenhammer› einen noch grausameren Terror gegen irgendwie mißliebig gewordene Christen zu inszenieren gedachten. Wo ‹wissenschaftliche Abhandlungen› über Zauberei und Hexenflug ins Reich des Aberglaubens verwiesen wurden, da konnten die schon eingeleiteten großen Hexenverfolgungen ‹auf wissenschaftlicher und streng rechtlicher Grundlage› nicht florieren.

Pfefferkorn, den Zwischenträger über den Inhalt des Reuchlinschen Gutachtens informiert hatten, griff 1511 in seinem ‹Handspiegel› — wieder in deutscher Sprache — den sachlich argumentierenden Gelehrten mit üblen Beleidigungen und sogar mit dem gefährlichen Vorwurf der Ketzerei an. Dieser antwortete auf Lateinisch mit einem ‹Augenspiegel›, in dem er diese Schmähungen zurückwies und durch zwingende Argumente die Gelehrten Deutschlands auf seine Seite brachte. Er wies darauf hin, daß die Zahl der Juden gering sei. Sie seien auch ‹mehr bereit zu dienen, als anderen Leuten Schaden zuzufügen›. Der Kaiser möge veranlassen, daß an jeder deutschen Hochschule zwei Magister interessierte Studenten im Hebräischen unterrichteten; dann werde das religiöse Schrifttum der Juden bald vernünftiger beurteilt werden.

Solche Aussichten erschienen den Kölner Dominikanern unerträglich. Es genügte ihnen nicht, daß der von der Wirkung seiner Gutachten offenbar erschreckte Reuchlin deutlich Bereitschaft zum Einlenken erkennen ließ; sie verlangten öffentlichen Widerruf. Als der in ganz Europa sehr angesehene Gelehrte schließlich befürchten mußte, daß sein Ruf als Wissenschaftler Schaden leiden würde, wenn er sich nicht zur Wehr setzte, veröffentlichte er eine ‹Teutsche Erklärung›, die seine Rechtgläubigkeit beweisen sollte. Diese wurde auf Betreiben der Kölner Dominikaner sogleich konfisziert.

Die Dominikaner ließen darüber hinaus durch öffentliche Predigten die Bevölkerung gegen Reuchlin aufhetzen. Erst unter solchem Druck suchte und fand der Bedrohte Rückhalt und Unterstützung bei Gleichgesinnten, weit über Deutschlands Grenzen hinaus. Nicht nur Professoren und Studenten, sondern auch gebildete Geistliche und sogar Berater des Kaisers Maximilian schlossen sich zu einer Front gegen die Kölner Dominikaner und die hinter ihnen stehenden Kräfte der katholischen Kirche zusammen, deren Machtmißbrauch auch sie als Bedrohung empfanden. Viele sandten Reuchlin zustimmende Briefe.

Einer der wichtigsten dieser Briefe kam von dem Erfurter Professor Crotus Rubeanus, der Pfefferkorns Umtriebe genau kannte und deshalb veranlaßt hatte, daß sich die Repräsentanten der einflußreichen Erfurter Universität im Reuchlin-Streit gegen die Kölner stellten. Alle Bemühungen Pfefferkorns, die Erfurter auf seine Seite zu ziehen, blieben erfolglos. In ganz Europa griffen Gelehrte, die sich nun ‹Humanisten› nannten, zur Feder, um Reuchlin zu verteidigen. Sowohl am Kaiserhof als auch an der römischen Kurie meldeten sich seine Freunde zu Wort. Im ‹Kölner Streit› unterstützte Kaiser Maximilian I. die Humanisten, doch der Thronfolger und spätere Kaiser Karl V. sowie der französische König Franz I. ergriffen die Partei Pfefferkorns. Als 1513 die in Europa noch immer führende Pariser Universität von den Kölnern um ein Gutachten ersucht wurde, ob die in Reuchlins ‹Augenspiegel› vertretenen Ansichten statthaft seien, stimmte der mit der Prüfung beauftragte Ausschuß nach 47 Sitzungen, in denen auch neuere Argumente Reuchlins und seiner Freunde geprüft wurden, dem Verdikt der Kölner Dominikaner zu.

Doch auch diese gewichtige Entscheidung hinderte Reuchlins Freunde an der römischen Kurie nicht daran, ein endgültiges Urteil des Papstes hinauszuzögern. Den Kölner Dominikanern wurde 1515 verboten, weiterhin ohne päpstliche Ermächtigung gegen Reuchlin vorzugehen. Dennoch publizierten diese das für sie günstige Pariser Urteil in deutscher Sprache in einem Buch mit dem Titel ‹Sturmglock›. Als Antwort darauf ließ Reuchlin eine Auswahl der an ihn gerichteten Briefe seiner Freunde drucken. In lateinischer, griechischer oder hebräischer Sprache waren diese ‹Clarorum virorum epistolae› (‹Briefe berühmter Männer›) nur dem kleinen Kreis der entsprechend philologisch Gebildeten zugänglich. Mit derart seriöser Argumentation war gegen den Verleumdungsfeldzug der Kölner Dominikaner aber auch ohnehin kaum etwas auszurichten.

Da erhielt Johannes Reuchlin noch im selben Jahr unerwarteten und wohl auch unerwünschten Beistand besonderer Art: Eine anonym erschienene Sammlung fingierter Briefe, die angeblich von Mitgliedern des Dominikanerordens an den Wortführer der Kölner Theologen, Ortwin Gratius gesandt worden waren, erregte in ganz Europa großes Aufsehen. Die Verfasser griffen mit den Mitteln der Satire in die Reuchlin-Kampagne der Kölner Juden- und Hexenjäger ein. In neulateinischer Umgangssprache, durchsetzt mit dem barbarischen ‹Küchenlatein› halbgebildeter Mönche, ließen sie die vorgetäuschten Briefschreiber sich selbst entlarven. Mit einer Meisterschaft, wie sie seit den antiken Satirendichtern Lukian, Juvenal und Martial noch niemand wieder erreicht hatte, stellten sie mönchische Scheingelehrsamkeit, geistige Trägheit, religiöse Heuchelei und erschreckende Sittenverderbnis literarisch höchst wirkungsvoll bloß. Mit deutlicher Anspielung auf Reuchlins ‹Clarorum virorum epistolae› wurden diese Briefe als ‹Epistolae obscurorum virorum› (‹Briefe von Dunkelmännern›) bezeichnet.

Als Autor der meisten dieser 41 Briefe gilt der Erfurter Humanist Crotus Rubeanus, ein enger Freund Ulrich von Huttens, der zu diesem ersten Teil ebenso wie der Kölner Humanist Hermann von dem Busche einige Briefe beisteuerte und den Druck der ersten Auflage in Rom ermöglichte. Innerhalb eines Jahres folgten noch zwei weitere Auflagen. Der große Erfolg ermunterte die Verfasser, 1517 einen zweiten Teil folgen zu lassen, der politisch noch aggressiver angelegt war. Vergeblich beschwerten sich die verhöhnten Kölner beim Erzbischof von Mainz – dieser reagierte gar nicht. Doch beim Papst erreichten sie sogleich ein Verbot beider Teile des Pamphlets.

Die Wirksamkeit einer solchen päpstlichen Verdammungsbulle war allerdings angesichts der breiten antirömischen Bewegung, die Martin Luthers Angriff auf die ökonomischen Grundlagen der Papstkirche zwischen 1517 und 1520 hervorrief, nicht groß. Zu dieser Zeit sympathisierten noch führende Kreise der römischen Kurie mit der Reuchlin-Partei, da sie bestrebt waren, geistige Ergebnisse der Renaissance in die katholische Ideologie einzubauen, und dazu bedurfte es philologisch geschulter Spezialisten, auch für das Hebräische. Im Jahre 1519 hatte Huttens Freund Franz von Sickingen als Beschützer der Humanisten so viel Einfluß, daß er die Dominikaner der Kölner Ordensprovinz zwingen konnte, ihre Angriffe auf Reuchlin einzustellen, alle bisher angefallenen Prozeßkosten zu bezahlen und beim Papst die Einstellung des Verfahrens zu beantragen.

Doch der alternde Reuchlin fürchtet mit Recht, daß die Kölner Inquisitoren nach wie vor beim Papst ein Ketzerurteil gegen ihn anstreben. Furchtsam schreibt er an einen Wortführer der klerikalen Gegenpartei: ‹Was also die heilige Kirche glaubt, die die Säule und Stütze der Wahrheit ist, und in welcher Weise immer sie es glaubt, dasselbe und in gleicher Weise glaube ich. Befiehl, und auf deine Meinung hin stoße ich das Schwert in die Scheide.› Als sein ‹Augenspiegel› im Juni 1520 vom Papst als ketzerisch gebrandmarkt wird, wagt der Verfasser keinen Widerspruch mehr. Zwei Jahre später stirbt er, nachdem er sich im 66. Lebensjahr noch hat zum katholischen Priester weihen lassen – die Dunkelmänner haben ihn besiegt.

Die aktivsten der deutschen Humanisten, die – wie Ulrich von Hutten – die soziale Struktur des deutschen Feudalstaates verändern wollten, unterlagen der wohlorganisierten Macht deutscher Fürstenterritorien, in denen Luthers Reformation bald darauf zwar entscheidenden Rückhalt fand, ihren revolutionären Schwung jedoch rasch verlor. Ziehen wir Bilanz, um zu prüfen, was von ihrem literarischen Wirken die vielen Jahrhunderte überdauert hat, so nehmen die ‹Dunkelmännerbriefe›, deren Anonymität im einzelnen noch immer nicht vollständig gelüftet werden konnte, einen hervorragenden Platz ein. Als besonders aussagekräftige Zeitdokumente steuern sie auch für unser Thema interessante Details bei, und zwar sowohl zum Bild des ‹politischen Teufels› als auch zum Hexenproblem.

Der stets akuten Gefahr, von der päpstlichen Inquisition als Ketzer verfolgt zu werden, begegneten die Autoren der ‹Dunkelmännerbriefe› mit kühner Selbstbezichtigung. Anhand von Bibelzitaten, die nach mittelalterlich-scholastischem Verständnis streng wörtlich aufgefaßt werden mußten, konnten scholastische Fehlinterpretationen halbgebildeter Bettelmönche leicht der Lächerlichkeit preisgegeben werden. Wenn in diesem Zusammenhang die logisch überzeugenden und philologisch gestützten Gegenargumente der Humanisten als häretisch bezeichnet werden, so erscheint das nur aus heutiger Sicht als wenig riskant. Eine solche Haltung – wenn auch nur als Ausdruck von Ironie – hatte zuvor noch kein anderer Kritiker der katholischen Ideologie einzunehmen gewagt.

Der Kölner Großinquisitor und Ketzerrichter Jakob von Hoogstraten untersuchte gegen Humanisten, Juden und Hexen gleichermaßen. An alle, die der feierlichen Verbrennung von Reuchlins ‹Augenspiegel› in Mainz beiwohnen wollten, verteilte er Ablässe. Diese waren schon wie selbstverständlich zur Handelsware geworden. Hutten berichtet, daß damals in Mainz sogar darum gewürfelt worden sei. Das unwissende Volk ließ sich leicht täuschen und zu Pogromen gegen angebliche Feinde des Glaubens aufhetzen. Der erste Teil der ‹Dunkelmännerbriefe› schließt mit einer Darstellung von Möglichkeiten, wie leicht schwere Beschuldigungen, die den Tod auf dem Scheiterhaufen nach sich zogen, konstruiert werden konnten.

Die Humanisten hatten klar erkannt: Wie jeder Einzelne zum Ketzer oder zur Hexe gestempelt werden konnte, so waren Mitglieder religiöser Gemeinschaften außerhalb der katholischen Kirche, ob sie sich nun als christliche Sekte verstanden oder dem jüdischen Glauben anhingen, in den Augen der Inquisitoren von vornherein allesamt ‹Teufelsdiener›. Selbst der vorsichtige, wenn möglich stets vornehm argumentierende Reuchlin hatte, als 1512 Hoogstraten die Beschlagnahme seines ‹Augenspiegels› durch kaiserliches Edikt erwirkte und eine Flut übelster Schmähschriften sich über ihn ergoß, seinen Gegnern mit gleicher Münze heimgezahlt. Er hatte sie nicht nur ‹Schafe›, ‹Böcke› und ‹Schweine›, sondern auch ‹Schüler des Teufels› und ‹Genossen der Unterwelt› genannt.

Die Autoren der ‹Dunkelmännerbriefe› richten die spitzeren Pfeile der Satire vor allem gegen den Dominikanerorden. Andere ‹Meister falscher Argumentation› wie Hoogstraten, der Franziskaner war, sind miteinbezogen. Ihre Kirche gilt ihnen nicht als Kirche Gottes. Sie zeigen diese Respektspersonen in Situationen, die beweisen, daß sie insgeheim selbst dem Aberglauben huldigen, den sie öffentlich verdammen. So rät in einem der Briefe ein ‹Dunkelmann› dem Magister Ortwin Gratius, daß er sich durch Zauberei mit Salz von einer Krankheit heilen könne, denn in der Bibel stehe geschrieben: ‹Ihr seid das Salz der Erde.›

Was hier unverkennbar Persiflage ist, war den Zeitgenossen als höchst aktuelles Problem geläufig, wie vorstehend bei Geiler von Kaisersberg gezeigt wurde. Zauberei hatte Gott in *jeder* Form verboten, und doch wurde immer wieder versucht, dieses Gebot mit ‹Weißer Magie› (Anrufung *guter* Geister) zu umgehen. Die offizielle Lehre der Kirche ließ die Grenzen des Erlaubten stets im Halbdunkel willkürlicher Auslegung durch ihre Glaubensgerichte. Die Anrufung von Heiligen, Gelübde, Votivtafeln und Ablässe, ja sogar die Verwandlung der Hostie in den Leib des Herrn waren eigentlich nicht weniger ‹Zauberei› als die verbotene ‹Weiße› oder gar ‹Schwarze Magie›, die Anrufung böser Geister oder des Teufels selbst.

Satiren über die Praktiken dummer und lasterhafter Mönche sollten Huttens einleitendem ‹Dunkelmann›-Brief zufolge *Zweifel* wekken, nähren und rechtfertigen. Bibelzitate, die eine solche Haltung stützten, lieferte das Alte Testament in genügender Zahl. Mit diesem Anspruch auf erlaubten Zweifel, der die Einengung wissenschaftlicher Forschung auf die von der Bibel gezogenen Grenzen beseitigen half, wurde progressiven Tendenzen der frühbürgerlichen Revolution in Deutschland der Boden bereitet, die dem Weiterwuchern von mittelalterlichem Teufelsglauben und Hexenwahn energisch entgegengewirkt hätten.

12

Martin Luthers politische Teufel

Als der von Gewissensnot gequälte Mönch Martin Luther im 1. Römerbrief des Apostels Paulus den *gnädigen* Gott des Evangeliums entdeckte und ihn zu verkünden begann (ohne die Konsequenzen im kirchlichen wie im gesellschaftlichen Bereich auch nur zu ahnen), mußte das auch für die bisherige Rolle des mittelalterlichen Teufels tiefgreifende Folgen haben. Zwar blieb in der neuen ‹evangelischen› Lehre der Mensch infolge der ihm anhaftenden Erbsünde dem Teufel verfallen, wie bereits der Kirchenlehrer Augustin verkündet hatte, doch nun konnte er allein schon durch Reue und Buße gerettet werden, ohne daß der kostspielige Heilsapparat der alten Kirche dazu benötigt wurde.

Was die wohlbekannten teuflischen Dämonen anlangte, die auch in der Phantasie des Bergmannssohnes Luther ihr Unwesen trieben, so beschwerten diese hinfort nicht mehr sein Gemüt. Im Triumphgefühl unumstößlicher Sicherheit gab er den Rat, solche Teufel nur noch durch Hohn und Spott zu vertreiben, denn Gott schütze die Seinen, wenn diese es mit innerlicher Reue und Buße ernst meinten.

So wurde das mittelalterliche Teufelsheer – mit oft noch heidnischen Zügen – in Luthers Lehre integriert. Als wirklich gefährlich galt nur noch der in vielerlei Gestalt auftretende ‹teuflische Versucher›, der durch die Kraft des Gebets besiegt werden mußte. Seine eigentliche Gestalt blieb unsichtbar, der Kampf mit ihm spielte sich nur im Gemüt des Einzelnen ab, und so konnte schließlich die Frage gestellt werden, ob es diesen Teufel überhaupt gebe.

Luthers orthodoxe Schüler und Erben dachten freilich ebensowenig wie ihr Meister daran, die Existenz dieses bewährten, vielfältig verwendbaren Disziplinierungsmittels in Frage zu stellen. Daß dieser ‹verinnerlichte› Teufelsglaube fanatische Hexenverfolger nicht daran hinderte, in protestantischen Territorien ganz in der Art ‹papistischer› Ketzerverfolger zu wüten, das kümmerte die evangelischen Theologen offenbar wenig. Hatte sich doch Luther selbst gelegentlich geradezu haßerfüllt über die Hexen als Schaden stiftende Zauberinnen geäußert – wie er es von der Kinderzeit her gewöhnt war –, ohne protestantischen Hexenjägern damit allerdings zitierfähiges theologisches Rüstzeug zu liefern. Gegen heimtückische und hartnäckig leugnende Zauberinnen hart vorzugehen, betrachtete er als Aufgabe der Juristen.

Die ‹Teufel›, mit denen der Reformator nun lebenslang wie ein Hirt kämpfte, dessen Herde von blutgierigen Wölfen angefallen wird, hatten ein anderes Format als jene Versucher, die den einzelnen Christen zur Sünde verleiten wollten, und zum Kampf gegen diese ‹höheren› Teufel bedurfte es anderer Waffen. Luther erfuhr bald, daß die Repräsentanten der Papstkirche ihn als ‹unbelehrbaren Ketzer›, ja als Teufel in Menschengestalt bezeichneten, wie von jeher die gefährlichsten Widersacher der Papstkirche ‹verteufelt› worden waren; und er begriff, daß er selbst – ebenfalls zum Papst einer Kirche geworden – keine schärfere Waffe zu Gegenwehr und Angriff besaß als die: alle Gegner seiner eigenen, der alleingültigen evangelischen Lehre nun seinerseits zu verteufeln. Daher kommt es, daß der Historiker in Luthers Schriften so häufig aus der Geschichte wohlbekannten, eindeutig politischen Teufeln begegnet.

Im langen Ringen des Stauferkaisers Friedrich II. mit dem nach universaler Macht strebenden Papsttum hatten beide Kontrahenten einander im reinsten Sinne des Wortes verteufelt. Zuerst hatte der Papst, dann aber auch der Kaiser den politischen Gegner als den Antichrist bezeichnet, als den leibhaftigen Teufel, dessen zeitlich begrenzte Herrschaft der christlichen Geschichtsbetrachtung zufolge das Ende der Welt einleiten sollte. Der Tod des Kaisers im Jahre 1250 schien zwar den Sieg des Papsttums zu besiegeln, doch in ganz Europa verbreitete Wahrsagungen vom Weiterleben und von der Wiederkehr des mächtigen ‹Pfaffenfeindes› und ‹Friedenskaisers› Friedrich, aus dem im 16. Jahrhundert die Kyffhäusersage hervorging, gaben antipäpstlicher Propaganda – vor allem in Deutschland – immer wieder neuen Auftrieb.

Als sich aus dem Ablaßstreit von 1517 Luthers Rebellion gegen den gesamten päpstlichen Ausbeutungsapparat und 1519 eine allgemeine Diskussion über die Rechte des Papstes selbst entwickelt hatten, entschloß sich Papst Leo X., den 1518 gegen Luther eingeleiteten Ketzerprozeß nunmehr mit ganzer Härte durchzuführen. Gegen Ende des Jahres 1519 hatte einer seiner wichtigsten Berater in Glaubensfragen in einer Schrift die Rechte des Papstes heftig verteidigt und dabei aus dem Kirchengesetzbuch, dem Corpus iuris canonici, zitiert: ‹Ein rechtmäßig eingesetzter Papst kann nicht einmal von der ganzen Welt, geschweige denn von einem Konzil rechtmäßig abgesetzt und gerichtet werden, selbst wenn er solches Ärgernis gäbe, daß er das Volk haufenweise zum Teufel führte.›

Diese Abhandlung bekam Luther im März 1520 zu Gesicht. Da packte ihn hemmungslose Wut. Er veröffentlichte sie mit einem Vor- und einem Nachwort. Im Vorwort verkündete er: ‹Trägt man zu Rom derlei Lehrmeinungen vor mit Wissen des Papstes und der Kardinäle (was ich doch nicht hoffe), so erkläre ich hiermit frei und öffentlich, daß der wahre Antichrist in Gottes Tempel sitzt und in dem roten Babel Rom regiert, und daß die römische Kurie die Synagoge des Satans ist.›

Im Nachwort scheute er sich nicht, zur Gewaltanwendung gegen Rom aufzurufen: ‹Wenn wir Diebe strafen mit dem Galgen, Räuber mit dem Schwert, Ketzer mit dem Feuer, warum brauchen wir da nicht jeder Art Waffen wider solche Lehrer der Verderbnis, wider diese Kardinäle, Päpste und die ganze Grundsuppe des römischen Sodoms und waschen unsere Hände in ihrem Blut, um uns und die Unseren von einem so gemeingefährlichen Brand zu befreien! Selig die Christen, gleichviel wo, wenn sie nur nicht unter diesem römischen Antichristen sind wie wir Unglücklichen!›

Wer so sprach, rechnete offensichtlich nicht mehr mit einem milden Urteil. Dem nächsten Angreifer, einem Leipziger Franziskaner, donnerte Luther in einer Schrift ‹Vom Papsttum zu Rom› entgegen: ‹Man spricht, der Endchrist soll die Schätze der Erde finden. Ich meine, die Romanisten haben sie gefunden, daß uns Leib und Leben wehe tun. Wenn nicht die deutschen Fürsten und der Adel mit tapferem Ernst in nächster Zeit etwas dagegen tun, so wird Deutschland noch wüst werden und die Deutschen werden sich selber fressen müssen.›

Diesem Thema widmete er gleich anschließend noch eine seiner populärsten Schriften: ‹An den christlichen Adel deutscher Nation von des christlichen Standes Besserung.› Gemeint war hier nicht etwa nur die Ritterschaft, sondern alle Obrigkeit bis hinauf zum Kaiser. Von ihm forderte Luther die Einberufung eines neuartigen nationalen Konzils in Form eines Fürstenkongresses oder eines Reichstags. Der Papst soll nur noch über Streitigkeiten zwischen hohen Kirchenfürsten entscheiden.

Mehrere Auflagen dieser Schrift waren noch im selben Jahr vergriffen. Wie seinerzeit Kaiser Friedrich II. erinnerte Luther an die Prophezeiung der Apokalypse des Johannes, wenn er den Papst als den Antichrist bezeichnete, als ‹die große Hure von Babylon›, die alle Schätze der Erde an sich reiße. Ablaßgelder, die im Augsburger Haus der Fugger verwaltet wurden, und ‹Jahrgelder› für geistliche Lehen vom Erzbistum bis zur armen Pfarre sollten eigentlich zur Finanzierung des Krieges gegen die vom Balkan her andrängenden Türken verwendet werden, aber sie verschwanden alle im römischen ‹Sack ohne Boden›. Luther zählte mehrere beachtliche Posten des jährlich mehr als 300 000 Gulden ausmachenden Gesamtbetrags auf. In besonders einnahmeträchtigen ‹Wundern›, wie dem ‹Heiligen Blut von Wilsnack› oder dem ‹Heiligen Rock von Trier›, sah er nichts als ein Teufelsgespenst, dem mit Wallfahrten gehuldigt werde.

Als Vorstufe zur Verdammung als Ketzer war inzwischen in Rom am 15. Juni 1520 eine Bannandrohungsbulle ausgefertigt worden. Die mit der Verbreitung beauftragten Nuntien hatten aber große Mühe, sie in Deutschland und den Niederlanden (die ja noch zum Reich gehörten) zu publizieren. Luther erreichte sie erst am 10. Oktober! In 41 Punkten wurden ihm Verstöße gegen den rechten Glauben vorgeworfen. Falls er nicht innerhalb von 60 Tagen widerrufe, sollte ihn der Bann treffen, ebenso alle seine Anhänger. Wie selbstverständlich antwortet Luther mit einer Schrift: ‹Wider die Bulle des Endchrists› – die Terminologie der beiden Parteien bewegt sich schon in festen Bahnen. Das Ketzerurteil, der Bann, Bücherverbrennungen auf beiden Seiten wirken sich in dieser Hinsicht nicht weiter steigernd aus.

Den alten Bezug zum mittelalterlichen Kampf zwischen Kaisertum und Papsttum spiegelt das 1531 als ‹Bergreien› in Sachsen gedruckte Volkslied ‹Ein schön neu lied von der Sibylla weissagung› besonders deutlich wider. Es ist ein Jahrzehnt früher entstanden, denn es feiert ‹Hertzog Friedrich von Sachsen› als Beschützer Luthers und ganz allgemein als Schild gegen den Bannfluch des Papstes. In 18 Strophen agitiert der Dichter für damals aktuelle politische Ziele und benutzt dabei die Friedrichsage von dem im Kyffhäuser schlafenden Kaiser als historische Legitimation:

‹...
die schrift thut uns gar wunderlich
von einem Fridrich sagen,
der sol gewinnen das heilig grab,
dabey ein baum steht, ist laublos;
sein schilt sol er dran hencken.
Der Babst hat den Baum gar aus gesogen,
hat uns mit seiner leer betrogen,
...
er ist der Antichriste.›

Daß im Papsttum der Teufel herrsche und daß Papsttum und echtes Christentum unvereinbar seien, weil der Teufel die Hand des Papstes führe, davon war Martin Luther zutiefst überzeugt. Theologische Forschungen zu Luthers Teufelsverständnis haben das ausführlich belegt. Immer mehr tritt daneben die Bewegung der sogenannten Schwärmer in den Vordergrund, vor allem aber der von ihnen entscheidend beeinflußte Vorkämpfer für die Volksreformation, Thomas Müntzer. Den Papst hielt Luther nach seinen Erfolgen in Wittenberg für besiegt, nicht aber den Teufel. In seiner umfangreichen Arbeit ‹Das Müntzerbild von Martin Luther bis Friedrich Engels› hat der Historiker Max Steinmetz gezeigt, in wie hohem Maße der Revolutionär Müntzer dem ‹sanftlebenden Fleisch zu Wittenberg›, dem Repräsentanten der ‹Fürstenreformation›, als der eigentliche Teufel – ein höchst politischer Teufel – erschienen ist. Der Teufelshaß, der aus den im folgenden aufgeführten Beispielen spricht, hat sicherlich entscheidend dazu beigetragen, daß auch Luthers Haltung gegenüber dem Hexenproblem von Teufelsfurcht diktiert war. Die Folgen werden allerdings erst anhand späterer Praktiken in protestantischen Territorien zu erörtern sein.

Es mag auf den ersten Blick merkwürdig erscheinen, daß Luther den Schwerpunkt seines Abwehrkampfes so nachdrücklich auf Müntzer verlegt hat, während die Papstkirche ihre Diffamierungskampagnen doch nach wie vor auf Luther konzentrierte. Wie schon die Häretiker der ersten christlichen Jahrhunderte, so wurde auch der verketzerte Luther als ‹Sohn des Teufels› bezeichnet. Seine Mutter sei eine Hure gewesen und habe ihren Sohn vom Teufel empfangen. Dagegen erwiesen sich die streitbaren Katholiken Müntzer gegenüber geradezu dankbar; verhalf er ihnen doch zur willkommenen Möglichkeit, am Beispiel Müntzers und anderer ‹Radikaler› heimliche ‹Früchte lutherischen Geistes› zu ‹entlarven›.

Thomas Müntzer galt ja seit der Leipziger Disputation des Jahres 1519 als Anhänger Luthers. Dieser hat ihn 1520 wohl selbst nach Zwickau empfohlen, wo Müntzer bald darauf begann, unter dem Einfluß des ‹Schwärmers› und ‹Propheten› Nikolaus Storch dem lutherischen Buchstabenglauben den auf innerer Erleuchtung beruhenden Geistglauben entgegenzusetzen. Im April 1521 wegen Beteiligung an Aufstandsvorbereitungen der Zwickauer Tuchknappen aus der Stadt vertrieben, gerät er erst 1522 wieder ins Blickfeld Luthers. Dieser bringt ihn nun mit den Zwickauer ‹Propheten› in Verbindung, die in ‹sein› Wittenberg eingedrungen sind, um dort radikalbürgerliche Tendenzen des Professors Karlstadt zu unterstützen. Es kam dazu, daß nun auch der Professor alles Bücherwissen verwarf und seinen Studenten riet, durch Ackerbau oder ein Handwerk ihr Brot zu verdienen. Schließlich wußten die führenden Lutheraner keinen anderen Rat, als den ‹Junker Jörg›, der auf der Wartburg diese Entwicklung mit steigendem Entsetzen beobachtete, schleunigst zu Hilfe zu rufen.

Im März 1522 setzt Luthers persönliches Auftreten den radikalen ‹Auswüchsen› der reformatorischen Bewegung in Wittenberg schnell ein Ende. Doch er siegt nur dank seiner Autorität, die sich im Einklang weiß mit den territorialstaatlichen Interessen der noch zögernd lavierenden Obrigkeit. Hinter Karlstadt und den Zwickauern, die vor ihm zurückweichen, sieht er bereits zu dieser Zeit Thomas Müntzer, den Mann mit dem Schwert des Aufruhrs. Schon am 27. März

1522 veröffentlicht Luther eine Schrift: ‹Eine treue Vermahnung an alle Christen, sich zu hüten vor Aufruhr und Empörung.› In einem Brief an seinen Freund Spalatin, der als Hofprediger am kursächsischen Hof zu Weimar für die Reformation wirkte, bringt er um diese Zeit Müntzer zum ersten Mal ausdrücklich mit dem Teufel in Verbindung.

Karlstadt machte Luther auch in den seiner Wittenberger Niederlage folgenden beiden Jahren von Orlamünde aus mit theologischen Problemen, die obrigkeitsfeindliche Tendenzen kaum verbargen, bis zu seiner Vertreibung im Dezember 1524 gewiß noch schwer zu schaffen; doch Müntzer war und blieb der weitaus gefährlichere Widersacher. Nach seiner Vertreibung aus Zwickau hatte dieser sich nach Prag gewandt, wo er wohl noch Spuren hussitischen Geistes vermutete, bei den Theologen aber nur den Wunsch nach ‹gemäßigten› Reformen im Sinne Luthers vorfand. Mit seinem Werben für tiefergreifende Reformen, die nicht nur die religiösen, sondern auch die sozialen Bedürfnisse des einfachen Volkes berücksichtigten, war er auf entschiedene Ablehnung gestoßen.

Als Luther in den ‹Wittenberger Wirren› das Nachwirken Müntzerscher Lehren vom ‹Christus der Armen› – daß der Buchstabe der Bibel erst durch unmittelbare Offenbarungen Gottes durch den Mund einfacher Menschen verständlich gemacht und belebt werde – zu spüren vermeinte, war Müntzer gerade über Erfurt nach Nordhausen gekommen, wo er jedoch ebenfalls nicht Fuß fassen konnte. Erst als er kurz vor Ostern 1523 in dem kleinen Ort Allstedt, in unmittelbarer Nähe von Bergbaugebieten der Grafschaft Mansfeld, zum Pfarrer gewählt worden war, konnte er ungehindert mit weitwirkender sozialreligiöser Agitation beginnen.

Da er sich dem immer selbstherrlicher auftretenden Luther gegenüber weder an theologischer Bildung noch an literarischer und rhetorischer Begabung unterlegen fühlte, mochte er sich wohl zutrauen, aus Allstedt ein ‹zweites Wittenberg› zu machen. Die Mansfelder Grafen versuchten zwar, ihre Untertanen vom Besuch Müntzerscher Gottesdienste zurückzuhalten, gegen ihn selbst gingen sie aber nicht vor. Auch Kurfürst Friedrich der Weise und andere Fürsten der ernestinischen Linie des Hauses Wettin vermieden zunächst den offenen Bruch mit dem wortgewaltigen Prediger, obwohl Luther mit einem ‹Brief an die Fürsten zu Sachsen› öffentlich mahnte, Aufforderungen zu Gewalttaten nicht zu dulden.

Der ‹Allstedter Bund› der Anhänger Müntzers zählte schon mehrere hundert Mitglieder. Nicht nur die Fürsten, Grafen und andere ‹Obrigkeiten›, sondern auch Luther zweifelten nicht daran, daß diese Agitation eine gefährliche Massenbewegung auslösen konnte. Doch Müntzer glaubte noch lange, durch beharrliches Werben die Fürsten für eine friedliche Verwirklichung göttlicher Gerechtigkeit zugunsten des ‹gemeinen Mannes› gewinnen zu können, bis örtliche Obrigkeiten, die Stadträte von Allstedt und später von Mühlhausen seinen sozialreligiösen Bestrebungen ein Ende bereiteten. Im Herbst 1524 ließ er in Nürnberg seine beiden wichtigsten religiös-politischen Schriften, ‹Ausgedrückte Entblößung des falschen Glaubens› und die ‹Hochverursachte Schutzrede›, drucken. Besonders in der zuletzt genannten rechnet er mit Luther ab. Er hat erkannt, daß dessen radikal klingende Ermahnung an die ‹unchristlich› lebenden Angehörigen der Oberschichten nicht gar so radikal gemeint war und daß er vor allem mit den Fürsten geschickt umzugehen wußte. ‹Doch da du die Fürsten gescholten hast, kannst du ihnen wohl wieder Mut machen, du neuer Papst, schenkest ihnen Klöster und Kirchen. Da sind sie mit dir zufrieden! ... O Doktor Lügner, du tückischer Fuchs! Du hast durch deine Lügen das Herz des Gerechten traurig gemacht, den Gott nicht betrübt hat, damit du gestärket hast die Gewalt der gottlosen Bösewichter, auf daß sie ja auf ihrem alten Wege bleiben. Darum wird dir's gehen wie einem gefangenen Fuchs. Das Volk wird frei werden, und Gott will allein der Herr darüber sein.›

Diese Siegeszuversicht führte ihn nach kurzem Aufenthalt in Südwestdeutschland, wo der deutsche Bauernkrieg in vollem Gange war, im März 1525 nach Thüringen zurück. Luther, der die Durchführung aller ihm notwendig erscheinenden Reformen von vornherein den Obrigkeiten hatte überlassen wollen, dachte gewiß auch an den seit 1523 umgehenden ‹Geist von Allstedt›, als er sich Anfang Mai 1525 mit äußerster Schärfe ‹wider die mörderischen und räuberischen Rotten der Bauern› wandte. Wie gebannt schaute er auf den Verlauf der militärischen Unternehmungen.

Eine Weile schien es, als ob es Müntzer gelingen würde, von Mühlhausen aus eine breite antifeudale Front, in die selbst Adlige und reiche Bürger einbezogen waren, zustande zu bringen. Doch den entscheidenden militärischen Stoß gegen den Grafen Ernst von Mansfeld vereitelte die Disziplinlosigkeit einzelner Bauernhaufen, die leichtere Kriegsbeute erstrebten. Der katholische Herzog Georg von

Sachsen und der lutherische Landgraf Philipp von Hessen vereinigten sich ungeachtet aller religiösen Gegensätze und schlugen die bei Frankenhausen versammelten Anhänger Müntzers am 15. Mai 1525 vernichtend. Ihr Anführer wurde gefangengenommen und am 27. Mai hingerichtet, ohne seine Lehren widerrufen zu haben.

Noch vor Eintreffen der Nachricht von Müntzers Tod veröffentlichte Luther triumphierend ihm zugeleitete anfeuernde Briefe Müntzers an die Allstedter und herrisch klingende Briefe des sich noch siegesgewiß gebenden Revolutionärs an die Grafen von Mansfeld. Kurze Kommentare wiesen auf das soeben ergangene Gottesurteil hin. Der marktschreierische Titel lautet: ‹Eine schreckliche Geschichte und ein Gericht Gottes über Thomas Müntzer, darin Gott öffentlich desselbigen Geist Lügen straft und verdammt.› Luther argumentiert: ‹Hette Gott aber durch yhn geredt, solches were nicht geschehen ... Nu ... ists am tage, das er under Gottes namen durch den teuffel geredt und gefaren hat.›

Die ‹Schreckliche Geschichte› ist zwar die letzte selbständige Publikation, die der triumphierende ‹Mann Gottes› über den ‹Erzteufel› verfaßt hat, aber zahllose Erwähnungen in Predigten, Tischreden, Briefen und Schriften, die Max Steinmetz in der oben genannten Arbeit zusammengetragen hat, belegen eindrucksvoll Luthers lebenslangen Haß auf den Vorkämpfer der Volksreformation, einen Haß, der auch vor nachträglicher Verleumdung nicht zurückschreckte. Er versichert sich zwar immer wieder selbst, daß ‹Gott uns vor dem Teufel gerettet› habe, aber dann gerät er auch wieder in Panik: ‹Der Müntzer ist tot, aber sein Geist ist noch nicht ausgerottet.›

Um sein Andenken zu verunglimpfen, erzählt er 1531 gelegentlich bei Tisch: ‹Munzer, da er zu Zwickau war, kam er zu einem schönen Maidlin, und sagte: Er wäre durch ein göttliche Stimm zu ihr gesandt, bey ihr zu schlafen, denn wenns nicht geschehe, so könne er Gottes Wort nicht lehren. Solches hat die Jungfrau bekannt in der Beichte ihrem Pfarrherrn, da sie todtkrank lag.›

In einer etwas späteren Tischrede plaudert er aus, warum er sogar bereit sei, es bei der Verurteilung Müntzers mit der Wahrheit nicht immer gar zu genau zu nehmen: Unbelehrbare Anhänger des toten ‹Propheten› hätten damit begonnen, ihn zu rechtfertigen und ihn geradezu wie einen Heiligen zu rühmen. Angesichts solcher Bemühungen sei es nicht nur gestattet, sondern sogar verdienstvoll, Müntzer mit allen Mitteln zu verdammen. Es sei nämlich viel wichtiger, den

Glauben der Lebenden zu festigen, als Tote nachträglich für fromm und gerecht zu erklären und damit dem gottlosen Treiben der ‹Schwärmer, Rotten und Secten› Vorschub zu leisten.

Die Hauptarbeit bei der weiterwirkenden literarischen Diffamierung Thomas Müntzers, der erst in der ersten Hälfte des 19. Jahrhunderts erfolgreich entgegengetreten wurde, haben zwar Luthers enge Mitarbeiter Philipp Melanchthon und Johann Agricola geleistet, aber die Grundzüge bestimmte der auch weiterhin unentwegt mit ‹Teufeln› kämpfende Reformator selbst. Der Teufel war das allen seinen Gegnern Gemeinsame: ‹Muntzer, Carlstadt, Campanus› (der den Glauben an die Dreieinigkeit Gottes ablehnte – der Verf.) ‹und dergleichen Gesellen, Rotten und Secten sind lauter leibliche Teufel, denn alle Gedanken sind dahin gerichtet, daß sie wollen Schaden thun und sich rächen.›

Mit der ungeheuren Gefahr, die demnach vor allem von Müntzer ausgegangen sei, versucht Luther auch seine Angriffe gegen die aufständischen Bauern zu rechtfertigen: ‹Ich hab im auffrur alle baurn erschlagen, dann ich hab sie heissen tod schlagen.› Denn hätte Müntzer gesiegt, so ‹were es eben so wol ein Türkisch Reich worden, als das Mahomets worden ist›. Müntzer ‹muste an das ander werck des Teuffels auch, das schwerd nemen, morden und rauben wie der mordgeist yhn treib! Und richt solch ein auffruhr und iamer an›.

Da Müntzer als Ketzer verfemt ist, sind der Verleumdung keine Grenzen gesetzt, wobei Luther allerdings nur einer alten kirchlichen Tradition zu folgen brauchte, die in den vorstehenden Kapiteln nachzuzeichnen versucht wurde. In den mit seiner Lehre ideologisch untermauerten deutschen Territorialstaaten diente die Verteufelung jeglicher Opposition weiterhin dazu, vor allem revolutionäre Volksbewegungen zu diffamieren.

13

Die Hexenprozesse im 16. und 17. Jahrhundert

Die Saat, welche der ‹Hexenhammer› und die Hexenbulle Papst Innozenz' VIII. gelegt hatten, ging auf. Aus den Schweine würgenden und Zaubertränke bereitenden Hexen nach der Art Shakespearescher Gestalten wurde die Hexensekte, eine neue Form der Ketzerei oder gar Apostasie. In den europäischen Staaten, vor allem in Deutschland und Frankreich, begann damit die Zeit der großen Hexenverfolgungen, gegenüber denen der Jagdeifer früherer Inquisitoren verblaßte. Angst und Schrecken erfaßten die Menschen.

Der Kampf gegen den Teufel und seine vermeintlichen Helfer wurde rasch zu einem ganzen System staatlicher und kirchlicher Repression, das sowohl der Aufrechterhaltung und Erweiterung der Macht der Herrschenden als auch – in untergeordneter Weise – der Befriedigung individuellen Rache- und Besitzstrebens diente. Der traditionelle Ketzerprozeß erhielt dadurch neue Dimensionen und wurde nunmehr die Angelegenheit aller, ohne sich an den im ‹Zeitalter der Glaubensspaltung› errichteten Konfessionsschranken zu stoßen. Wenn auch die Verfolgung von ‹Hexen, Zauberern und

Unholden› einen ‹Massenwahn› widerspiegelte — irrationale Vorstellungen, die alle Klassen und Schichten erfaßten —, so zeigte ihre Praxis ganz klar die genannte soziale Funktion. Betroffen waren in erster Linie der Mann, die Frau und das Kind aus dem Volke, während sich der Vermögende im allgemeinen aus der Affäre ziehen konnte. Wurden Prozesse gegen Personen von Stand geführt, erregte das stets besonderes Aufsehen.

Warum bot sich an der Schwelle zur Neuzeit den weltlichen und geistlichen Obrigkeiten gerade der Kampf gegen Hexen und Zauberer als ein wirksames Herrschaftsinstrument an? In der Periode des allgemeinen Niedergangs des Feudalismus und der frühen bürgerlichen Revolutionen, in einer Zeit wachsender sozialer, politischer und geistiger Spannungen also, benötigte die Feudalklasse verschiedener europäischer Länder leicht einsetzbare neue Mittel, um die von ihr Beherrschten einzuschüchtern und zu beeinflussen. Diese Mittel bot ihr im besonderen Maße der Teufelsglaube, der — wie die vorausgehenden Kapitel dieses Buches zeigten — im Volke seit langem tief verwurzelt war. Dieser setzte zwar vorchristliche Auffassungen fort, widersprach aber in keiner Weise der dualistischen Lehre des mittelalterlichen Christentums, ja ergab sich aus dieser geradezu aufs neue. Der Teufel und seine Helfer waren in gleicher Weise religiös-gesellschaftliche Realitäten wie Gott und seine Mitstreiter. So hatte das Mittelalter den Teufelsglauben bereits erfolgreich genutzt, im Kampf gegen andere Länder, soziale Gruppen und Einzelpersonen, gegen Heiden, Juden und Ketzer.

Die Elemente des herkömmlichen Teufelsglaubens hätten freilich angesichts der veränderten gesellschaftlichen Bedingungen nicht ausgereicht. Sie wurden erst und erneut brauchbar, als sie sich mit dem Mißbrauch des wissenschaftlichen Fortschritts verbanden. Das Ergebnis war die pseudowissenschaftliche Hexenlehre mit ihrem kollektiven Hexenbegriff, die der spätfeudal-frühkapitalistischen Gesellschaft eine neue Gruppe teuflischer Helfer präsentierte. Die Verbindung von gelehrter Theorie, Theologie und populären Zauberei- und Teufelsvorstellungen war die unabdingbare Voraussetzung, den Teufelsglauben zur Grundlage eines Systems öffentlicher Repression zu machen, wie es im 16. und 17. Jahrhundert geschah.

Die konfessionelle Spaltung begünstigte die Brauchbarkeit und Wirksamkeit des angereicherten Teufelsglaubens, da das bisherige Hauptunterdrückungsinstrument, die Verketzerung, an Bedeutung verlor. Auch die Reformatoren hatten den Teufelsglauben anerkannt. Da er verhältnismäßig wenig konfessionelle Eigenschaften zeigte, galten bald katholische und protestantische Autoren gleichermaßen als Gewährsleute. So konnte der neue Teufelsglaube mit der Hexenlehre als Kern leicht von allen Obrigkeiten verwendet werden. Für die Wirkung spielte es prinzipiell keine Rolle, ob Prozesse gegen Hexen und Zauberer überhaupt, ob viele oder wenige stattfanden, ob sie sich in bestimmten Situationen oder unter gewissen Fürsten und Hexenjägern häuften, allein die Tatsache, daß sie jederzeit stattfinden konnten, genügte, um ein Regiment permanenten Schreckens zu installieren, wie es Europa bis dahin noch nicht gekannt hatte.

Auch der absolute Irrationalismus des modernisierten Teufelsglaubens erwies sich als Stärke. Mit der deutschen frühbürgerlichen Revolution wuchs die geistige Vielfalt, ging die allgemeine Anerkennung einzelner ideologischer Richtungen zurück. Um so brauchbarer war daher eine Theorie, die jeder vernünftigen Begründung entbehrte und somit gegen jedermann ausgespielt werden konnte.

Die in der wissenschaftlichen Literatur immer wieder strapazierte Vokabel vom ‹Massenwahn› jener Jahrhunderte läßt den Eindruck aufkommen, als ob der Volksglaube letztlich das entscheidende Element für das Einsetzen der Hexenverfolgungen gewesen sei, nicht aber die Hexenlehre. Davon kann allerdings nicht die Rede sein. Einmal hätten derartige Massenjagden schon viel früher einsetzen müssen, zum andern wird dabei die Tatsache übersehen, daß jene die ‹Hexensekte› betreffenden Vorstellungen von oben her ins Volk getragen wurden. Es waren die im Dienste der Herrschenden stehenden Geistlichen und Juristen, die die Hexenlehre unter die Massen brachten. Pfarrer, Beichtväter und geistliche Obere, Richter und Universitätsprofessoren riefen den ‹Wahn› zielgerichtet hervor und hielten ihn am Leben. Deshalb sind die Hexenprozesse auch weniger ein volkskundliches Problem, sondern vielmehr eine gesamtgesellschaftliche Erscheinung der Übergangsepoche vom Feudalismus zum Kapitalismus.

Die Manipulierung des Volkes durch die Verfechter der Hexentheorie erfüllte zwei Aufgaben. Zunächst sollte sie die öffentliche Repression populär machen, dann aber den einfachen Menschen in Stadt und Land von den sozialen Mißständen ablenken beziehungsweise ihn auf eine irrationale Deutung derselben stoßen. Schließlich waren der Teufel und seine Helfer bequeme Schuldige für alle wirklichen oder eingebildeten Übel der Welt, schon deshalb, weil sie sich, wie jeder Zaubereiprozeß aufs neue bewies, nicht wirksam wehren konnten.

Es war eine grauenhafte Bilanz, die die Hexenjäger aufzuweisen hatten. Die Schätzungen schwanken zwischen mehreren Millionen und einigen Hunderttausend Opfern. Viele Akten wurden vernichtet, Statistiken fehlen weitgehend, auch an modernen analytischen Untersuchungen herrscht Mangel. Und wenn auch zuverlässige Gesamtangaben und Übersichten fehlen, von Einzelschicksalen erfahren wir genug, genug auch von einem System sadistischer Quälerei, das erst im Faschismus eine Parallele fand.

Zum Hauptland der Hexenverfolgungen wurde Deutschland, das Heilige Römische Reich deutscher Nation. Das war ein Gebilde, das die Kaiser aus dem Hause Habsburg repräsentierten und die Fürsten regierten, politisch, wirtschaftlich und glaubensmäßig zersplittert, von tiefen Klassengegensätzen zerrissen, in wachsendem Maße mit der europäischen Politik verbunden, bis es im Dreißigjährigen Krieg Schlachtfeld der Großmächte wurde. Diese Situation machte das Land zu einem geradezu idealen Tummelplatz für Hexenjäger: Sie legte das Instrumentarium der Hexenlehre in die Hände einer Vielzahl kleiner und kleinster Obrigkeiten.

Zu den politisch zerklüftetsten Gebieten des Reiches gehörte das Herzogtum Franken; seine wichtigsten Territorien bildeten die Hochstifter Bamberg und Würzburg, Zentren des deutschen Bauernkrieges von 1525. Hier verbanden sich die ‹Hexenbrände› vor allem mit zwei Fürsten: dem Bischof Johann Georg II. Fuchs von Dornheim und seinem Vetter Philipp Adolf von Ehrenberg. Zwischen 1623 und 1633 beziehungsweise 1631 – ihrer Regierungszeit – fanden die meisten fränkischen Prozesse statt. Sie kannten bald keine Schranken mehr: Adlige, Kleriker, Bürger und Angehörige der Unterschichten, Männer und Frauen, Greise und Kinder fielen der fürstbischöflichen Hexenjustiz zum Opfer. Gerüchtemacherei und Denunziantentum blühten, und es gab bald keinen Unsinn mehr, den eine angeheizte Phantasie den unglücklichen Opfern nicht anzudichten wußte. Eine wichtige zeitgenössische Quelle, eine Art Hexenstatistik für die Jahre 1627 bis Anfang 1629, verzeichnet 29 Würzburger Massenhinrichtungen (‹Brände›) von insgesamt 157 Personen. Auch Einzelheiten über die Opfer werden darin mitgeteilt. Zum Brand Nr. 20 heißt es:

(1) ‹Das Göbel Babelin, die schönste Jungfrau in Würzburg;

(2) ein Student in der fünften Schule, der viele Sprachen beherrschte und ein vortrefflicher Musiker (sowohl in Gesang als auch mit Instrumenten) war;
(3—4) zwei Knaben aus dem neuen Münster von zwölf Jahren;
(5) des Steppers Babel Tochter;
(6) die Hüterin auf der Brücke.›

Das makabre Dokument spricht auch von der ‹Differenziertheit› fürstbischöflicher ‹Rechtspflege›: Der Mehrzahl der Verurteilten wurde die ‹Gnade› zuteil, erst mit dem Schwert hingerichtet und dann auf dem Scheiterhaufen verbrannt zu werden. Nur solche, die sich den Zorn des Landesherrn oder der Justizorgane zugezogen hatten wie zwei Vikare des Hochstifts, kamen lebendig ins Feuer. Etliche suchten ihren Prozeß durch Selbstmord zu beenden; selbstverständlich wurde ihr Leib den Flammen übergeben, auf daß Justitia doch noch triumphiere. Mit Ergriffenheit liest man in der Würzburger Hexenstatistik über das Schicksal der Jungen und Mädchen, die unter der gleichen Anklage wie Erwachsene standen. Als jüngste Opfer werden ein ‹Mägdelein von neun oder zehn Jahren› und ‹ein geringeres, ihr Schwesterlein› verzeichnet. Die Knaben besuchten wohl meist die höheren Schulen der Bischofsstadt. Schließlich spiegelt die Mordstatistik auch die ‹soziale Progression› der Prozesse wider: Wurden in die ersten ‹Brände› fast ausschließlich Frauen aus Handwerk und Kleinhandel geschickt, so weitete sich die Verfolgung allmählich auf die städtische Oberschicht und die Geistlichkeit aus.

Aus Bamberg kommt der ‹Kurze und wahrhaftige Bericht und erschreckliche Neue Zeitung von sechshundert Hexen, Zauberern und Teufelsbannern, welche der Bischof zu Bamberg hat verbrennen lassen, was sie in gütlicher und peinlicher Frage bekannt›. Schon der Titel dieser Flugschrift spricht für sich, kein Wunder, daß sie mit Genehmigung der Bamberger Obrigkeit gedruckt wurde. Sensationelle Verbrechen sind hierin festgehalten: Frauen sollen bischöflichen Wein zu teuflischen Animierzwecken gestohlen und Geistliche Kinder im Namen des Satans getauft haben. Zweiundzwanzig Mädchen im Alter zwischen sieben und zehn Jahren seien hingerichtet worden, die ihre Mütter in teuflischen Künsten unterwiesen hätten.

Treibende Kraft der Bamberger Prozesse war der Weihbischof Friedrich Forner. Er wetterte mit fünfunddreißig, später zum Druck gegebenen Predigten ‹gegen alle Wahnwitzigkeiten und Verführungskünste des Teufels›. ‹Zur Abstrafung und Bekehrung der von

Gott entwichenen und ihn verleugnenden boshaften Menschen› wurde in Bamberg ein spezielles Malefizhaus innerhalb von zehn Monaten hochgezogen. Es enthielt etwa dreißig Räume für Gefangene, Wächterstuben, einen Beichtraum und eine Kapelle. Das Nebengebäude, unter dem ein Bach floß, diente als Folterkammer. Ein Renaissanceportal zeigte als Bauinschrift das Horazwort ‹Discite iustitiam moniti et non temnere divos› (‹Lernt durch Ermahnung Gerechtigkeit und Gottesfurcht›). Darüber befand sich eine Justitia-Statue, umrahmt von der lateinischen und deutschen Fassung des Bibelverses 1. Könige 9, 8—10, sinnentstellend und mißbräuchlich verwendet.

Wie in anderen deutschen Territorien gibt es trotz aller beeindrukkenden Dokumente auch in den fränkischen Bistümern wenig exakte Zahlen. Gesamtangaben fehlen. 1421 wurde im Bambergischen ein Mann wegen Zauberei verfolgt — der früheste bekannte Fall. In dieser Zeit endete das Verfahren noch vergleichsweise harmlos: Der der Wahrsagerei Beschuldigte mußte einen Eid schwören, für zehn Jahre die Umgebung der Bischofsstadt zu meiden. 1470 wurde eine Würzburger Magd unter der Anschuldigung des Liebeszaubers ertränkt. Man sieht also, daß es sich im 15. Jahrhundert noch um die Verfolgung einzelner in typisch mittelalterlicher Weise handelte. Die eigentlichen Hexenprozesse begannen in beiden Hochstiftern erst gegen 1590; rasch schnellten nunmehr die Zahlen empor. Zum Jahre 1617 berichtet ein Würzburger Zeitgenosse, daß nach einer Kanzelabkündigung innerhalb eines Jahres 300 Hexen und Zauberer verbrannt worden seien. Unter Philipp Adolf von Ehrenberg soll der Justizterror 900 Opfer gefordert haben, darunter 219 allein in der Residenzstadt. Für das würzburgische Gerolzhofen werden für die Jahre 1615 bis 1618 nicht weniger als 261 Urteile, für Marktheidenfeld im Januar 1627 allein 16 genannt. Ähnlich sind die Bamberger Zahlen. 1617 sollen im Bambergischen 102 Personen umgebracht worden sein. In Bamberg und Zeil gab es zwischen 1625 und 1630 an die 900 Untersuchungen; nach einer ‹Spezifikation› wurden in den Jahren 1626 bis 1630 genau 214 Bamberger und 22 auswärtige Untertanen in Bamberg gefangengesetzt und in Zeil hingerichtet.

Die bekanntesten Prozesse aus den beiden fränkischen Hochstiftern sind die gegen den Bamberger Bürgermeister Johannes Junius und den Kanzler Georg Haan aus dem Jahre 1628. Aus dem Verfahren gegen Junius ist dessen Abschiedsbrief an seine Tochter Veronika erhalten geblieben, der über das Denken und Fühlen des unglücklichen Opfers mehr als offizielle Gerichtsakten aussagt. Das Schreiben erreichte die Adressatin niemals, da es abgefangen wurde. Der Bürgermeister wollte sich vor seinen Kindern von dem Verdacht reinigen, ein ‹Drudner› (Zauberer) zu sein. Er schilderte die Qualen der ‹peinlichen Befragung› und die schändliche Prozeßführung. Sechs Gefangene hatte man so lange gefoltert, bis sie gegen den Bürgermeister aussagten. Auch Kanzler Haan war unter den ‹Zeugen›. Da er für ein geordnetes Verfahren auch bei Zaubereidelikten eintrat, hatte er sich selbst verdächtig gemacht. Als er dem Bürgermeister gegenübergestellt wurde, war er bereits am Ende seiner Kräfte. Doch hören wir den geschundenen Junius selbst: «Unschuldig bin ich in das Gefängnis gekommen, unschuldig bin ich gemartert worden, unschuldig muß ich sterben. Denn wer in das Haus kommt, der muß ein Drudner werden oder wird solange gemartert, bis daß er etwas in seinem Kopf Erdachtes weiß ... Ich bat die Herren› (die Untersuchungskommission – der Verf.) ‹um Gottes willen, sie hörten, daß es lauter falsche Zeugen wären, man sollte sie doch bei Eid und sicher examinieren; es hat aber nicht sein wollen, sondern sie sagten, ich sollte es gutwillig bekennen oder der Henker wollte mich wohl zwingen. Ich gab zur Antwort: ‹Ich habe Gott niemals verleugnet und wollte es auch nicht tun, Gott soll mich auch gnädig davor behüten. Ich wollte lieber darüber ausstehen, was ich sollte.› Und da kam leider, Gott erbarme es im höchsten Himmel, der Henker und hat mir den Daumenstock angelegt, beide Hände zusammengebunden, daß das Blut zu den Nägeln herausgegangen ist und ich die Hände vier Wochen lang nicht gebrauchen konnte, wie Du aus dem Schreiben sehen kannst. So habe ich mich Gott in seine heiligen fünf Wunden befohlen und gesagt: ‹Weil es Gottes Ehre und Namen betrifft, den ich nicht verleugnet habe, so will ich meine Unschuld und all diese Marter und Pein in seine fünf Wunden legen; er wird mir meinen Schmerz lindern, so daß ich solchen Schmerz ausstehen kann.› Danach hat man mich erst ausgezogen, die Hände auf den Rücken gebunden und auf die Höhe in der Folter gezogen. Da dachte ich, Himmel und Erde gingen unter; sie haben mich achtmal aufgezogen und wieder fallen lassen, daß ich unselige Schmerzen empfand. Und dies alles ist splitternackt geschehen, denn sie haben mich splitternackt ausziehen lassen. Als mir nun unser Herrgott geholfen hatte, habe ich zu ihnen gesagt: ‹Verzeihe Euch Gott, daß Ihr einen ehrlichen Mann unschuldig angreift; Ihr wollt ihn nicht allein um Leib und Seele, sondern auch um Hab und Gut bringen.› Da sagte aber Doktor Braun: ‹Du bist ein Schelm.› Ich sagte: ‹Ich bin kein Schelm noch derart und bin so ehrlich, wie Ihr alle seid. Allein, wenn es so zugeht, so wird kein ehrlicher Mann in Bamberg sicher sein, Ihr so wenig wie ich oder ein anderer.› Da sagt der Doktor, er wäre nicht vom Teufel angefochten, ich sagte: ‹Ich auch nicht, aber Eure falschen Zeugen, das sind die Teufel, und Eure scharfe Marter. Denn Ihr laßt keinen hinweg, wenngleich er alle Marter aussteht.›

Und dies ist am Freitag, den 30. Juni geschehen; da habe ich mit Gott die Marter ausstehen müssen. Ich habe mich also die ganze Zeit nicht anziehen noch die Hände gebrauchen können, ohne die anderen Schmerzen, die ich ganz unschuldig leiden muß. Als nun der Henker mich wieder hinweggeführt hat in das Gefängnis, sagte er zu mir: ‹Herr, ich bitte Euch um Gottes willen, bekennt etwas, es sei wahr oder nicht. Erdenkt etwas, denn Ihr könnt die Marter nicht ausstehen, die man Euch antut. Und wenngleich Ihr sie alle ausstehen würdet, so kommt Ihr doch nicht hinaus, wenn Ihr auch ein Graf wäret, sondern es fängt eine Marter auf die andere an, bis Ihr sagt, Ihr seid ein Drudner. Eher läßt man Euch nicht zufrieden, wie denn aus all ihren Urteilen zu ersehen ist, deren eines wie das andere geht.› Danach kam der Georg und sagte, die Kommissare hätten gesagt, mein Herr wolle ein Exempel an mir statuieren, daß man darüber staunen sollte. So hätten die Henker zusammen geäußert und wollten mich wieder peinigen, er bäte mich um Gottes willen, ich sollte etwas erdenken ...»

Um weiteren Folterungen zu entgehen, lieferte der Bürgermeister die gewünschte Aussage:

«Ich bin auf mein Feld am Friedrichsbrunnen gegangen, ganz bekümmert und habe mich daselbst niedergesetzt. Da ist ein Grasmädchen zu mir gekommen und hat gesagt: ‹Herr, was macht Ihr, wie seid Ihr so traurig?› Ich habe darauf gesagt, ich wüßte es nicht. Also hat sie sich an mich herangemacht. Sobald solches geschehen ist, ist sie zu einem Geißbock geworden und hat zu mir gesagt: ‹Jetzt siehst du, mit wem du es zu tun hast.› Sie hat mir an die Gurgel gegriffen und gesagt: ‹Du mußt mein sein oder ich will dich umbringen.› Da habe ich gesagt: ‹Behüte mich Gott davor.› Also ist er verschwunden und bald wiedergekommen und hat zwei Weiber und drei Männer mitgebracht: Ich solle Gott verleugnen, und so habe ich es getan, Gott und das himmlische Heer verleugnet. Darauf hat er mich getauft, und es waren die zwei Weiber die Taufpaten. Sie haben mir einen Dukaten eingebunden, der aber eine Scherbe gewesen ist.»

Und so ging es weiter; erst nachdem Junius auch noch eine Hostienschändung zugegeben hatte, ließ man von ihm ab. Die Kommission ging mit ihm Straße für Straße durch, um angebliche Komplizen herauszupressen. Das Schreiben schloß:

‹Ich habe etliche Tage an dem Schreiben geschrieben; es sind meine Hände alle lahm, ich bin halt gar übel zugerichtet. Ich bitte Dich um des Jüngsten Gerichts willen, halte dieses Schreiben in guter Hut und bete für mich, Deinen Vater, als einen rechten Märtyrer, nach meinem Tode ... Das darfst Du kühnlich für mich schwören, daß ich kein Drudner, sondern ein Märtyrer bin, und ich sterbe hiermit gefaßt.›

Die Prozesse gegen Junius und Haan signalisierten, daß die Verfolgungen immer stärker auf die ‹Ehrbarkeit› der beiden Fürstbistümer übergriffen. Damit kam aber das Ende in Sicht, denn Justizwillkür und Vermögenskonfiskationen trafen nunmehr auch die Kreise, die eine wirksame Opposition organisieren konnten. Für die Verbreitung der Schreckensnachrichten sorgten die Flüchtlinge; Eingaben erreichten den Kaiser. Der Habsburger Ferdinand II. war zwar ein entschiedener Katholik und Verfechter der gegenreformatorischen Ziele, aber keineswegs daran interessiert, sein Ansehen durch die Zustände in den beiden geistlichen Territorien in Mitleidenschaft ziehen zu lassen. In dieser Haltung bestärkte ihn sein Beichtvater, der Jesuit Wilhelm Lamormain. Dieser veranlaßte den Kaiser zu energischem Vorgehen gegenüber dem Bamberger Bischof, zum Verbot aller Ungesetzlichkeiten bei der Prozeßführung und der Beschlagnahme. Bischof Philipp Adolf von Würzburg erhielt ein Mandat des Reichskammergerichts, die Verfolgungskampagne einzustellen. Aber wahrscheinlich hätte das die beiden fürstlichen Hexenjäger nicht dazu gebracht, ihre immer einträglicher werdenden Geschäfte mit Folter und Mord einzustellen. Der Würzburger Oberhirt hatte im Juni 1627 die Beschlagnahme des Besitzes der Verurteilten befohlen. Schon nach zwei Jahren stand ein Vermögen von 80 000 Gulden unter seiner Verwaltung. So bedurfte es erst des Todes der beiden Fürstbischöfe und der veränderten Lage in Franken, um die Prozeßwelle zum Abklingen zu bringen. 1631 starb der Würzburger, 1633 der Bamberger. Um die gleiche Zeit besetzten schwedische Truppen die fränkischen Territorien, und die gerade gewählten geistlichen Herren mußten außer

Landes gehen. Im Angesicht des Feindes wurden in Bamberg die letzten zehn Anwärter auf den Scheiterhaufen in Freiheit gesetzt. Nach dem Abzug der Schweden spielten Hexenverfolgungen in den beiden Hochstiftern keine nennenswerte Rolle mehr. Johann Philipp I. von Schönborn (1642–1673), der auch Erzbischof und Kurfürst von Mainz sowie Bischof von Worms war, verbot weitere Prozesse in Würzburg.

Im Gebiet von Mittelrhein, Main und Mosel lag ein weiterer Schwerpunkt geistlicher Fürstenmacht: die Kurfürstentümer Köln, Mainz und Trier. Auch ihre Herren traten zum Kampf gegen die Hexensekte an, wobei es besonders hart an der Mosel zuging. Unter der Regierung des Erzbischofs Johannes VII. von Schönburg (1581–1599) gab es überall Hexen und Zauberer. Das rief den Weihbischof Peter Binsfeld auf den Plan, einen der skrupellosesten Hexenjäger überhaupt. Diese Vorgänge waren um so erstaunlicher, als der Erzbischof Johannes II. von Baden um die Wende zum 16. Jahrhundert noch feststellen konnte, daß bei ihm keine Hexen vorhanden seien. Nunmehr verdarben ‹Früchte, Wein und Äcker›, es wimmelte von Schädlingen. Rasch wurde die Justiz fündig. Nach Angabe eines Schöffen wurden zwischen dem Januar 1587 und dem November 1593 in 27 Dörfern rund um Trier 368 Personen verurteilt, die ihrerseits mehrere tausend Komplizen denunzierten. Wenn die Verfolgungen nicht durch die Umstände zum Erliegen gekommen wären, hätte ihnen schließlich nach Logik der Dinge die gesamte Bevölkerung zum Opfer fallen müssen.

Für Binsfelds Helfer im Lande war die Hexenjagd wie andernorts ein großer Fischzug: ‹Notare und Schreiber wurden reich. Der Scharfrichter ritt ein Vollblutpferd wie ein Edelmann vom Hof und trug Gold- und Silberborten. Sein Weib wetteiferte in prunkvoller Kleidung mit den vornehmen Damen.›

Der Trierer Prominentenprozeß war das Verfahren gegen den Stadtschultheißen Flade. Dieser stand an sich mit dem Kurfürsten als dessen Berater und Rektor der Universität auf gutem Fuß, doch störte er Binsfelds Treiben, als er Zweifel an der Realität des Hexenwesens anmeldete. Da die der Zauberei Beschuldigten unter der Folter alle möglichen ihnen bekannten Personen als Mittäter bezeichneten, war es ganz natürlich, daß auch Dietrich Flade darunter war. Das bot Binsfeld den gesuchten Anlaß, ein Verfahren gegen den lästigen Störenfried in Gang zu setzen. Der Schultheiß bekannte, peinlich befragt, alles, was man hören wollte, sogar, daß er den Kurfürsten durch Gift zu beseitigen gedachte. Der so Überführte wurde zusammen mit anderen Bürgern und einigen Priestern 1589 hingerichtet – zunächst erdrosselt, dann verbrannt, der Gnadenerweis seines dankbaren Herrn. Leider schweigen die Quellen darüber, ob mit seinem Ende die Schneckenplage im Moselweinbau nachließ, denn auch ein solches Vergehen hatte man ihm zur Last gelegt.

Die Ära Binsfeld blieb keine Episode; auch im 17. Jahrhundert gingen die Hexenverfolgungen in Kurtrier weiter. Besonders ergiebig sind die Akten für die Regierungszeit des Erzbischofs Philipp Christoph von Sötern (1623–1652). Aus ihnen ist ersichtlich, daß familiäre Anklagen eine nicht unwesentliche Rolle spielten, läppische Dinge wie im Falle der 1643 hingerichteten Emerenzia Laux, die ihren Mann in den Keller gesperrt haben sollte. Es zeigte sich, daß derartige Verfahren bisweilen ein probates Mittel darstellten, den mißliebigen Ehepartner loszuwerden.

Im Fürstbistum Münster erwies sich die Zunahme der Hexenprozesse augenfällig als Ergebnis der Gegenreformation. Die zwischen 1585 und 1650 regierenden, von Jesuiten ausgebildeten bayrischen Bischöfe Ernst und Ferdinand I. förderten durch ihren religiösen Eifer die Verfolgungen beträchtlich. Erst unter Bernhard Christoph von Galen (1650–1678) klangen die Prozesse ab und konzentrierten sich auf professionelle Schwarzkünstler.

Was Binsfeld für Kurtrier bedeutete, war der Zehntgraf Voß in der Reichsabtei Fulda. In dem kleinen geistlichen Fürstentum lag der Abt Balthasar von Dernbach (1570–1606) im Streit mit den protestantischen Ständen. Er mußte 1576 aus dem Lande weichen und konnte erst 1602 zurückkehren. Als eifriger Verfechter der Gegenreformation nahm er sich auch der Hexenjagd an, als deren oberster Leiter 1603 Balthasar Voß eingesetzt wurde. Dieser stand der mit der Verfolgung betrauten Behörde, dem Fuldaer Stadtgericht, vor. Mit Voß begann ein Schreckensregiment, das sadistische Foltern mit skrupelloser Erpressung und Bereicherung vereinigte. Die Massenverbrennungen aus nur einem Jahr (1604) zeigt folgende Tabelle:

22. Juni:	9 Verbrennungen
14. Juli:	9 Verbrennungen
11. August:	9 Verbrennungen
9. September:	11 Verbrennungen
29. September:	12 Verbrennungen

17. Oktober: 10 Verbrennungen
12. Dezember: 8 Verbrennungen

Voß' Opfer gingen wohl in die Hunderte. Schließlich wurde sogar das Reichskammergericht angerufen. Dieses forderte den Zehntgrafen zur Zurückhaltung auf. Im Schreiben des Gerichts wird das von Voß benutzte Hexengefängnis erwähnt: ein Hundestall am Fuldaer Schloß. Dort wurden die Verhafteten denn auch wie Vierbeiner gehalten, ‹gekrümmt und gebückt, elendig hockend›, von Ungeziefer geplagt. Mit dem Tod des Landesherrn brach das Ende des hessischen Hexenjägers an. Der neue Fürstabt Johann Friedrich von Schwalbach (1606–1622) gebot dem Massaker Einhalt. Voß wurde nunmehr selbst eingesperrt und für viele Jahre in Untersuchungshaft gehalten. Es war allerdings nur seine Geldgier, die ihn schließlich zu Fall gebracht hatte, nicht die verfolgten Delikte. Entsprechend lautete die Anklage, und im Jahre 1618 wurde der ehemalige Zehntgraf hingerichtet. Er hatte sich an seinen Opfern um 2400 Gulden bereichert.

Als ein Zentrum protestantischer Hexenverfolgungen gilt seit langem das welfische Herzogtum Braunschweig-Wolfenbüttel, besonders unter dem Fürsten Heinrich Julius (1589–1613), einem wissenschaftlich gebildeten und kulturell interessierten Herrscher. Hier fanden zu Beginn der neunziger Jahre des 16. Jahrhunderts Massenhinrichtungen Verdächtiger statt, die auf die Zeitgenossen großen Eindruck machten und den Herzog zu einer Schreckensfigur der Umgebung werden ließen. Trotzdem blieb die Beute der Justiz im Welfenlande hinter den behandelten katholischen Territorien weit zurück, wie (unvollständige) Angaben über die zwischen 1557 und 1670 durchgeführten Hexenprozesse beweisen:

	1557–1589	1590–1620	1621–1647	1648–1670	Summe
Summe:	41	114	38	32	225
Frauen:	39	97	38	30	204
Männer:	2	17	0	2	21
Todesurteil:	20	53	10	5	88
Ausweisung:	3	4	0	5	12
Entlassung:	7	46	5	8	66
Tod in der Haft:	1	1	5	2	9
unbekanntes Ergebnis:	10	10	18	12	50

Das früher unter dänischer Herrschaft stehende Schleswig-Holstein bietet anschauliche Beispiele, wie Hexenprozesse vor adligen Patrimonialgerichten geführt wurden. Wenn der Gutsherr – unter Oberaufsicht des Fürsten – die Gerichtsbarkeit über seine Untertanen ausübte, dann waren ihm diese auf Gedeih und Verderb ausgeliefert. Dabei fungierte der feudale Herr entweder selbst als Richter oder ließ die Rechtsprechung durch einen Verwalter oder Diener besorgen. Während die kleineren Patrimonialgerichte allmählich an den Landesherrn fielen, wahrten die mächtigsten Grundbesitzer ihre Sonderstellung.

Einer von ihnen war der katholische Reichsgraf Christoph Rantzau. Er ließ auf seinen Gütern Schmoel und Övelgönne 1686 achtzehn Personen verbrennen. Die Verfahren gegen die siebzehn Frauen und einen Mann dauerten von der Verhaftung bis zur Exekution etwa drei Monate. Rantzaus erste vier Opfer wurden am 23. März gefangengesetzt und schon am 23. April hingerichtet. Als Richter trat der gräfliche Verwalter auf. Es wurde rücksichtslos gefoltert. Der Graf berief sich bei seinem Vorgehen auf das ‹löbliche Exempel› der Vorfahren und rühmte sich, daß ‹auf der Nachbarschaft an verschiedenen Orten Gott von öffentlichen Kanzeln deshalb gedankt worden sei und man gebetet hätte, daß auch andere ihr Amt und ihre schuldigen Pflichten in Acht nehmen und solche Unholde, um dadurch großen Seelen-, Leibes- und anderen Schaden zu verhüten, nach Gottes Befehl vertilgen und ausrotten möchten›. Als sich Rantzau nicht nur mit seinen Bauern, sondern auch mit dem protestantischen Pfarrer Linekogel anlegte und ihn gleichfalls der Zauberei verdächtigen wollte, geriet er mit dem dänischen König in Konflikt. Wegen eklatanter Verfassungsmängel wurde der Graf vom Flensburger Landgericht zu einer Geldstrafe von 20 000 Talern verurteilt.

Über die heute zur DDR gehörigen Territorien des einstigen Heiligen Römischen Reiches gibt es keine zusammenfassenden Untersuchungen, die modernen Anforderungen genügen würden. Die bekannten Zahlen und sonstigen Informationen sind nicht sonderlich zuverlässig. Besonders wütete die Terrormaschine offensichtlich in Südthüringen, in Städten wie Schleusingen, Suhl, Meiningen und Wasungen. Hier scheinen vom Ende des 16. bis in die siebziger Jahre des 17. Jahrhunderts einige hundert Personen dem Wüten der Hexeninquisitoren zum Opfer gefallen zu sein. Traurigen Ruhm erwarben dabei die Stadtrichter Lauterbach und Sultzberger sowie der

Pfarrer Joachim Zehner. Im Gebiet von Georgenthal kämpfte der Schösser Benedikt Leo verbissen mit den Bundesgenossen des Teufels. So fanden zwischen 1652 und 1700 nicht weniger als 64 Prozesse statt: Sogar eine Achtzigjährige, die Sachsen-Ursel, blieb nicht verschont und wurde nach langen Folterungen verbrannt. Die Greisin begriff gar nicht mehr, was man überhaupt von ihr wollte.

Im Harzgebiet werden in der Überlieferung als besonders prozeßfreudig die Herrschaften Quedlinburg und Wernigerode erwähnt. Inwieweit der Brocken mit seiner Sagenwelt den Hexenglauben im überdurchschnittlichen Maße gefördert hat, bedürfte noch des Nachweises. In Quedlinburg sollen 1589 an einem Tage 133 Hexen verbrannt worden sein, ‹weil sie zur großen Hexenversammlung auf dem Blocksberge das Getränk geliefert und deshalb den Wein aus vierzehn Kellern der Stadt geholt hätten›. Die für die Jahre 1569 bis 1598 erhaltenen Quedlinburger Hexenakten weisen allerdings nur etwa dreißig Fälle nach. In Wernigerode wurden am 12. Mai 1597 drei Frauen verbrannt, die dritte allerdings gesondert, da sie nach dem Gerichtsurteil eigentlich durch wilde Tiere zur Richtstätte hätte geschleift werden sollen.

Für die mecklenburgischen Herzogtümer existiert eine — leider unzureichend fundierte — Prozeßstatistik. Danach wurden bis zum Jahre 1735 insgesamt 223 Verfahren durchgeführt. Es gab folgende Ergebnisse:

Scheiterhaufen:	130 Personen
Schwert-Hinrichtung:	3 Personen
Haftstrafe:	1 Person
Ausweisung:	12 Personen
Stäupen:	4 Personen
Geldstrafe:	1 Person
Entlassung:	14 Personen
Selbstmord:	3 Personen
Tod im Verfahren:	6 Personen
Flucht:	2 Personen
unbekanntes Ergebnis:	47 Personen

Jahre mit mehr als zehn Hexenprozessen waren:

1581—1585:	39 Verfahren
1601—1605:	22 Verfahren
1606—1610:	13 Verfahren

1666–1670: 32 Verfahren
1671–1675: 15 Verfahren

Den Höhepunkt erreichten die Verfolgungen im Jahre 1584, als in Rostock achtzehn und in Schwerin sechzehn Personen Opfer der Hexenjustiz wurden. Die Vorgänge in Rostock sind vielleicht im Zusammenhang mit Streikkämpfen zu sehen. Nach dem Dreißigjährigen Krieg strengte sich der Teufel auch in Mecklenburg noch einmal an – kein Wunder angesichts der Kriegsfolgen –, aber es war ein Rückzugsgefecht.

14

Was Hexen vermögen und nicht vermögen

Hexen und ihre männlichen Kollegen, die Hexenmeister, Drudner, Unholde oder Zauberer, waren Jünger der schwarzen Magie, die durch kirchliche und weltliche Obrigkeiten verboten war und verfolgt wurde. Ihr Werk, der Schadenzauber, wurde – wie man glaubte – durch Pakt und Buhlschaft mit dem Teufel bei Gottesverleugnung möglich. Daher spielte bei allen Prozessen die Verbindung mit dem Teufel die entscheidende Rolle. Der anderen Menschen damit eventuell zugefügte Schaden galt demgegenüber als zweitrangig. Somit war das verfolgte Hauptdelikt völlig fiktiv. Es existierte nur in der Vorstellungswelt traditionellen Volksglaubens und in der religiös-juristischen Theorie. Der verfolgte Täter war daher in jedem Fall unschuldig, seine Hinrichtung ein Justizmord.

Vom Hexenvergehen zu unterscheiden ist der schon unter gentilgesellschaftlichen Verhältnissen und bei allen Völkern in irgendeiner Weise ausgeübte und auch geahndete Schadenzauber, bei dem weder die vollzogene Teufelsverbindung noch eine Gottesabschwörung notwendig waren. Auch wenn dieser Schadenzauber natürlich keine reale

Wirkung besaß, so wurde er doch in vielfältiger Art, oft verbunden mit Giftmischerei, versucht. Der Zauberer bemühte sich selbstverständlich, in den Besitz der Hilfsmittel zu gelangen, die einen Erfolg garantieren sollten. Wenn er dabei etwa Schwangere und Kleinkinder umbrachte, um Kinderleichen zu erlangen, so wurde er nicht durch den zauberischen Effekt, sondern durch die Begleitumstände zum wirklichen Verbrecher.

Überhaupt war das organisierte Verbrechertum der ausgehenden Feudalzeit mit dem Schadenzauber aufs engste verbunden. Die Banditen, meist Entwurzelte der unteren Bevölkerungsschichten, hegten den schlimmsten Aberglauben. Um sich bei Raub und Diebstahl zu schützen, bedienten sich die Kriminellen verschiedener Zaubermittel, vor allem des Schlaflichts. Dieses sollte ihre Opfer in tiefem Schlafe halten. Als derartige Schlaflichter dienten besprochene Totenkerzen, oft aus Leichenfett gewonnen, oder Kinderhände.

Für Verfolger und Verfolgte war das Hexenwesen eine Realität. Jede angebliche Hexe glaubte daran; sie wußte lediglich, daß sie selbst damit nichts zu tun gehabt hatte. Das Bild, das man sich von den Unholden machte, beruhte auf allgemein verbreiteten Klischeevorstellungen.

Dazu gehört vor allem die Meinung, daß die Frau prädestiniert war, von Gott abzufallen und sich dem Teufel zu ergeben. Katholische wie protestantische Autoren zeigten in dieser Frage eine sonst seltene Übereinstimmung. Äußerungen der Bibel, antiker und frühchristlicher Autoritäten, welche derartige Auffassungen stützten, gab es genug. Bereits Stammutter Eva hatte sich vom Teufel verführen lassen. Daß Frauen wenig Klugheit und Weisheit zeigen, konnte man bereits der antiken Fabel vom Ursprung der Weisheitsgöttin Athene entnehmen: Diese war ohne Vermittlung einer Frau direkt aus dem Haupt des Göttervaters Zeus, also eines Mannes, geboren worden. Leichtfertigkeit, mangelnder Verstand, Bosheit und Rachgier, sexuelle Begehrlichkeit und ähnliche Untugenden zeichnen das Weib allgemein aus und machen es gegenüber den Versuchungen des Teufels anfälliger als den Mann. Entsprechend äußerten sich die Autoren des ‹Hexenhammers›. Die folgerten, daß es auf Grund der zeitlichen Mängel angebracht sei, die von ihnen verfolgte Ketzerei nicht nach den Hexern, sondern nach den Hexen zu benennen. Sie priesen Gott, daß er bis zu ihrer Zeit ‹das männliche Geschlecht vor solcher Schuldigkeit› wohl bewahrt habe. Der Hexentheoretiker Bodin entwickelte in diesem Zusammenhang eine originelle Stufenhypothese: Gott habe den Teufel dadurch zu Schanden machen wollen, daß er ihm jeweils mehr Macht über den geringeren Teil einer Gattung gab, nämlich im Tierreich über die unteren Tiere, bei den Lebewesen über die Tiere und bei den Menschen über die Frauen. Auch die an sich nicht mit dem Hexenwesen in Verbindung stehende antifeminine Literatur trug zur ideologischen Diskriminierung der Frau erheblich bei. Sie nahm sich mit Vehemenz und Zuspitzung der angeblichen Frauenlaster an und empfahl als Medikament meist Gewaltmaßnahmen. Im Jahre 1595 erschien in Leipzig eine Schrift des neulateinischen Dichters Valens Acidalius, worin er die Frage stellte, ob Frauen überhaupt Menschen seien. Die Abhandlung war ironisch gemeint, wurde aber von den Hexenjägern für bare Münze genommen und heftig diskutiert. Auch die Reformationsuniversität Wittenberg soll sich zu einer Erwiderung aufgeschwungen haben.

Die weiblichen Erblaster machten es dem Zeitgenossen verständlich, warum sich der Teufel auch an ältere und ganz alte Frauen heranwagt. Es war keineswegs selten, daß Greisinnen von achtzig und mehr Jahren bezichtigt wurden, mit dem Satan unnatürlichen Geschlechtsverkehr zu haben. Äußeres, Isoliertheit oder volksmedizinische Beschäftigung taten ein übriges, um gerade die ältere Frau zum Prototyp der Hexe zu stempeln. Reginald Scot, ein englischer Streiter gegen die Hexenverfolgungen, hat sie charakterisiert: ‹Hexen sind gewöhnlich alt, lahm, triefäugig, bleich und voll von Runzeln; sie sind arm, mürrisch, abergläubisch ... Sie sind mager und mißgestaltet, und ihre Gesichtszüge drücken Melancholie aus über den Schrekken der anderen, die sie ansehen. Sie sind mürrische alte Weiber, ungeheuer verrückt.› Die Märchenwelt hat das klassische Bild der ‹alten Hexe› konserviert. Ludwig Bechstein zeichnete es so nach: ‹Mitten in einem Walde wohnte eine alte, schlimme Hexe ganz allein ... Sie trug beständig eine grüne Brille und über ihrem Zottelhaar, das ungekämmt ihr vom Kopfe weit herunterhing, einen rohen Tuchlappen, und ging gern in kurzen Tuchärmeln, daß ihre dürren wettergebräunten Arme weit aus dem schlotternden Gewande herausragten. Auf dem Rücken trug sie für gewöhnlich einen Sack mit Zauberkräutern ... und in der Hand einen großen Topf ... Am Finger trug sie einen Hexenreif aus Gold mit einem glühroten Karfunkelstein.› Wehe den Unglücklichen, auf die eine solche Beschreibung zutraf!

Der Hexenglaube spiegelte sich auch in der zeitgenössischen Begriffswelt wider. Das Wort ‹Hexe› kam zwar im Spätmittelalter in Übung, setzte sich aber erst im 17./18. Jahrhundert durch. Einen Katalog von Synonymen für Hexe und Zauberer hat der Gießener Historiker und Jurist Melchior Goldast in seinem 1661 erschienenen Buch ‹Rechtliches Bedenken von der Konfiskation der Zauberer- und Hexengüter› zusammengestellt. Zauberer und Zauberinnen sind nach ihm solche Menschen, ‹die man böse Zauberer, böse Leute, ... Malefici, Venefici und Sortilegi, ... Nigromanten, das sind Schwarzkünstler, Hexenmeister, Losleger, Sortzier, böse Männer, Giftköche, Mantelfahrer, Bockreiter, Wettermacher, Nachthosen, Gabelträger, Nachtwanderer usw. nennt. Aber die Weiber dieser Art heißt man Lamiae, Striges, Sortiariae, Hexen, Alraunen, Feen, Drutten, Sägen, böse Weiber, Zaubersche, Nachtfrauen, Nebelhexen, Galsterweiber, Feldfrauen, Menschendiebin, Milchdiebin, Gabelreiterin, Schmiervögel, Besenreiterin, Schmalzflügel, Bockreiterin, Teufelsbuhlen, Teufelsbraut und insgemein Unholde, darum daß sie niemand hold, sondern Gott, den Menschen und allen Geschöpfen Gottes abhold und geschworene Feinde sind.›

Das Hexenwerk begann – nach der Hexentheorie – wie jeder Teufelsdienst mit der Versuchung, wie sie durch die Versuchung Christi (Matth. 4, 1–10) dem Feudalzeitalter mustergültig vorgegeben war. Hier findet sich bereits das im Hexentum immer wieder abgewandelte Schema: Abfall von Gott und Anbetung des Teufels gegen materielle Vorteile. Scheute sich der Satan nicht, den Gottessohn verführen zu wollen, wie sollte er da vor dem labilen Menschen, der sich im Glauben nicht gefestigt zeigte, haltmachen?

Während des Mittelalters hatte die Gestalt des Teufels immer konkretere Züge angenommen. In den Wundergeschichten des Zisterziensers Caesarius von Heisterbach, auf die in einem anderen Kapitel eingegangen wurde, ist der Teufelsglaube, wie er sich in den Hexenverfolgungen zeigt, bereits voll ausgebildet. Der Teufel trug viele Namen und erschien in Menschen- oder Tiergestalt, als Mann oder als Frau. Besonders oft verwandelte er sich in einen attraktiven Galan und gab sich als Junker Hans, Gregor, Lukas, Kaspar oder ähnlich dem angefochtenen Opfer zu erkennen. Er ließ alle Verführungskünste spielen und sparte auch nicht mit Drohungen. Das Handgeld, das er brachte, nutzte nur dem Reichen; beim Armen verschwand es wieder oder verwandelte sich in Unrat oder Tand. Auch später erwiesen sich für die Armen alle Geldversprechen des Junkers als glatter Betrug. So zeigte sich der Teufel der Hexenprozesse oft als echter Repräsentant der Herrschenden: Er verhalf dem Begüterten zu noch mehr Reichtum und ließ das Volk in seiner Not. Die Verführung war mit Unzucht verbunden; die Verführten, oftmals verheiratet, merkten beim Geschlechtsverkehr deutlich den Unterschied zum sexuellen Verhalten der Menschen. War das Opfer ein Mann, gab es einen weiblichen Teufel, einen Succubus, im anderen Fall einen männlichen als Incubus. Der widernatürliche Verkehr wurde später fortgesetzt, oft viele Jahre lang. Dabei konnte die Hexe einen Unterteufel als ständigen Buhlteufel erhalten. Dieser nahm bisweilen die Geschäfte des Oberteufels schon von Anfang an wahr. Vielfach waren die Verhältnisse unklar, und man weiß nicht recht, ob es sich in einem Verfahren um *den* Teufel oder um *einen* Teufel handelt. Die Verbindung mit dem Teufel wurde oft durch Mittelspersonen, praktizierende Hexen, hergestellt. Personen, die bereits zaubern konnten, genossen Vorzugsrechte.

Die weiteren Beziehungen zwischen den frisch angeworbenen Hexen und dem Teufel kehrten christliche Bräuche und Rechtsvorschriften um. Ihr Kern waren der Pakt und die Teilnahme am allgemeinen Hexenfest, dem Hexensabbat. An die Stelle Gottes und seiner Heiligen traten hierbei mit den gleichen Funktionen der Teufel und seine Diener, bisweilen analog zur feudalen Gesellschaft militärisch und zivil organisiert. Der Teufelspakt wurde dem Bildungsstand der Hexen entsprechend geschlossen. Bei Analphabeten genügte es schon, auf die Frage ‹Junge Frau, wollt Ihr mich haben?› zustimmend zu antworten. Für Schreibkundige gab es ein mit Blut niedergelegtes Dokument, oft in seltsamen Zeichen gehalten. Eine Vorform des Paktes, nicht minder verbrecherisch, war die stillschweigende Übereinkunft mit dem Teufel, die ein Mensch durch Ruf oder Tat zu erkennen gab. Mit dem Pakt verbunden waren Lehnseid, Taufe und formelle Lossagung von Gott, was allerdings nicht unmitelbar auf den Vertragsabschluß folgen mußte. Bei diesen Zeremonien respektierte der Teufel entgegenkommenderweise die unterschiedliche Konfession seiner neuen Jünger. Für die Absage an Gott existierten Spezialformeln, etwa ‹Hiermit fahre ich dem lebendigen Teufel zu, der soll mich behüten und bewahren, bin auch Gott nicht mehr angehörig›. Die Anlehnung an christliche Segensformeln ist deutlich erkennbar. Zur größeren Sicherheit erhielten viele Hexen nach Vertragsabschluß ein äußeres Zeichen, das Hexenmal oder Stigma diabolicum, dessen

Stelle regional wechselte. Das Mal konnte nicht nur als Warze, Muttermal oder Leberfleck auftreten, sondern auch als Strich oder einfacher Fleck. An der Stelle, wo der Teufel mit der Linken sein Zeichen angebracht hatte, war die Hexe unempfindlich gegen Schmerzen.

Zu den vom Teufel bei Vertragsabschluß eingegangenen Verpflichtungen gehörte es, seinen Anhängern irdische Freuden – Sinnesfreuden – zu spenden. Sein Wort löste der große Verführer vor allem beim Hexensabbat ein, einer Mischung von Gottesdienstparodie und Bacchanal. Um dorthin zu gelangen, bedurfte es einer Luftreise, auf deren Utensilien die genannten Hexennamen anspielen: Tiere verschiedener Art (vor allem Ziegenböcke), land- und hauswirtschaftliche Geräte. Als Kraftstoff benötigten diese Flugapparate Salben, mit denen die Hexen vor dem Flug sich und ihre Geräte einrieben. Diese Schmier- und Betriebsmittel bestanden selbstverständlich aus makabren Ingredienzen wie dem Fett nichtgetaufter Kinder oder Reptilien- und Lurchsäften. Als Starthilfe diente eine besondere Zauberformel.

Die Hexe verließ das Haus durch verschiedene Öffnungen. Auch Löcher oder der Schornstein waren dafür geeignet. Die verheiratete Hexe mußte besondere Vorkehrungen treffen, um ihren Ehemann zu beruhigen. Sie legte als Ersatz einen Stock ins Bett und betupfte das Ohrläppchen des Gatten mit ihrer Salbe. Wem die Reise mit den genannten Fluggeräten nicht zusagte, der konnte sich, wie es ja auch der Meister tat, in ein Tier verwandeln.

Reisezeit waren, wenn es sich um einen Sabbat mit zahlreichem Publikum handelte, die großen kirchlichen Feste und bestimmte Heiligentage wie der Johannistag und die Walpurgisnacht. Zu Hexentreffen von lokaler Bedeutung erfolgten wöchentliche Ausfahrten an festen Wochentagen. Ort überregionaler Feiern war der Blocksberg, das Wahrzeichen eines größeren Gebietes, von Geheimnissen und Sagen umwoben. Viele Berge konnten hierfür in Frage kommen. Beliebt waren besonders der Brocken im Harz, die Hörselberge bei Eisenach und der Inselsberg im Thüringer Wald. Für kleinere Feiern wurden Friedhöfe, Richtstätten, Kreuzwege, Einzelbäume und landschaftliche Eigenarten bevorzugt. Je skurriler und unheimlicher ein Platz, desto eher zogen Teufel und Hexen dorthin.

Beim nächtlichen Hexensabbat war die erste Bedingung, sich ganz der teuflischen Disziplin zu unterwerfen und ja kein christliches Wort zu gebrauchen. Andernfalls verschwand der ganze Spuk im

Nu. Der Teufel zeigte sich als Fürst und Antigott. Er zelebrierte die höllische Messe mit teuflischem Abendmahl. Beichte, Sündenstrafen und Lossprechung gehörten gleichfalls zu seinem Repertoire. Alles wurde nach dem Negationsschema vollzogen. Gebrauchte der Christ hellen Meßwein, so der Teufelsjünger schwarzen.

Nach dem liturgischen Teufelsdienst begann das eigentliche Fest mit Mahl und Tanz, oftmals vom christlichen Vergnügen streng unterschieden: Fleisch vom Abdecker, saurer Wein, Tanzhaltung vom Partner abgewendet. Andere Sabbate waren aber richtige Volksvergnügen, ein Ausgleich für den freudlosen Alltag der Armen und für die kirchlicherseits gepredigte Prüderie. Die Hexen buken Kuchen, und wirkliche Leckerbissen zierten die Tische. Man spielte lustige Tanzweisen, sang, scherzte und lachte. Der Teufel zeigte sich von der besten Seite und beteiligte sich am Vergnügen. Höhepunkt des Festes war eine sexuelle Orgie, welche die allen Hexen schon bekannte Teufelsbuhlschaft steigerte. Der Teufel hatte mit allen Anwesenden Geschlechtsverkehr, und danach war die Liebe unter Hexen und Zauberern frei, fern von aller feudalen Konvention. Zur Aufnahme der neugeworbenen Hexen gab es während des Sabbats ein spezielles Initiationszeremoniell, durch das der Vertrag mit dem Teufel bekräftigt wurde.

Das Hexenfest bildete den Auftakt für die eigentliche Tätigkeit gegen die Gesellschaft, den Schadenzauber. Hiervon glaubten sich viele direkt und materiell geschädigt. Von dieser Seite her – bedingt durch das Unvermögen, natürliche Ursachen zu erkennen oder zur Kenntnis nehmen zu können – wurde der Volkszorn gegen das Hexentum immer wieder gespeist. So war es möglich, daß sich während des innerösterreichischen Bauernkrieges von 1515 die slowenischen Bauern bei Kaiser Maximilian I. darüber beschwerten, daß die Gerichte Zauberinnen nach der Zahlung von Geld- und Naturalbußen wieder freiließen. Diese könnten dann ihr unheilvolles Werk zum Nachteil der Bauern ungehindert fortsetzen. In der Regel bedurfte es solcher Ermahnungen an die Obrigkeit freilich nicht.

Die Hexe übte gemäß der gängigen Theorie ihr Handwerk meist als einzelne Meisterin aus, entweder in Menschengestalt oder als Tier, als Katze, Hund oder gar Werwolf. Daß Hund und Katze als verbreitetste Haustiere in Zauberergesellschaft gelangten, verwundert nicht. Sie waren überall im Hause; an ihnen bemerkte der wundergläubige Mensch der Feudalzeit am ehesten, wenn etwas nicht mit rechten Dingen zuging. Wenn man gar fremde Tiere sah und sich diese merkwürdig benahmen, erregten sie schnell den Verdacht auf Zauberei. Ein Hexentier besonderer Art war der Werwolf, schon dem Altertum nicht unbekannt. Hexen und Zauberer nahmen bisweilen Wolfsgestalt an und richteten vor allem unter dem Vieh großen Schaden an. Es nimmt nicht wunder, wenn man enttarnte Werwölfe besonders grausam verfolgte. Der Wolf war in der frühen Neuzeit noch nicht aus Mitteleuropa verschwunden, so daß es nahelag, den gefürchteten Räuber wie alle Schädlinge mit dem Teufel in Verbindung zu bringen. Werwolf wurde man gewöhnlich durch Einreiben mit Hexensalbe, mittels eines Ringes oder eines Gürtels aus Wolfsfell.

Überhaupt erwies sich die Hexensalbe als zauberisches Universalmittel. Sie diente nicht nur dem Hexenflug und der Tierverwandlung, sondern auch dem Schadenzauber. Auf diesem Felde herrschte sie allerdings nicht allein, denn Zauberer und Hexen bedienten sich auch anderer merkwürdiger Medien, merkwürdig, weil einfach und alltäglich oder monströs und ekelhaft. Eine wichtige Rolle spielten Gebärden, Blicke, Verrichtungen, Zauberformeln, Pulver, Säfte, Sud aus Eidechsen, Kröten und Kinderleichen, Kräuter, Wurzeln, geschändete Hostien, Totenknochen, Menstruationsblut und alkoholische Getränke. Zaubermittel wurden oft durch Vergraben zur Wirkung gebracht.

Aus dem Geschlechtsverkehr mit dem Ober- oder Buhlteufel entstanden Mißgeburten, die der Teufel der Hexenmutter abnahm und einer fremden Wöchnerin als Wechselbalg unterschob. Gegen eine solche Vertauschung konnten sich Eltern nur schützen, wenn sie die Wiege mit religiösen Abwehrmitteln versahen. Wurde der Wechselbalg größer, erkannte man schnell, wer ihn wirklich gezeugt hatte, und der Christ tat gut daran, sich seiner zu entledigen.

Es gab auch noch andere sichtbare Ergebnisse der Teufelsbuhlschaft: die Elben. Dabei handelte es sich um Ungeziefer wie Fliegen, Maden oder Raupen, wovon die Hexe bisweilen so viel gebar, daß sie selbst keine Verwendung dafür hatte. Diese Elben wurden entweder direkt in die Nahrung von Mensch und Tier gegeben oder zu Giftpulver verarbeitet. In jedem Fall schädigten sie den Betroffenen an Gesundheit und Leben. Elben gab es aber nicht nur im Wochenbett der Hexen, sondern ebenso in den Wäldern. Auch diese Gattung der ‹bösen Dinger›, wie man das teuflische Ungeziefer noch zu nennen pflegte, konnte nur von einem Menschen in Besitz genommen werden, der im Teufelsbund stand.

Eine verbreitete Kombination von Zauberspruch und Zauberverrichtung war das sogenannte Nestelknüpfen, ein Hexenwerk speziell für sexuelle Schädigungen. Hierbei wurden unter Sprüchen verschiedene Knoten geknüpft, die das Opfer binden sollten.

Hexen und Zauberer beschäftigten sich im allgemeinen mit Gegebenheiten, die ihrer sozialen Lage entsprachen. Mit den großen Dingen der Welt hatten sie nichts zu schaffen, hier war der Meister allein zuständig. Sie schädigten die Mitmenschen und deren Nutzvieh, Anbau und Ernte, Lebensmittel und Getränke, produzierten Schädlinge und Unkraut, riefen schlechtes Wetter herbei. Unter dem Einfluß von Zaubermitteln litten insbesondere die Nachbarn der Hexen an den verschiedensten Krankheiten, etwa Schwachsinn, Besessenheit, Blindheit, Rheuma, Haarausfall, Krämpfe, Zeugungsunfähigkeit und Unfruchtbarkeit. Mütter hatten herbeigehexte Fehlgeburten. Hexen schreckten aber auch vor Mord, Kinderfresserei, Blutsaugen und Leichenschändung nicht zurück. Besessene wurden von den Unholden besonders gepeinigt, da sie alle möglichen Gegenstände wie Nägel, Nadeln und Draht erbrechen mußten, die in sie hineingezaubert worden waren.

Und wieviel Unheil konnte Pferde, Rinder, Ziegen und Schafe treffen! Diese erkrankten unter seltsamen Umständen, gaben wenig Milch oder verendeten, meist in größerer Stückzahl. Für die Pflanzen gab es noch zahlreichere Schädigungsmöglichkeiten. Da konnten sich die Hexen als Wettermacher und Wetterführer im Herbeizaubern von Kälte, Hagel, Gewitter, Reif, Dürre und Überschwemmungen versuchen. In eigener Fertigung hergestellte Heuschrecken, Mäuse und Schnecken vernichteten Feld-, Garten- und Weinkulturen. Das Mäusemachen war oftmals das Werk von Kindern, die dazu von Erwachsenen angelernt wurden. Raubtiere konnten nicht produziert werden, sie mußten von ihren gewöhnlichen Aufenthaltsorten mittels magischer Methoden zu den Viehherden geführt werden. Auch an Obstbäume machten sich Hexen und Hexer heran, hinderten sie am Wachstum und Ertrag und ließen sie verdorren.

Trotz ihrer in zahlreichen Prozessen zutage geförderten Untaten waren die Praktiker der schwarzen Magie ein armseliges Völkchen. Von der Politik waren sie ausgeschlossen, nicht weil die Herren aufgeklärter als die Bauern gewesen wären. Aber im wichtigsten Teil der Politik, dem Krieg, versagte die Kraft der Hexen. Hier hatten Gott und der Teufel ihre Hand selbst im Spiel, hier bedurfte es nicht der boshaften Machinationen von Greisinnen, Bettlern, Witwen oder unmündigen Kindern. Allenfalls waren gelehrte Magier und Zukunftsdeuter brauchbar, die den Fürsten eine richtige Strategie ermöglichten, die Kriegskasse zu füllen versprachen oder Spukerscheinungen in Aussicht stellten, um den Feind zu verwirren.

Daß Hexen im Kriege untauglich seien, war mehr Erfahrungswissen als Theorie. Bereits zur Zeit der Entstehung des Hexenhammers hatte Ulrich Molitor, Prokurator des Bischofs von Konstanz, in einem Gutachten darauf verwiesen. Allerdings begründete er dies mit grundsätzlichem Zweifel an der Wirksamkeit des Wetterzaubers. Auch die Hammer-Autoren gaben den Hexen keine Chance, ihre meteorologischen Waffen außerhalb des zivilen Bereichs einzusetzen, weil bei einem solchen Versuch Gott den Gegner besonders schützen würde. Als nun in der Mitte des 16. Jahrhunderts tatsächlich ein kriegerisches Hexen-Unternehmen gestartet wurde, endete dies mit einem totalen Mißerfolg, so daß man künftig die Finger davon ließ. Der schwedische König befahl vier Hexen, die Bereitstellung des dänischen Heeres durch Zauberkünste zu lähmen. Diese machten sich ans Nestelknüpfen und erprobten noch andere Mittel, um den Feind zu bannen, aber alles war vergebens.

Die Machtlosigkeit der Hexen zeigte sich im Grunde auf vielen Gebieten. Alle Zauberei verschaffte ihnen, wenn man es recht besah, kaum einen Vorteil. Die Verheißungen des Teufels auf materiellen Gewinn erwiesen sich meist als Lug und Trug. Auch in den Fällen, wo man eine Hexe des zauberischen Diebstahls beschuldigte, merkten die Nachbarn nicht viel als Ergebnis. Die arme Frau blieb trotz Hexenwerkes arm, so daß für die Untersuchungsorgane als einzige Erklärung, warum sie sich trotz bekannter Tatsachen doch mit dem Teufel abgab, Bosheit und sexuelle Gier blieben. Kaum einem Opfer der Prozesse konnte nachgesagt werden, daß es als Gegner von Christentum und Kirche zum Teufelspakt gekommen sei.

Am schlimmsten war eigentlich, daß die Hexe für ihren Schutz nichts Effektives tun konnte und ihr Meister außer leeren Versprechungen ebenfalls nichts unternahm. Drohte Gefahr, wurde die Unholdin weder vom Teufel noch von ihren ‹Gespielinnen› gewarnt. Die Mithexen zeigten keinerlei Solidarität, und auf der Folter wurden sie regelmäßig zu Denunziantinnen. Im Kerker war die Hexe schon verloren und praktisch ohne Macht. Kein Zaubermittel half ihr. Nur in wenigen Fällen machte ihr der Teufel wenigstens die Tortur leicht. Das war dann der Fall, wenn er eine bestimmte Aussage vor dem christlichen Richter verhindern wollte. Geradezu der Gipfel satanischer Bosheit wurde erklommen, wenn der Teufel seine Anhänger auch noch direkt den Verfolgern auslieferte, indem er sie körperlich durch das Stigma kennzeichnete und somit die Hexenprobe ermöglichte. Nicht einmal der Hexenflug zum Sabbat war ein gefahrloses Unternehmen. Einmal mußte die Hexe umständlich ihren Mann ausschalten, zum anderen vermochte man sie regelrecht abzuschießen, ein Zeichen dafür, daß sie gegen Feuerwaffen nicht immun war. Angesichts solcher Verhältnisse bedurfte es tatsächlich außerordentlicher Charakterschwäche und Torheit seitens des Opfers und außerordentlicher List des Verführers, wenn sich überhaupt jemand zum Hexenhandwerk bekehren ließ.

Diese Widersprüche in der Hexentheorie blieben auch manchem Zeitgenossen nicht verborgen. Als Gegner der Prozesse holte er hier, ohne an der Existenz schwarzer Magie und des Teufels grundsätzlich zu zweifeln, Argumente gegen die Verfahrenspraktiken, als Befürworter wußte er die trübe Logik des Hexenglaubens mit speziellen Machenschaften des Bösen zu vertuschen. Die professionellen Hexenjäger nahmen die Schwächen ihrer Ideologie gar nicht erst zur Kenntnis. Als Repräsentanten der fürstlichen Justiz sahen sie nur die Aufgabe, ihre Opfer zu vernichten. Zweifel plagten sie nicht. Alle Verantwortung schoben sie bereitwillig ihren Herren und den Koryphäen der Hexenwissenschaft zu.

15

Das Verfahren in Hexensachen

Die Hexenprozesse des 16. bis 18. Jahrhunderts waren nach zeitgenössischer Anschauung ordentliche Verfahren, die vor den weltlichen Gerichten durchgeführt wurden. Sie bildeten die legitime Fortsetzung des Ketzerprozesses, schon deshalb, weil in den Anfängen der Verfolgungen das Hexendelikt als Spezialfall der Ketzerei angesehen wurde. Die Geistlichkeit bewahrte sich trotz des Übergangs der Verfahren an die profane Justiz einen ständigen Einfluß darauf, sei es durch die Seelsorge oder durch Predigt, Schrifttum und Verbindungen zum fürstlichen Staatsapparat. In den geistlichen Territorien war dieser Kontakt am engsten.

Als juristische Grundlagen dienten neben den reichs- und landesrechtlichen Strafbestimmungen die Standardwerke der Hexenwissenschaft, vor allem der ‹Hexenhammer› mit seinem dritten Teil und die ‹Practica criminalis› des Benedikt Carpzow. Daneben berief man sich auf das ‹göttliche Gesetz›, das heißt auf die Bibel, auf Äußerungen der Päpste sowie katholischer und protestantischer Theologen. Die herrschenden Auffassungen fand man besonders durch die Schriftstelle 2. Mose 22, 18 gedeckt: ‹Maleficos non patieris vivere›, was gemeinhin als ‹Die Zauberer (oder Zauberinnen) sollst du nicht leben lassen› auf die Hexen bezogen wurde.

Als erstrangige Autorität galt für die Protestanten naturgemäß Luther. Dieser äußerte sich dazu grundlegend im ‹Großen Katechismus›. Hier wertete er das Hexenwesen als einen Verstoß gegen das erste Gebot (‹Du sollst nicht andere Götter haben neben mir›): ‹Hierher› (zu den Übertretern des Gebotes – der Verf.) ‹gehören auch, die es gar zu grob treiben und mit dem Teufel einen Bund machen, daß er ihnen Geld genug gebe oder zur Buhlschaft verhelfe, ihr Vieh bewahre, verlorenes Gut wiederbeschaffe usw. wie die Zauberer und Schwarzkünstler, denn alle diese setzen ihr Herz und Vertrauen anderswohin, als auf den wahrhaftigen Gott, versehen sich nichts Gutes von ihm und suchen es auch nicht bei ihm.›

Als allgemeines strafrechtliches Rahmengesetz und Strafprozeßordnung fungierte die ‹Peinliche Gerichtsordnung› Kaiser Karls V. (‹Constitutio criminalis Carolina›) aus dem Jahre 1532. Sie fußte auf der ‹Bamberger Halsgerichtsordnung› des Freiherrn zu Schwarzenberg und Hohenlandsberg, eines Bamberger Richters. Ihre Einführung in den Hexenprozeß war ein Fortschritt gegenüber der völligen Willkür des 15. Jahrhunderts, aber in der Praxis hielten sich viele Gerichte nicht an die dortigen Einschränkungen, denn das Hexendelikt galt als ein Sonderverbrechen, ein ‹Crimen exceptum›. Darunter verstand man Vergehen gegen die Gesellschaft und die Staatssicherheit, wie sie das Römische Recht definierte. Das Malefizverbrechen wurde somit in eine Linie mit Majestätsbeleidigung, Verrat, Verschwörung und Raubmord gestellt, wo man es mit den Prozeßvorschriften nicht so genau zu nehmen brauchte.

Nach der Carolina war die richterliche Inquisition, die etappenweise Ermittlung des Tatbestandes üblich; sie erforderte die Schriftlichkeit des Verfahrens. Damit entstanden Untersuchungsprotokolle, welche die Unterlagen für etwaige Rechtsgutachten und das Gerichtsurteil darstellten. Der Inquisitionsrichter wirkte auch bei der Urteilsfindung mit.

Der wegen Hexerei Angeklagte konnte auf Grund verschiedener Bestimmungen der Carolina verurteilt werden. Insbesondere kam § 109 in Frage: ‹Wenn jemand den Leuten durch Zauberei Schaden oder Nachteil zufügt, dann soll man ihn vom Leben zum Tode strafen, und man soll solche Strafe mit dem Feuer tun.› Wenn ein Schadenzauber nicht nachweisbar war, konnte bei Geschlechtsverkehr mit dem Teufel § 116 über widernatürliche Unkeuschheit (Sodomie) herangezogen werden, der ebenfalls den Scheiterhaufen vorsah. Bei versuchtem, aber erfolglosem Schadenzauber überließ die Carolina das Strafmaß dem richterlichen Ermessen.

Die territoriale Strafgesetzgebung ging über die reichsrechtlichen Bestimmungen hinaus. Dokumente wie die kursächsischen Konstitutionen von 1572 und das Landrecht der Markgrafschaft Baden-Baden von 1588 zeigen, wie sehr die verschärften Verfolgungen auf die Rechtsnormen zurückwirkten. So hob die sächsische Kriminalordnung (IV, 2) die bisherigen Beschränkungen bei erfolglosem Schadenzauber auf: ‹Wenn jemand in Vergessen seines christlichen Glaubens mit dem Teufel ein Verbündnis aufrichtet, umgeht oder zu schaffen hat, soll dieselbige Person, selbst wenn sie mit Zauberei niemand Schaden zugefügt hat, mit Feuer vom Leben zum Tode gerichtet und gestraft werden. Wenn aber außerhalb solchen Verbündnisses jemand mit Zauberei Schaden tut, derselbige sei groß oder gering, so soll der Zauberer, ob Mann oder Weibsperson, mit dem Schwert gestraft werden. Desgleichen verordnen, setzen und konstituieren wir, daß auch die, welche sich unterstehen, aus des Teufels Kunst wahrzusagen oder mit dem Teufel, durch Kristall oder auf anderem Wege, Gespräch oder dergleichen Gemeinschaft zu halten und sich von ihm über geschehene oder zukünftige Dinge Bericht und Kunde zu holen, mit dem Schwert am Leben sollen gerichtet und gestraft werden.›

Der Kriminalkodex des Hexenhammers behandelte die prozeßrechtliche Seite; er gab dem Richter genaue Anweisungen, wie der Glaubensprozeß› anzufangen, fortzusetzen und vermittels des endgültigen Urteilsspruches mit dem gebührenden Ende zu beschließen sei:

‹1. Über die Art, den Prozeß zu beginnen.
2. Von der Zahl der Zeugen.
3. Über den Zeugniszwang und das wiederholte Befragen der Zeugen.
4. Von der Beschaffenheit der Zeugen.
5. Ob Todfeinde zum Zeugnis zugelassen werden.
6. Wie die Zeugen in Gegenwart von vier anderen Personen zu verhören sind und wie die Angeklagte zweifach zu befragen ist.
7. In welcher (Frage) verschiedene Zweifel betreffs der vorausgeschickten Fragen und leugnenden Antworten erklärt werden. Ob

die Angeklagte einzukerkern und wann sie für eine offenkundig in der Ketzerei der Hexen Ertappte zu halten sei.

8. Mit der vorigen verknüpfte Frage: Ob die Angeklagte einzukerkern sei, und von der Art, sie zu verhaften.
9. Was nach der Verhaftung zu tun sei, und ob die Namen der Aussagenden (der Verhafteten) kundzugeben seien.
10. Wie die Verteidigungen samt der Bestellung eines Advokaten zu gewähren sind.
11. Was der Advokat tun soll, wenn ihm die Namen der Zeugen nicht bekanntgegeben werden.
12. Welche (Frage) noch mehr erklärt, wie eine Todfeindschaft zu erforschen sei.
13. Von dem, was der Richter bei der Vorlegung von Fragen in der Kerker- und Folterkammer zu beachten hat.
14. Über die Art, die Angezeigte zu den peinlichen Fragen zu verurteilen, und wie sie am ersten Tage peinlich zu verhören sei, und ob man ihr die Erhaltung des Lebens versprechen könne.
15. Über die Fortsetzung der Folter und von den Kautelen und Zeichen, an denen der Richter die Hexe erkennen kann, und wie er sich gegen ihre Behexungen schützen soll. Und wie sie zu scheren sind und wo sie ihre Hexenmittel verborgen haben; mit verschiedenen Erklärungen, der Hexenkunst der Verschwiegenheit zu begegnen.
16. Von der Zeit und zweiten Art des Verhöres. Über die schließlichen Vorsichtsmaßregeln, die der Richter beobachten muß.
17. Über die gewöhnliche Reinigung und besonders über die Probe mit dem glühenden Eisen, an welche die Hexen appellieren.
18. Von dem endgültigen Urteilsspruch an sich und wie er zu fällen ist.
19. Auf wie viele Weisen Verdacht geschöpft wird, um einen Urteilsspruch fällen zu können.
20. Über die erste Art, das Urteil zu fällen.
21. Über die zweite Art, über eine Angezeigte, und zwar eine nur übel beleumundete, das Urteil zu fällen.
22. Über die dritte Art, das Urteil zu fällen (und zwar) über eine übel beleumundete und dem peinlichen Verhör auszusetzende (Person).
23. Über die vierte Art, über eine Angezeigte, und zwar eine leicht Verdächtige, das Urteil zu fällen.

24. Über eine fünfte Art, das Urteil zu fällen, und zwar über eine heftig Verdächtige.
25. Über die sechste Art, das Urteil zu fällen über eine Angezeigte, und zwar über eine ungestüm Verdächtige.
26. Über die Art, das Urteil über eine Angezeigte zu fällen, die verdächtig und übel beleumdet ist.
27. Über die Art, das Urteil über eine zu fällen, die gestanden hat, aber bußfertig ist.
28. Über die Art, über eine (Angeklagte) das Urteil zu fällen, die gestanden hat, aber, wenn auch bußfertig, doch rückfällig ist.
29. Über die Art, über eine (Angeklagte) das Urteil zu fällen, die die Ketzerei gestanden hat, aber unbußfertig, jedoch nicht rückfällig ist.
30. Über (die Art, das Urteil zu fällen über) eine, die die Ketzerei eingestanden hat, rückfällig und unbußfertig ist.
31. Über (die Art, das Urteil zu fällen über) einen, der überführt und ertappt ist, jedoch alles leugnet.
32. Über (die Art, das Urteil zu fällen über) einen Überführten, der aber flüchtig ist oder sich hartnäckig abwesend hält.
33. Über eine von einer anderen, eingeäscherten oder einzuäschernden Hexe angezeigte Person; wie über sie das Urteil zu fällen sei.
34. Über die Art, über eine Hexe, welche Behexungen behebt, außerdem auch über Hexen-Hebammen und Hexen-Bogenschützen das Urteil zu fällen.
35. Über die Arten, jedwede Hexe abzuurteilen, die in frivoler Weise oder auch berechtigt appelliert.›

Im Anfang des Hexenprozesses standen Verdächtigung und Anzeige. Als Denunziant konnte jeder in Betracht kommen, jeder war glaubwürdig, auch Minderjährige aller Altersstufen. Die Pflicht zur Anzeige von Zaubereidelikten wurde offiziell eingeschärft, so etwa 1623 durch den Papst Gregor XV. Die wichtigste Quelle der Denunziationen waren allerdings die Prozesse selbst, denn eine gefangene Hexe, ein gefangener Zauberer belastete in der Regel unter der Folter mehrere, oft Dutzende ‹Gespielen›, die sie zur Zauberei verleitet, einen Buhlteufel vermittelt oder mit auf den Hexensabbat genommen haben sollten. Verdächtigungen und Denunziationen verbanden sich entweder mit ungewöhnlichen Vorfällen — etwa Krankheiten von Mensch und Tier, Unwetter, Ungezieferplagen — oder waren gänzlich aus der Luft gegriffen. Absonderliches Verhalten oder

Aussehen eines Menschen waren immer verdächtig. Sogar der übereifrige Denunziant brachte sich in Gefahr: Hatte er nicht ein schlechtes Gewissen, das er verbergen wollte? Auch der Kritiker eines Prozesses geriet rasch in Verdacht, da er ja offensichtlich den Teufel begünstigte oder vielleicht gar als Spießgeselle des Angeklagten anzusehen war. Gerüchte über eine Person führten immer zur Anklage, wenn es der Gefährdete nicht verstand, durch ein Beleidigungsverfahren alle Verdachtsmomente rechtzeitig auszuräumen.

Für Denunziationen gab es die unterschiedlichsten Motive: der offizielle Druck, materielles Interesse an einem bestimmten Verfahren, Ausschaltung Mißliebiger (Rache, Trennung vom Ehepartner), Zwangsvorstellungen und religiöser Fanatismus. Auch die moralische und finanzielle Anerkennung des Denunzianten dürfte eine Rolle gespielt haben.

Bei Verdachtsmomenten wurde das Gericht aktiv und leitete ein Ermittlungsverfahren ein. Glaubte man an Fluchtgefahr, kam der Verdächtige in Haft, sonst erfolgte nur eine Ladung. Der Flüchtige überführte sich selbst, wobei als Flucht bereits eine normale Reise gewertet werden konnte. Das Vermögen von Flüchtigen wurde beschlagnahmt. Mit der Einlieferung ins Gefängnis begann der Leidensweg der angeblichen Hexen und Zauberer. Für den Richter war der Denunzierte schon von vornherein schuldig; durch die Inquisition suchte er lediglich die Beweise dafür herbeizuschaffen.

Entsprechend sahen die Haftbedingungen aus. Die Gefängnisse dienten dazu, die Persönlichkeit zu Beginn des Verfahrens zu zerbrechen und die Angeklagten für ein Geständnis bereit zu machen. Hexen brachte man mit Vorliebe in Türmen oder speziellen Häusern unter. Das eigentliche Gefängnis war ein Ort des Grauens, dunkel, feucht, kalt, voller Ungeziefer, mit dem Kot der Gefangenen gefüllt. Aber nicht genug, die unglücklichen Insassen wurden noch in unterschiedlicher Weise gefesselt oder angekettet, so daß sie sich kaum oder überhaupt nicht rühren konnten. Die erbärmliche Kost tat ein übriges. Wer das Gefängnis und den Prozeß lebend überstand, trug infolge der unmenschlichen Haftbedingungen gesundheitliche Dauerschäden davon.

Daran hatte auch das Gefängnispersonal — die Gehilfen des Scharfrichters — nicht geringen Anteil. Die Gefangenen wurden geschlagen, verhöhnt und oft vergewaltigt. Eine als Hexe inhaftierte Frau konnte sich nicht beschweren, denn alles, was ihr im Kerker zustieß, galt als Werk des Teufels. Starb sie, hatte ihr der Teufel das Genick gebrochen. Vergingen sich die Knechte an ihr, waren sie nur den teuflischen Verführungskünsten erlegen. Wurde eine Frau schwanger, trug die Schuld allein der teuflische Buhle.

Während die angebliche Hexe im Kerker schmachtete, durchsuchte man ihr Haus und inventarisierte den Besitz. Offizielles Ziel der Haussuchung waren etwaige Hexenwerkzeuge wie Schmieren und Schmiergefäße sowie Geräte für den Sabbatflug. Die genauen Informationen über das Eigentum des Inhaftierten mußten das Interesse der Untersuchungsorgane verstärken, das Verfahren zu einem glücklichen, d. h. für sie einträglichen Ende zu führen.

Der eigentliche Prozeß begann mit der formellen Anklageerhebung durch den zuständigen Richter, in späterer Zeit durch den fürstlichen Anwalt, den Fiskal. Danach wurde die Hexe ‹gütlich› vernommen. Hierbei wirkten, wenn es sich nicht gerade um ein gutsherrliches Verfahren handelte, der Richter des Land- oder Stadtgerichts, mehrere Schöffen und der Fiskal mit, der ein zu nachsichtiges Vorgehen seitens der Schöffen verhindern sollte. Vor der Befragung wurde die angeklagte Frau nach dem Stigma untersucht. Zu diesem Zweck rasierten die Henkersknechte der Unglücklichen die Körperhaare ab; der Henker stach in das Mal mit einer Nadel hinein, um die Schmerzempfindlichkeit festzustellen. Diese für eine Frau entwürdigende Prozedur diente noch dem Nebenzweck, etwaige teuflische Gegenmittel unschädlich zu machen.

Um die Inquisitionskommission vor Zaubereinwirkung zu schützen, bediente man sich religiöser Abwehrmittel. Dazu gehörte in erster Linie die Mitwirkung oder wenigstens Anwesenheit eines Geistlichen, das Besprengen des Opfers mit Weihwasser und der Gebrauch kirchlicher Amulette. Besonders fürchteten die Richter den Hexenblick, den ‹bösen Blick›. Deshalb sollte sich die Angeklagte umdrehen und wurde von rückwärts verhört. Damit die Hexe nicht plötzlich davonflog, ließ man sie in einen durch religiöse Zeichen geschützten Raum treten.

Bereits während der gütlichen Befragung waren alle Methoden recht. Der Untersuchungsrichter zeigte sich zunächst entgegenkommend, besonders Kindern gegenüber. Im Verlaufe der Verhandlung änderte sich das jedoch. Durch betrügerische Versprechungen, die man durch Mentalreservationen rechtfertigen zu können glaubte, wurde versucht, aus dem Opfer schnell das gewünschte Geständnis herauszulocken. Um auch ja alle aus der Teufelsliteratur bekannten Umstände zu berücksichtigen, legte man genormte Suggestivfragen vor, die in General- und Spezialfragen unterteilt waren. Die hier in Anwendung kommenden, landschaftlich verschiedenen Verhörkataloge konnten Hunderte von Detailfragen enthalten. Sie beschäftigten sich zunächst mit den persönlichen Verhältnissen der Angeklagten, um dann ohne Übergang auf das Hexenverbrechen einzugehen. Kernpunkte waren Teufelspakt, Hexenflug und Hexensabbat, Teufelsbuhlschaft, Schadenzauber mit Zubehör und Zeremonien sowie Anstifter und Komplizen. Auf viele Fragen war nur einfach mit Ja oder Nein zu antworten.

Diese Frageschemata bedingten eine ermüdende Gleichförmigkeit der Protokolle und Urteile und schlossen eine individuelle Behandlung der Beschuldigten meist von vornherein aus. Das zeigen die folgenden Auszüge aus den Akten über Prozesse, die im 17. Jahrhundert gegen protestantische Einwohner von Winningen an der Mosel geführt wurden:

‹1. Mit welchen Worten und Gebärden sie Gott dem Herrn ab- und dem bösen Feind zugesagt habe?
2. Was er ihr gegeben?
3. Wie oft und an welchem Orte sie mit dem bösen Feind in Unzucht zugehalten habe?
4. Wie er gekleidet gegangen und in welcher Gestalt er aufgezogen?
5. Wie sie seine Beiwohnung empfunden?
6. Durch welche Mittel sie zu den Hexentänzen abgeholt worden?
7. Wie sie wieder heimgekehrt?
8. Ob sie sich nicht nochmals bedünken lasse, sie sei allein im Traum gelegen und aus ihrem Bett zu solchen Tänzen leiblich nicht gekommen?
9. Warum sie verhehlt, bei den Tänzen gewesen zu sein, dabei sie von den fünf hingerichteten Personen gesehen und erkannt worden?
10. Woher es komme, daß sie anfangs nichts schwätzen könne?
11. Ob sie einen Pakt mit dem bösen Feind gehabt, daß ihr durch die Tortur die Wahrheit nicht ausgepreßt werden solle?
12. Ob der böse Geist in der Zeit der Gefangenschaft bei ihr gewesen, in welcher Gestalt und was er ihr befohlen?›

Da die vermeintliche Hexe im Normalfall nicht zu einem Geständnis bereit war, weil sie gar nichts gestehen konnte, ließ der Untersuchungsrichter Zeugen aufmarschieren. Das waren immer Zeugen der Anklage, niemals Entlastungszeugen. Letztere hätten ja auch bestenfalls Leumundszeugen sein können, denn wo kein reales Verbrechen vorlag, gab es keinen realen Gegenbeweis. Bei Zaubereiverdacht vermochte jedermann glaubwürdig auszusagen, Einschränkungen gab es fast nie. Außerdem bestand bei Sonderverbrechen Aussagepflicht. Die häufigsten Zeugen waren Hexen, da sie von der Anklagebehörde am leichtesten beschafft werden konnten.

Wenn man bei einer Beschuldigten das Stigma und etwa eine Heugabel für Luftreisen gefunden und Zeugenaussagen zur Verfügung hatte, rundete sich bereits das Bild ab. War eine durch Haft und ‹gütliche› Vernehmung gequälte Frau noch immer nicht bereit, ein Geständnis abzulegen, stand ihr die Folter, schrecklicher Höhepunkt des gesamten Verfahrens, bevor. Auch sie erreichte nicht in jedem Fall das Ziel, denn einzelne Frauen widerstanden der Quälerei, andere dagegen widerriefen mehrfach die erpreßten Geständnisse und beteuerten, sobald die Schmerzen nachließen, ihre Unschuld.

Die Folter war zwar schon im antiken Gerichtsverfahren bekannt, spielte aber in der mittelalterlichen Justiz bis ins 13. Jahrhundert hinein keine Rolle. Hier verließ man sich lieber auf die schneller zum Schuldnachweis führenden Gottesurteile. Solche Ordalien kamen auch in Hexenprozessen vor, vor allem in Gestalt der Wasserprobe und der Hexenwaage. Hierbei wurde eine Beschuldigte gebunden und ins Wasser geworfen. Versank sie, war sie unschuldig, anderenfalls überführt. Ähnlichen Aussagewert besaß das Wägen der Hexe: Wog sie viel, war sie gerettet, sonst half ihr nichts mehr. Mit der Festigung der feudalen Staaten im Hochmittelalter stiegen die qualitativen Anforderungen an die Gerichte. Man legte jetzt mehr Wert auf die realen Zusammenhänge eines Vergehens. Dabei gewann das Geständnis des Angeklagten eine Schlüsselstellung als wichtigste Informationsquelle der Richter. Es lag nahe, die Gewaltmethoden, die im Militärwesen seit eh und je üblich waren, auch im weltlichen und kirchlichen Prozeß anzuwenden, besonders aber bei Sonderstraftaten. So war die Verbreitung der Folter mit der allmählichen Entwicklung des Inquisitionsprozesses unlösbar verbunden.

Für die Tortur gab es regional unterschiedliche Methoden. Dauer und Häufigkeit waren theoretisch begrenzt. Da aber die Justizbeamten die Durchführung weitgehend dem Scharfrichter überließen und selbst wenig Interesse an der Einhaltung der gesetzlichen Vorschriften zeigten, konnte eigentlich nur der Tod des Opfers die Qualen beenden. Trat dies ein, empfanden die Verantwortlichen wenig Gewissensbisse. Es galt als sicher, daß der Teufel auch hier seine Hand im Spiele gehabt haben müsse. Dieser Vorgang wird in einem Wasunger Protokoll von 1668 beschrieben: ‹Als sie nun eine Weile so saß, ist sie bedroht worden, wo sie nicht gutwillig bekennen würde, daß mit der Tortur fortgefahren werden sollte; auch wurde sie darauf ein wenig in die Höhe gezogen. Aber als sie etwas, jedoch unvernehmlich, geredet hat und man vermeinte, sie würde weitere Aussage tun, und sie deshalb bald wieder heruntergelassen worden ist, hat man vermerkt, daß es nicht richtig um sie sei. Daher hat der Scharfrichter sie mit danebenstehendem Wein angestrichen. Als aber befunden wurde, daß das sonst starke Atemholen nachließ, ist sie auf die Erde auf ein Bett gelegt worden. Da hat sie sich noch etwas geregt, ist aber bald ausgeblieben und gestorben. Es ist aber derselben, als der Scharfrichter sie erst besehen, der Hals oben im Gelenk ganz entzwei gewesen ... Vermutlich hat der böse Feind ihr den Hals entzweigebrochen, damit sie zu keinem Bekenntnis kommen sollte.›

Während in normalen Kriminalprozessen verschiedene Kategorien von Angeklagten wie Kinder, Kranke und Personen von Stand nicht gefoltert werden sollten, galten diese Ausnahmeregelungen bei Sonderverbrechen bis auf Schwangere und Wöchnerinnen nicht. Aber auch derartige ‹Milde› stand in vielen Fällen nur auf dem Papier, denn die sadistischen Folterknechte ertrugen es nicht, wenn ihnen das Opfer aus ‹humanitären› Gründen entzogen werden sollte.

Die ‹peinliche› Befragung konnte bis zu fünf Stufen umfassen. In den beiden ersten Graden, der Schreckung oder Territion, wurde dem Opfer die Tortur nur vorgeführt. Bei vielen Frauen reichte das bereits, um sie aussagewillig zu machen. Die mildeste Stufe dabei war, daß der Scharfrichter der Hexe die Folterinstrumente zeigte und ihre Funktionsweise erläuterte. Half das nicht, wurde die Frau ausgezogen. Man legte die Daumenschrauben an, ohne jedoch die Finger zu quetschen. Auf die Territion folgte die Realfolter, bei der das in der Folterkammer, meist einem unterirdischen Raum, vorhandene Instrumentarium wirklich angewendet wurde. Die Folterwerkzeuge sind schaurige Zeugnisse des Erfindungsreichtums jener brutalen Jahrhunderte. Neben den Grundformen gab es überall örtliche Spezialitäten.

Zunächst wurden Daumen- und Beinschrauben (sogenannte Spanische Stiefel) angelegt, die Daumen, Schienbein und Waden quetschten oder zerquetschten. Die nächste Stufe bildete die Streckung des Körpers durch Aufziehen mit einem Beschwerstein an den Füßen; hierbei wurden oft genug die Glieder ausgerenkt. Diese Folter konnte mit den Beinschrauben kombiniert werden. Für die hartnäckigsten Sünder gab es als Höchststufe das Auspeitschen und differenzierte Brandquälereien. Zum Auspeitschen mußte sich der Delinquent auf eine spezielle Bank, den Bock, setzen, legen oder knien. Für Brandwunden bevorzugte man empfindliche Körperstellen. Eine Spitzenleistung der Foltertechnik waren heizbare, mit Dornen versehene Eisenstühle, auf denen das Opfer festgeschnallt wurde. In dieser Stufe benutzte man auch werkzeuglose Methoden: Hunger, Durst, Baden in Salzlösung und Schlafentzug.

Damit die Schreie der Unglücklichen die Nerven der Untersuchungspersonen nicht zu sehr belasteten, stopfte man den Gefolterten Knebel, nach ihrer Form Birne genannt, in den Mund. Trotzdem achteten die Anwesenden auf die Schmerzäußerungen, ob sich daraus nicht irgendwelche Zusatzbeweise ergaben. Fehlende Tränen galten immer als Indiz, denn Hexen weinen nicht, wie man wohl wußte. Auch übermäßiges Weinen erregte Verdacht, da hierbei der Teufel versuchte, seine Anhänger von den Qualen zu befreien. Das ‹körperliche Ergebnis› der unmenschlichen Folterungen spiegelt sich im Bericht der Anna Spüler aus Ringingen (südwestlich von Ulm) wider. Ihre Mutter war als angebliche Hexe hingerichtet worden, und die Tochter hatte ihren Gefühlen begreiflicherweise freien Lauf gelassen. Daraufhin war sie eingesperrt, entsetzlich gefoltert und, da sie kein Hexengeständnis ablegte, überraschend freigelassen worden. Sie versuchte, auf eine Entschädigung von 2000 Gulden für die Haftschäden zu klagen, ein Jahrzehnt zwischen 1508 und 1518! Und das war die Henkerarbeit: ‹Auf Anzeige der Bürger von Ringingen ist sie in solches Gefängnis gekommen, darin mit aller Härte, Grausamkeit und Unmenschlichkeit gemartert, ihr ihre Glieder zerrissen und sie ihrer Vernunft und Sinne entsetzt worden. Sie wurde auch ihrer Ehre und Gesundheit beraubt und ist deshalb zu großem, unüberwindlichem Herzeleid gekommen, so daß sie sich selbst und ihre kleinen Kinder nicht mehr, wie das vor der Haftzeit geschehen sei, ernähren und besorgen und ihrem Manne nicht mehr wie vorher ehelich beiwohnen könne.›

OBSCVRI VIRI

Epistole Obscurorũ virorũ ad Magistrũ Ortuinũ
Gratiũ Dauentriensem Colonie latinas litteras pro
fitentẽ nõ illę q̃dẽ veteres et prius visę: sed et nouę et illis prioribꝰ
Elegantia argutijs lepore ac venustate longe superiores.
Ad Lectorem.
Risum Heraclitæ est: vasti ridere parati
Arida mutarũt pectora Stoicidæ
Da mihi tristem animũ: ferales obijce luctus
Dispeream nisi mox omnia Risus erunt.
Exerce pulmonem.

33 ›Epistulae obscurorum virorum‹
Titelblatt des zweiten Teils, 1517

Wider das Bapstum zu
Rom vom Teuffel gestifft/
Mart. Luther D.

Wittemberg/1545.
durch Hans Lufft.

Wider Rom.

34 Martin Luther: ›Wider des Papsttum zu Rom, vom Teuffel gestiftet‹
Titelblatt, 1545

Antichristi.

Es ist ergriffen die Bestia vñ mit yr d falsch prophet der durch sie tzeychen than hat do mit er vorfurdt hat/ die ßo ßeyn tzeychē von yme genommen /vnd sein bildt angebet ßeynt versenckt yn die teuffe des fewirs vnd schweffels vnd seynd getodt mit dem schwerdt des der do reydt vffim weyssen pferdt/ das auß seynē mauel gehet. Apocal: 19. Danne wirdt offenbar werden der schalckhafftige denn wirdt der herr Jesus toeten mit dem atem ßeyns mundts vnd wirdt yn sturtzen durch die glori ßeyner zukunfft. 2. ad Tessa. 2.

35 Lucas Cranach d. Ä.: Der Antichrist
Holzschnitt aus dem ›Passional Christi und Antichristi‹, 1521

36 Johann Geiler von Kaisersberg (1445–1510)
Holzschnitt von Hans Wächtlin
auf der Titelseite der ›Postill Kaisersberg‹, 1552

37 Thomas Müntzer (um 1490–1525)
Satirischer Kupferstich eines unbekannten Künstlers

HISTORIA

Von D. Johañ

Fausten / dem weitbeschreyten Zauberer vñ Schwartzkünstler / Wie er sich gegen dem Teuffel auff eine benandte zeit verschrieben / Was er hiezwischen für seltzame Abenthewer gesehen / selbs angerichtet / vnd gelitten / biß er entlich seinen wolverdienten Lohn empfangen.

Mehrerteils aus seinen eigenen hinderlassenen Schrifften / Allen hochtragenden / fürwitzigen vnd Gottlosen menschen zum schrecklichen Beyspiel / abschewlichen Exempel / vnd trewhertziger Warnung zusammen gezogen / vnd in Druck verfertiget.

M. D. LXXXVIII.

38 ›Historia von D. Johann Fausten‹
Titelblatt der Ausgabe von 1588

39 H. Ulrich: Herzog Heinrich Julius von Braunschweig-Wolfenbüttel (reg. 1589–1613)
Der Herzog gehörte ebenso wie Bodin, Carpzow, Delrio und Binsfeld zu den berüchtigtsten Verfechtern des Hexenwahns
Kupferstich

IO. BODINI
ANDEGAVENSIS
DE MAGORVM DÆMO-
NOMANIA LI-
BRI IV.

NVNC PRIMVM E GALLICO
in Latinum translati

PER
LOTARIVM PHILOPONVM.

BASILEÆ
Per Thomam Guarinum,
M. D. LXXXI.

40 Jean Bodin: ›De la démonomanie‹
Titelblatt der lateinischen Ausgabe, 1581

41 Johannes Dürr: Benedikt Carpzow (1595–1666)
Kupferstich

42 Benedikt Carpzow: ›Practica nova Imperialis Saxonica rerum criminalium‹
Titelblatt der Erstausgabe, 1635

DISQVISITIONVM MAGICARVM LIBRI SEX, IN TRES TOMOS partiti

Auctore MARTINO DELRIO, Societatis IESV Presbytero.

Tomus Primus.

Contenta huius tomi ſequens pagina ſeptima demonſtrat.

IN SPE ET LABORE

Cum gratia & priuileg. ſpeciali Cæſ. Maieſt.

EXCVSSVS IN AVREA MOGVNTIA typis Ioannis Albini.

M. DC.

43 Martin Delrio: ›Disquisitionum magicarum libri sex‹ Titelblatt des ersten Bandes, 1600

TRACTAT

Von Bekanntnuß der Zauberer vnd Hexen. Ob vnd wie viel denselben zu glauben.

Anfänglich durch den Hochwürdigen Herrn Petrum Binsfeldium, Trierischen Suffraganten/ vnd der H. Schrifft Doctorn/ kurtz vnd summatischer Weiß in Latein beschrieben.

Jetzt aber der Warheit zu stewr in vnser Teutsche Sprach vertiert/ durch den Wolgelerten M. Bernhart Vogel/ deß löblichen Statgerichts in München/ Assessorn.

EXOD. XXII. CAP.

Die Zauberer solt du nicht leben lassen.

Gedruckt zu München bey Adam Berg.

ANNO DOMINI M. D. XCI.

Mit Röm: Kay: May: Freyheit/ nit nachzudrucken.

44 Peter Binsfeld: ›Tractat vom Bekenntniß der Zauberer und Hexen‹
Titelblatt der deutschen Erstausgabe, 1591

45 Agrippa von Nettesheim (1486–1535)
Er war einer der frühen Streiter gegen den Hexenwahn.
Sein Werk im Dienste der Menschlichkeit
wurde von Wier, Spee, Bekker und Thomasius fortgeführt
Kupferstich

46 Johannes Wier (um 1515–1588)
Kupferstich

47 Friedrich Spee von Langenfeld (1591–1635)
Gemälde eines unbekannten Meisters

48 Christian Thomasius (1655–1728)
Schabkunstblatt von Peter Schenk nach S. Blaettner

Infolge der Gleichförmigkeit der Folterungen zeigte die Aussage-‹Willigkeit› der Hexen ähnliche Stadien: zunächst Beteuerungen der Unschuld, dann Zugeständnisse an den Richter, schließlich das volle Bekenntnis aller vorgeworfenen Untaten. Manche Protokolle spiegeln die soziale Lage der Gepeinigten wider. So erklärte eine gefolterte Frau in Westfalen auf die Frage nach ihrem Lehrmeister, daß sie nur Gottesfurcht und saure Arbeit gelernt hätte. Eine andere nannte die große Not ihren Lehrer.

Es war nicht unwesentlich für diese Vorgänge, daß die Folterer an ihrem Werk materiell interessiert wurden. Die Gebührenordnungen für Scharfrichter enthielten neben den Taxen der Hinrichtungsarten auch die Vergütungen für die einzelnen Folterstufen. Da der Arbeitsaufwand die Lohnhöhe bestimmte, brachten die schlimmsten Torturen, wo der ‹Nachrichter› sein Können zeigen konnte, das meiste ein. Je mehr ein Opfer gequält wurde, desto besser erging es seinen Peinigern. Das galt selbstverständlich auch für diejenigen, die sich bei der Untersuchung nicht die Hände beschmutzten, für Richter und Schöffen. Sie alle speisten und tranken während der Vernehmungspausen, um sich von den Strapazen zu erholen. Die Kosten hierfür trug oft der Gefolterte.

Am Ende aller Qualen stand im Regelfalle die ‹confessio›, das Geständnis, das den Inquisitionsprämissen entsprach, bisweilen die nach dem Vernehmungskatalog zu erwartenden Antworten noch ausschmückte, indem die Frauen zusätzliche Details aus dem volkstümlichen Hexenglauben hinzufügten. Während und nach Abschluß der geheimen Untersuchung konnte die Konsultation von Universitäten und anderen Spruchkollegien erfolgen. Zu diesem Zwecke übersandten die Gerichte ihre Prozeßakten und erhielten ein Rechtsgutachten zum Fortgang des Verfahrens oder für ein mögliches Urteil. Diese Empfehlungen wurden von den oft wenig qualifizierten Richtern meist befolgt, da ihre Entscheidung nunmehr durch die unbestrittene Autorität einer Juristischen Fakultät oder eines Schöppenstuhls gedeckt war.

Die Spruchtätigkeit der Kollegien reichte meist – wenn auch nach Ruf und Besetzung unterschiedlich – weit über die Landesgrenzen hinaus. Das läßt sich am Beispiel der besonders sorgfältig untersuchten Universität Helmstedt ersehen, deren Wirksamkeit sich auf das östliche Niedersachsen und die angrenzenden Gebiete bis zur Elbe-Saale-Linie erstreckte. Die Helmstedter Juristen fällten zwischen 1600 und 1670 nicht weniger als 562 Entscheidungen in Hexensachen, die folgende Maßnahmen beinhalteten:

Schleifen, verbrennen:	1
Verbrennen:	99
Ertränken, verbrennen:	2
Enthaupten, verbrennen:	2
Enthaupten:	3
Landesverweisung:	13
Stäupen:	1
Christliche Unterweisung:	1
Foltern:	175
Terrieren:	28
Inquirieren:	87
Verhaften, inquirieren:	22
Weiter inquirieren:	19
Indizien reichen noch nicht zur Folter:	5
Entlassen, inquirieren:	1
Durch ein- bis dreimalige Folter gereinigt:	17
Freilassen:	68
Verfahren einstellen:	3
Kein Verfahren eröffnen:	8
Unklare Entscheidung:	7

An Hand zweier Urteilsempfehlungen des Leipziger Schöppenstuhls zu Beginn des 17. Jahrhunderts lassen sich Wesen und Inhalt dieser Dokumente sowie ihre Bedeutung für den weiteren Verlauf eines Prozesses gut erkennen. Dem Schösser in Lauchstädt wurde im Februar 1604 mitgeteilt:

‹Es hat die gefangene Weibsperson von Hohenweiden, die Haferkastin genannt, im guten bekannt und ausgesagt, daß sie die zu Halle gerechtfertigte Torursel nicht allein gelehrt und unterrichtet habe, wie sie den Leuten die bösen Elben zubringen und ihnen dieselben wieder nehmen sollte, sondern auch ihr befohlen, solches an etlichen zu verrichten, was in Maßen von ihr geschehen ist. Desgleichen, daß sie gedachter Torursel auch den bösen Feind zum Buhlen zugewiesen hat, mit welchem sie, die Torursel, auch Gemeinschaft gehabt und teuflische, unmenschliche Unzucht begangen habe, und daß sie auch, die gefangene Haferkastin, selber mit dem Teufel umgegangen und dergleichen Gemeinschaft gehabt und Unzucht getrieben habe, nach mehrerem Inhalt der übersandten Inquisitionsakten. Wenn nun die Gefangene auf ihrem getanenen Bekenntnis vor Gericht freiwillig verharren oder dessen sonst, wie es recht ist, überführt würde, so möchte sie von wegen solcher mit dem Teufel gehaltenen Gemeinschaft, auch der bekannten unmenschlichen Unzucht wegen, mit dem Feuer vom Leben zum Tode bestraft werden.›

Der Schösser von Sangerhausen erhielt im November 1614 folgende Empfehlung:

‹Es ist die gefangene G. L., als sie vermöge unseres vorigen, Euch erteilten Rechtsspruches mit der Schärfe anderweitig angegriffen und peinlich befragt worden ist, bei ihrem Verneinen und Nichtgestehen verblieben. Es war also alles, wonach man sie wegen ihrer verübten Zauberei und daß sie in Vergessung ihres christlichen Glaubens mit dem Teufel ein Verbündnis aufgerichtet hat, umgegangen ist, zu schaffen gehabt hat, auch unmenschliche, unnatürliche Unzucht getrieben hat und daß ihr Beischläfer, der Teufel, welcher Junker Jakob hieße, wenn er zu ihr ins Haus gekommen sei, schwarze Kleider angehabt und einen schwarzen Federbusch auf dem Hute getragen, mit ihr gegessen, getrunken, ihr zwei Taler verehrt und Unzucht mit ihr in ihres Mannes Bett getrieben habe, befragt hat, in der anderen scharfen Frage enthalten. Und wiewohl die Gefangene bei fortwährender Marter und Folterung sich bezeigt hat, als wollte sie ihr Bekenntnis richtig tun, weshalb sie dann, wenn man mit der peinlichen Frage etwas eingehalten, angefangen hat, ihres Drachenbuhlen und Beischläfers Junker Jakob zu gedenken, daß er schwarz bekleidet und mit einem schwarzen Federbusch zu ihr ins Haus gekommen, so ist sie doch bald wieder zurückgefallen, hat alles verleugnet und gesagt, es wären ihre Männer gewesen, die schwarze Kleider getragen, von welchen der eine gestorben, der andere aber noch am Leben sei. Auch hat sie zugleich diese Reden verlauten lassen, sie wollte gern Bericht tun, sie könnte aber nicht. Da dann die Gefangene auf dem, was sie in der Tortur erhalten hat, gleichfalls vor Notar und Zeugen bestanden hat, nach mehrerem Inhalt der Aussage der Gefangenen, der aufgerichteten Urkunde und Eurer Frage, so hat wegen der dritten Tortur, weil die vorigen Indizien in der anderweit ausgestandenen scharfen Frage gelöscht worden sind, nichts Beständiges erkannt werden können. Es wird aber gleichwohl die Gefangene angesichts der Sachlage, daß über die zum andern Mal erlittene Tortur keine neuen Indizien von Euch zu diesem Mal angeführt wurden und gleichwohl zu vermuten ist, daß es ihr, der Vettel, vom Teufel muß angegeben worden sein, daß durch die Pein und Marter von ihr nunmehr zum andern Mal nichts hat erbracht werden können, und damit man sie aus diesem Lande loswerde und die Leute zu Grillenberg von ihr nichts weiter zu befürchten haben, des Landes für ewig billigerweise verwiesen.›

Nach Abschluß des Untersuchungsverfahrens erfolgte die öffentliche Gerichtsverhandlung, der das Inquisitionsprotokoll zugrunde lag. Hier traf die Angeklagte ihre Peiniger als Urteilsfinder wieder. In der Regel war das Todesurteil sicher, vor allem dann, wenn ein entsprechendes Gutachten vorlag. Wurde eine Frau freigelassen, blieb sie noch lange verdächtig, mußte wenigstens die Verfahrenskosten tragen und etliche diskriminierende Auflagen erfüllen. Wie auch sonst üblich, war ‹Urfehde› zu schwören, wonach man sich wegen der erlittenen Unbill nicht an den Behörden rächen wollte. Auch die Landesverweisung war eine Alternative zum Todesurteil; sie wurde bei Schwierigkeiten im Schuldnachweis ausgesprochen.

Ein Musterurteil stammt vom Gericht Gerolzhofen im Fürstbistum Würzburg; es wurde gegen sieben Frauen und vier Männer am 18. Juli 1616 verhängt:

‹Solche elf Personen haben laut ihrem Bekenntnis und geständiger Aussage mit ihrer schrecklich zauberischen und teuflischen Kunst Gott dem Allmächtigen, seinen Heiligen und lieben heiligen Engeln abgesagt und sich dem leidigen Teufel mit Leib und Leben verschrieben, besonders mit vielen unterschiedlichen Mordtaten, die an Menschen und Vieh begangen wurden, mit Verleumdung und Sterben, dadurch, daß Valentin Storr sich mit einer Kuh ins sodomitische Sündigen eingelassen hat, auch deswegen, daß sonst sämtliche mit Reif, Kälte, Wetter, die Saat Vergiften, Nebelmachen und andere teuflische Kunst Vollbringen sich schuldig gemacht haben, womit sie nach Wortlaut ihres Bekenntnisses das liebe Getreide und den Wein erfrieren ließen, und daß sie mit Vergiftung viel Vieh zum Sterben gebracht haben und allem, was christlich ist, zuwider handeln und sein wollen. Diese schrecklichen Taten und Zaubereien hat Gott der Allmächtige im göttlichen Recht und sonderlich im 22. Kapitel Exodi (2. Mose 22, 18) dem israelischen Volk verboten und demselben geboten, keinen Zauberer leben zu lassen, wie es denn auch sonst in kaiserlichen und gemeinen Rechten heilsam vorgesehen und höchlich geboten ist.

Daher erkennen die Zentgerichtsschöffen des fürstlichen würzburgischen Zentgerichts allhier zu Gerolzhofen einmütig und ein jeder in Sonderheit bei seinem guten Gewissen und Eid zu Recht: Solche elf Personen haben zu viel und Unrecht getan und sich nicht allein wider das göttliche Recht, sondern auch wider die Halsgerichtsordnung Kaiser Karls V. hochlöblichen Gedächtnisses im 109. Artikel vergangen. Deswegen haben alle elf Personen ihr Leben verloren, und es soll ihnen dasselbe auch abgesprochen sein. Solcher schrecklichen Taten halber sollen die andern zu einem abscheulichen Exempel, sich selbst zu wohl verdienter Strafe gerichtet werden. Valentin Storr soll wegen zehn begangener Morde und sonderlich wegen sodomitischer Sünde dreimal mit glühender Zange gezwickt, jede der elf Personen an eine besondere Säule geschmiedet, alsdann mit dem Feuer lebendig zu Staub und Asche gebracht werden, daß der Wind die Asche in die Luft hinwegweht.›

Das Vermögen der Verurteilten, schon vorher inventarisiert, wurde entweder zugunsten des Staates oder des Gerichtsherrn konfisziert oder zur Deckung der Gerichtskosten herangezogen, was bei der Langatmigkeit der Verfahren oft genug auf das gleiche hinauslief. Für den Prozeß gegen Adelgunde Henn berechneten die kurtrierischen Untersuchungsbeamten 1652 die stattliche Summe von 313 Gulden. Darunter waren bezeichnende Posten: Für eine fünftätige Reise wegen Zeugenbefragung forderten zwei Inquisitoren 20 Gulden, und für den Henker waren 16 Gulden zu entrichten. Der größte Einzelposten bezog sich auf ‹Zehrung›: Hierfür waren allein 57 Gulden verbraucht worden. Ein Prozeß in Eschwege (1657) kostete 366 Gulden, wovon 245 für Scharfrichter, Landreiter, Boten und Wirt (Speisen und Getränke) zu entrichten waren. Bei solchen Praktiken wurde nicht nur die hingerichtete Hexe, sondern die gesamte Familie bestraft, deren Ruf durch den Prozeß sowieso hinlänglich ruiniert worden war.

Natürlich läßt sich die Ausdehnung der Prozeßkosten nicht nur mit der Verfahrenstechnik und Habgier erklären. Die fürstlichen Beamten wurden angesichts der chronischen Finanznot ihrer Landesherrn schlecht bezahlt, mußten lange auf den Sold warten oder bekamen ihn nie. Dafür hielten sie sich an ihren Opfern schadlos und das um so mehr, als das Gerichtswesen schon immer als einträgliche Geldquelle genutzt worden war. Daß Richter, Kommissare, Schöffen, Notare, Amtleute und wie sie alle hießen, gar zu reich wurden, verhinderten die zunehmende Einmischung der Regierungen in die Prozesse und die Notlage der Opfer. Von landarmen Bauern, Knechten und Mägden, Bettlern und Landstreichern war eben nicht viel einzutreiben.

Wie die Hauptverhandlung hatte auch die Hinrichtung ihr festes Zeremoniell. Sie fand auf dem traditionellen Richtplatz statt, wohin die verurteilte Person durch Bewaffnete geführt wurde. Öffentliche Exekutionen waren auch in den deutschen Territorien oft als Volksschauspiel aufgezogen, schon der abschreckenden Wirkung willen. Vor der Hinrichtung wurden Geständnis und Urteil verlesen und der Stab gebrochen.

16

Gelehrte Verfechter des Hexenwahns

Die Hexenverfolgungen des 16. bis 18. Jahrhunderts sind ohne die ‹Hexenwissenschaftler› undenkbar. Sie waren es, die den Glauben an Teufelspakt, Teufelsbuhlschaft und Schadenzauber zum Leben erweckten oder am Leben hielten, systematisierten und als gesicherte, theologisch abgesegnete Erkenntnisse der Wissenschaft ausgaben und autorisierten.

Als Jakob Sprenger und Heinrich Institoris zwischen 1485 und 1486 ihren ‹Hexenhammer› schrieben, gab es bereits eine umfangreiche Literatur zum Thema. Man hat für den Zeitraum 1430 bis 1486 als Vorläufer der beiden deutschen Dominikaner 31 europäische ‹Theoretiker des Hexen- und Zauberglaubens› ermittelt. Darunter sind solche prominenten Namen wie Juan de Torquemada, der Onkel des bekannten spanischen Großinquisitors, Girolamo Visconti aus dem berühmten Mailänder Fürstengeschlecht und der Wiener Universitätsprofessor und Ordensprediger Johannes Nider. Das Buch des Dominikaners Nider, der ‹Formicarius› (‹Ameisenbuch›), an anderer Stelle bereits als Quelle des Geiler von Kaisersberg gewürdigt, verbreitete den schlimmsten Aberglauben. So berichtete er, daß das Konzil von Konstanz (1414–1418) durch viele Dirnen heimgesucht worden sei, die in Wirklichkeit weibliche Buhlteufel (Succuben) gewesen seien. Der Buchdruck förderte die Verbreitung auch der Hexenliteratur. Das erste Druckwerk dieser Art scheint die ‹Glaubensfestung› (‹Fortalicium fidei›) des spanischen Franziskaners Alphonsus de Spina – Professor an der Universität Salamanca – gewesen zu sein, die 1464 oder 1467 erstmalig erschien.

Die ‹Ketzergeißel› (‹Flagellum haereticorum fascinariorum›) des französischen Dominikaners Nicholas Jacquier, 1458 entstanden, zeigt, wie schwer es die Hexenwissenschaft hatte, gegen den gesunden Menschenverstand zu kämpfen. Der Inquisitor von Tournay klagte: ‹Sehr viele Menschen behaupteten, daß der Teufelssabbat nur ein täuschender Traum sei. Andere Leute, die den Zauberflug zum Ketzersabbat nicht in Abrede stellen wollten, erhoben den Einwand, der Teufel könne den versammelten Spießgesellen dort doch auch Trugbilder von unschuldigen und nichtsahnenden Personen vorgaukeln, die in Wirklichkeit gar nicht zugegen seien.› Jacquier und seine Gesinnungsgenossen zogen daraus den Schluß, daß alle, die sich irgendwie gegen die Verfolgung der Hexen und Zauberer aussprachen, des Bündnisses mit dem Teufel verdächtig sind und gleichfalls zu bekämpfen seien.

Der Höhepunkt der Hexenliteratur des 15. Jahrhunderts war aber der ‹Malleus maleficarum›. In seiner Nachfolge erschien eine Vielzahl weiterer Veröffentlichungen. Sie wiederholten oder vertieften die Phantastereien der beiden Hammerautoren, oft mit Schauergeschichten über das Treiben der Hexen ausgestaltet.

Um 1540 entstanden die ‹Drei Bücher über die gerechte Bestrafung der Ketzer› des spanischen Theologieprofessors Alphonsus a Castro, die in vier Kapiteln auch die Hexen- und Zauberdelikte behandelten. Der Verfasser brachte die gängige Hexenlehre, polemisierte gegen alle Zweifler und forderte rücksichtslose Bestrafung: ‹Völlig zu Recht müssen diese Pestilenz verbreitenden Menschen, ob Männer oder Frauen, die sich zu jener Teufelskunst bekennen, als Ketzer beurteilt und wie solche bestraft werden.› Castro brachte die traditionelle Auffassung zum Ausdruck, daß das Hexentum eine Sonderform der Ketzerei sei.

In Frankreich erwarb Jean Bodin (1530–1596) den traurigen Ruhm, mit einer Hexenschrift an Wirkung kaum hinter Sprenger und

Institoris zurückzubleiben. Die Gründe dafür lagen wohl weniger in der Originalität seiner Beweisführung, sondern in der Person des Verfassers: Bodin war einer der bedeutendsten Juristen Frankreichs und zugleich ein einflußreicher Vertreter der zeitgenössischen Gesellschaftstheorie. In seinen ‹Sechs Büchern über den Staat› rechtfertigte er den aufsteigenden fürstlichen Absolutismus, und andernorts zeigte er sich als Verfechter religiöser Toleranz und konfessioneller Gleichberechtigung. Dieser aufgeklärte Geist offenbarte sich in dem Buch ‹De la démonomanie des sorciers› — 1580 in Paris erschienen — als blutrünstiger Fanatiker. Der Traktat fand bis zum Ende des 17. Jahrhunderts in Europa weite Verbreitung und erlebte viele Auflagen.

Bodin gab am Anfang seines Werkes eine eigene Hexendefinition, denn eine solche sei das Fundament das Traktats: ‹Ein Zauberer, eine Hexe oder ein Hexenmeister ist jemand, der vorsätzlich und wissentlich durch teuflische Mittel sich bemüht, zu etwas zu gelangen.› In Frankreich seien viele Hexen vorhanden, denen gegenüber keine Schonung am Platze sei. Daher wollte Bodin seinen Kollegen Hinweise zur effektiven Führung der Prozesse geben. So barbarisch, wie er selbst dabei verfuhr, sollte es an allen französischen Gerichten gehandhabt werden.

Hexenverbrechen seien mit den normalen Kriminalmaßstäben nicht zu messen. Mutmaßungen und Verdächtigungen reichten schon zu einer Verurteilung aus, um so mehr noch das erfolterte Geständnis. Es wäre Sophisterei, auf dem Bekenntnis unnatürlicher Dinge nicht einen Prozeß aufzubauen. Schon immer habe die Menschheit an derartige Gegebenheiten geglaubt. Deshalb seien diese real, und ein Richter dürfe daran nicht zweifeln. Milde Richter sind sowieso untauglich und mit Verbannung und Güterkonfiskation zu bestrafen.

Im deutschen Sprachgebiet wurde Bodins Hexenkompendium durch die Übersetzung Johann Fischarts bekannt, der auch den ‹Hexenhammer› neu herausgab. Auch Fischart war nicht irgendwer, sondern bekanntlich einer der bedeutendsten Schriftsteller des 16. Jahrhunderts, der Verfasser der Rabelais-Adaptation ‹Abenteuerliche Geschichtsklitterung›. Seine souveräne Sprachbeherrschung war angetan, Bodins Schrift dem deutschen Publikum als geeignete Lektüre zu empfehlen. Schon der Titel, marktschreierisch aufgeputzt, zeigte das: ‹De Daemonomania magorum. Vom ausgelassenen wütigen Teufelsheer der besessenen unsinnigen Hexen und Hexenmeister, Unholde, Teufelsbeschwörer, Wahrsager, Schwarzkünstler, Vergifter, Nestelverknüpfer, Veruntreuer, Nachtschädiger, Augenverblender etc. und aller anderen Zauberer Geschlecht samt ihren ungeheuren Händeln: Wie sie vermöge der Rechte erkannt, eingetrieben, gehindert, erkundigt, erforscht, peinlich ersucht und gestraft werden sollen.›

Drei Jahre nach Bodins Tod erschienen in Löwen die ‹Magischen Untersuchungen› (‹Disquisitionum magicarum libri VI›) des Juristen Martin Delrio (1551–1608), das umfassendste Handbuch der Hexenwissenschaft. Nach dem Urteil des Christian Thomasius hat der Jesuit darin alle Fabeln über das Zauber- und Hexenwesen gesammelt. Die eigentliche Bedeutung bestünde in der verwendeten Methode: ‹Weil er nach Art der Scholastiker disputiert, hat er mit desto größerem Nachdruck die Überzeugung von dem Pakte der bösen Geister mit den Hexen und von dem Glauben, welchen man den Bekenntnissen der Hexen beilegen müsse, den Leuten beigebracht.›

Delrio betonte, daß der Teufelspakt das eigentliche Kriminaldelikt sei. Für seine Hexentheorie schlachtete er die Literatur und die ihm bekannt gewordenen Geständnisse weidlich aus und entwarf ein überaus reichhaltiges Bild vom Abschluß des Paktes und dem anschließenden Sabbat. Die ‹Magischen Untersuchungen› enthielten auch detaillierte Verhörsanweisungen für die Gerichte. Der Folter maß der Verfasser größten Wert zu, allerdings wollte er ihre Praxis eingeschränkt wissen: Die Inquisitionskommission sollte ihre Opfer nicht länger als eine Stunde, nicht mehr als dreimal und ohne ernsthaften Körperschaden peinigen.

Delrio schrieb das Anwachsen des Hexenwesens dem Protestantismus zu, was aber dessen Vertreter in keiner Weise abhielt, sich immer wieder auf die ‹Magischen Untersuchungen› zu berufen. So brachte es Delrios Buch in 150 Jahren auf zwanzig Auflagen in verschiedenen europäischen Ländern. Die ‹Disquisitiones› waren somit ein Bestseller des Genres. Wie intensiv die Richter Delrio lasen, zeigt ein Brief, den der Jesuit von einem Ordensbruder erhielt: ‹Am 27. November (1600) sind hier in München eine Mutter mit ihrer Tochter, zwei Männer und ein zwölfjähriger Knabe auf entsetzliche Weise hingerichtet worden. Was es nur immer an Verbrechen gibt in Deinem Buche über die Zauberei, das haben diese verübt. Das habe ich selbst aus dem Munde des geschworenen Richters gehört, der gegen diese Zauberer die Untersuchung geführt und Dein Buch sehr sorgfältig gelesen hat.›

Ein weiterer einflußreicher Hexenforscher des 16. Jahrhunderts war der Weihbischof Peter Binsfeld (ca. 1545–1598), der Haupteinpeitscher der Verfolgungen im Kurfürstentum Trier. Sein Werk hieß ‹Tractatus de confessionibus maleficorum et sagarum›; es erschien erstmalig 1589 in lateinischer Sprache. Die kurz danach vorgelegte deutsche Übersetzung hatte der Assessor am Münchener Stadtgericht, Bernhard Vogel, vorgenommen. Sie trug den Titel ‹Traktat vom Bekenntnis der Zauberer und Hexen – ob und wieviel denselben zu glauben›. Die Schrift war eine populäre Version des ‹Hexenhammers› und diente vor allem nichtgelehrten Richtern als juristisches Hilfsbuch. Sie fand besonders Verbreitung in den geistlichen Kurstaaten am Rhein und in Bayern. Bereits der bekannte Bibelspruch 2. Mose 22, 18 über die Zauberer auf dem Titelblatt verhieß nichts Gutes von einem Autor, der sich als Anwalt Gottes gegen die teuflische Tyrannei fühlte.

Im Vorwort schilderte Binsfeld den Ernst der Situation: ‹Es bezeugen die kaiserlichen Rechte, freundlicher lieber Leser, und tun solches klarer denn die mittägliche Sonne dar, daß vor alten Zeiten Menschen gewesen sind, die man Zauberer, Gott und der Welt verhaßt, genannt hat, welche sich mit Zauberei und Teufelswerk umgeben, sich wider der Menschen Heil und Wohlfahrt gesetzt, die keuschen Herzen zur Unzucht bewegt, die Gemüter abgesondert, die Elemente verwirrt, die Weingärten mit unzeitigem Platzregen überschüttet, die lieben Früchte und Gottesgaben mit Wind und Ungewitter verderbt, die Samen mit Schauer und Hagel verheert, der unschuldigen Menschen Leben, auch göttliche Gaben und Geschenke dermaßen geschwächt haben, daß solche Menschen recht und wohl als des gemeinen Heils Verderber und der menschlichen Natur Fremdling geschätzt werden, auch wider solche schwere Strafen verordnet und statuiert worden sind. Und solche hat diese unsere unglückselige Zeit mit ungleichen, unähnlichen Menschen leider viel auf die Bahn gebracht, welche nicht allein obenerwähnte Laster, sondern noch viel schwerere und größere zu begehen sich unterfangen nicht fürchten und durch Verachtung der heiligen Taufe Gott absagen und das süße Joch Christi verwerfen, auch wider die Geheimnisse unseres Glaubens freveln und sich den bösen Geistern zu eigen geben. In Vollstreckung solcher Laster üben sie gotteslästerliche abscheuliche Taten, unterstehen sich auch, den frommen Christen Schaden zuzufügen und andere abscheuliche Laster, welche das menschliche Herz zu begreifen Abscheu trägt.›

Der Weihbischof pries in seinem Traktat den Wert der Denunziation und Indizien. Zu letzteren zählte sogar bemerkenswerter Eifer bei religiösen Verrichtungen, als ‹ungebührlicher Gottesdienst› eingestuft. Wozu eine derartige Indizienhascherei führte, zeigt eine Mitteilung aus dem Trierer Jesuitenkolleg von 1601, wonach man schon durch häufiges Kommunizieren Verdacht erregte. Es herrschte die, sicher von Binsfeld nicht unbeeinflußte Meinung, daß Hexen und Zauberer in der Kommunion einen Ausgleich für den Umgang mit dem Teufel suchten.

Entsprechend dem Motto seiner Schrift trat Binsfeld für die Hinrichtung der Opfer ein. Er befürwortete die bei den deutschen Gerichten übliche Form: ‹Es ist bei uns Christen ein angenommener Brauch, erst mit dem Strick zu ersticken, dann zu verbrennen.› Die Begründung weiß sich von jeder humanitären Anwandlung frei: ‹Auf diese Weise ist zu vermeiden, daß die Delinquenten wegen zu großer Schmerzen zur Gotteslästerung oder Verzweiflung gebracht werden.›

Der lothringische Rat und Halsrichter Nicolas Remy (latinisiert Remigius) – gestorben 1612 – ließ 1595 ‹Drei Bücher vom Dämonendienst› (‹Daemonolatriae libri tres›) in lateinischer Sprache erscheinen, die bald – schon 1596 – auch ins Deutsche übertragen wurden. Das war nach der Meinung des Thomasius eine läppische, nach einer sehr schlechten Methode geschriebene Abhandlung, aber durch ihren märchenhaften Inhalt ‹sehr angenehm und in Sonderheit geschickt gemacht, Kurzweil zu erwecken›. Der hallische Jurist spielte damit auf die Unterhaltungsfunktion an, welche Hexenbücher in zunehmendem Maße gewannen und die sie zum mystischen Ableger der Kriminalliteratur machte. Er wußte aber doch selbst auch, daß hinter diesen ‹lieblichen Erzählungen› die harte Wirklichkeit der lothringischen Hexenjagden stand. Denn Märchen waren nur die Aussagen der unglücklichen Delinquenten des Oberrichters Remy, nicht die Verfolgungen selbst. Nach eigenen Angaben hat dieser Spezialist 800 Personen verbrennen lassen, während ebensoviele vor der Exekution das Weite suchten und fünfzehn sich selbst umbrachten. Schließlich ereilte den Hexenrichter das verdiente Schicksal. Als Geistesgestörter denunzierte er sich selbst und endete wie seine Opfer auf dem Scheiterhaufen.

Remigus wollte seinen Richterkollegen Erfahrungen vermitteln und Vergleichsmaterial bereitstellen. Diesem nüchternen Zweck dienten die ‹kurzweiligen Märchen›. Dabei fällt auf, daß er speziell Kinderprozesse befürwortete und Kinder nach den gleichen Prinzipien wie Erwachsene beurteilte. Er entschuldigte sogar die Vergewaltigung eines eingekerkerten Mädchens.

Die größte protestantische Autorität in Hexensachen war im 17. Jahrhundert der aus Wittenberg stammende Jurist Benedikt Carpzow (1595—1666). Wie man mit vollem Recht formuliert hat, fungierte dieser für ein Jahrhundert als das Rechtsorakel der Deutschen, und wenn ein Richter auf sein Urteil ein ‹Carpz.(ow) Pract.(ica) R.(erum) C.(riminalium)› setzte, dann verstummten alle Zweifel hinsichtlich der Begründung.

Carpzow studierte fünf Jahre an der Wittenberger Universität, vervollkommnete seine Kenntnisse in Leipzig und Jena und unternahm dann ausgedehnte Reisen durch ganz Europa. Er wurde Beisitzer am Leipziger Schöppenstuhl und später Professor an der Juristischen Fakultät der Universität Leipzig. Der Schöppenstuhl war eines der einflußreichsten protestantischen Spruchkollegien; seine Gutachtertätigkeit reichte weit über Sachsen hinaus. Wesentlich war, daß sich die Leipziger Juristen seit langem bemühten, die einheimische Rechtstradition mit dem römischen und kirchlichen Recht zu verbinden. Carpzow hat sich diese langjährige Praxis des Leipziger Stuhls angeeignet und daraus eine Theorie des in der ersten Hälfte des 17. Jahrhunderts geltenden Strafrechts erarbeitet. Diese findet sich in seinem verbreitetsten Werke, der ‹Practica nova Imperialis Saxonica rerum criminalium›, die erstmalig 1635 in Wittenberg verlegt wurde.

Für Carpzow war die Hexenfrage ein ganz normaler Teil seines Systems der Strafrechtspflege, und er widmete ihr denn auch einen besonderen Abschnitt (I, 48—50) seines dreiteiligen Buches. Nach Thomasius bemühte sich Carpzow, ‹die Lehren der Inquisitoren mit vielen Gründen zu beweisen› und ‹die Rechtssprüche der Schöppen zu Leipzig vom Jahre 1582 bis 1622 zu rezensieren, in welchen die Bekenntnisse der Hexen von Sachen, welche alle Vernunft und Glauben übersteigen, aber dennoch von den Richtern für wahr angenommen wurden, referiert werden›.

Carpzow berief sich bedenkenlos auf die katholischen Autoritäten, obwohl er ein orthodoxer Lutheraner war und die Bibel angeblich dreiundfünfzig Mal vollständig gelesen hatte. Die Bekanntschaft mit der Bibel und eine profunde Kenntnis von Luthers Werken verschafften ihm zusätzliche Möglichkeiten, die Zauberdelikte juristisch-religiös zu qualifizieren und als Sonderverbrechen einzustufen. Am Ende des 50. Kapitels druckte Carpzow 36 Gutachten des Leipziger Stuhls in Hexensachen ab, auf die Thomasius in der zitierten Äußerung anspielt. Es ist für den Verfasser der ‹Practica criminalis›, wie das Werk meist verkürzt genannt wird, und das Spruchkollegium symptomatisch, daß mit einer Ausnahme alle Stücke die Todesstrafe empfehlen. Nach einem Autor des 17. Jahrhunderts sollen in Auswirkung der ‹Practica criminalis› 20 000 Todesurteile ergangen sein. Das ist natürlich eine nicht nachprüfbare Zahl, sie beweist jedoch den ungeheuren Einfluß des Leipziger Strafrechtspapstes auf die Justiz seiner Zeit, die Hexenrichter eingeschlossen.

Mit den genannten Klassikern der Hexenwissenschaft war diese noch lange nicht am Ende. Aber das Wesentliche war ausgeführt, und was nun kam, war doch in steigendem Maße Rückzugsgefecht, Verteidigung gegenüber wachsender Kritik.

17

Teufels- und Hexenglaube in der Kunst

Es ist nicht verwunderlich, daß sich auch die Kunst des Teufels- und Hexenthemas annahm. Je mehr die Künstler seit der Renaissance zu neuer Formensprache fanden, desto größer wurde das Interesse an Motiven, aus denen sich über das offizielle Thema des Bildes hinaus etwas machen ließ. Hierzu gehörten auch Teufel und Hexen, deren sensationelles Wirken die künstlerische Phantasie seit der Zeit der deutschen frühbürgerlichen Revolution mehr denn je anregte. Die der mittelalterlichen Kunst geläufigen Teufelstypen wurden nunmehr mit Hilfe neuer Ausdrucksmittel breit und üppig gezeichnet; sie verließen allmählich den christlichen Inhalt.

Vor den bildenden Künstlern stand im besonderen Maße die Aufgabe, mittels Holzschnitt und Kupferstich die Bücher, Flugschriften und Flugblätter der Hexenliteratur zu illustrieren und deren Aussage mit graphischen Methoden zu verdeutlichen. Hierbei zeigte sich bald eine Vorliebe für bestimmte Motive, nämlich für den Hexensabbat einschließlich Hexenflug, für Zauberkunststücke und Details aus dem Hexenprozeß. Die Hexe wurde vielfach häßlich und böse, oft auch mit tierischen Zügen gezeichnet. Daneben erschienen durchschnittliche Frauen ohne besondere Merkmale, die nur durch ihre Umgebung oder durch den Begleittext als Unholde kenntlich waren. Die dem Hexensabbat zugeschriebenen Bräuche provozierten in ungewöhnlichem Maße zu phantasievoller Gestaltung. Reigen und grausige Mahlzeit boten eine willkommene Gelegeheit, das Absonderliche und Monströse darzustellen. Auch Werwölfe und Wechselbälge, Kerker-, Folter- und Hinrichtungsszenen konnten auf das besondere Interesse eines sensationshungrigen Publikums rechnen. Zunächst stand die allgemeine, typische Darstellung von Personen und Szenen im Vordergrund. Seit dem 17. Jahrhundert konzentrierte sich die Graphik mehr und mehr auf spezielle Vorkommnisse und namentlich genannte Gestalten und Orte; das Beiwerk wurde reichhaltiger.

Die Entwicklung der Hexengraphik wird deutlich, wenn man die folgenden Stücke miteinander vergleicht. Zu den informativen Schriften der Zeit des ‹Hexenhammers› gehören der ‹Tractatus ... de lamiis et phytonicis mulieribus› (‹Traktat ... über die Hexen und Kräuterweiber›) des Konstanzer Juristen Ulrich Molitor und der ‹Laienspiegel› des pfalz-neuburgischen Landvogts Ulrich Tengler. Die Werke erschienen erstmals 1489 beziehungsweise 1509. Sie enthalten Holzschnitte der Hauptdelikte in einfacher Linienführung. Da wird etwa die Teufelsbuhlschaft geschildert: Teufel und Hexe liegen sich in den Armen. Der Leibhaftige sieht eigentlich wie ein gewöhnlicher junger Mann aus, wenn nicht die Füße wären. Überdimensional, mit scharfen Krallen bewehrt, aus der Vogelwelt übernommen – so verraten sie dem Beschauer sehr nachdrücklich, wer sich hinter der Maske des feurigen Liebhabers verbirgt. Ein anderes Bild schildert das Treiben der Hexen bis zu ihrem bitteren Ende. Der Teufel erscheint durchgängig als ein mit riesigen Flügeln ausgestattetes Halbtier, sogar während des sexuellen Umgangs mit der Hexe. Für den Sabbatflug benutzten die Hexen feiste Ziegenböcke. Wallende Frauengewänder deuten die Geschwindigkeit des teuflischen Gefährts an, Gabeln dienen als Steuer.

Aus der reichen Flugblatt-Literatur sei ein Stück aus der Mitte des 16. Jahrhunderts ausgewählt, das in Nürnberg gedruckt wurde. Es berichtet in Wort und Bild über einen Vorgang von 1555 in Derenburg bei Halberstadt, wo drei Hexen und ein Mann hingerichtet wurden. Der Text besteht aus drei Teilen. Anfangs wird das Wirken des Teufels geschildert, auch, wie er sich der Frau als Werkzeug bedient: ‹Und wie er zu Eva sprach, sie würde werden wie die Götter, also bläst er noch das Gift in der Weiber Herzen, lehrt sie zaubern, auf daß er sie klug mache, daß sie mehr wissen denn andere Leute, und also den Göttern gleich werden. Damit macht er sie ihm anhängig und zu Teufelsdienerinnen, ja auch zu Teufelsbräuten, wie diese jämmerliche Geschichte, welche wahrhaftiglich also, wie unten angezeigt, am Harz ergangen ist, die derhalben also gemalt und geschrieben im Druck ausgegangen.› Der Mittelteil bringt die ‹erschreckliche Geschichte›. Hierzu gehört das Bild, das vor den Gesamttext gesetzt wurde. Drei Frauen, an dicke Balken geschmiedet, schmoren in den Flammen, die von zwei Knechten kräftig geschürt werden. Im Hintergrund sieht man Gerichtspersonen und die Hinrichtung des Mannes durch das Schwert. Die eigentliche Sensation spielt sich in der Luft und in einem am Rande teilweise sichtbaren Hause ab. Der Teufel reißt eine Frau, die mit ihm elf Jahre gebuhlt haben soll, aus den Flammen und führt sie hinweg. Der alte Feind des ganzen Menschengeschlechts zeigt sich auch hier in abenteuerlicher Gestalt: mit dem Hinterteil einer Schlange, Vogelkopf, Krallenfüßen, Schweineschnauze und kurzen Flügeln. Die Fortsetzung spielt im Haus: Durch teuflische Machinationen erscheinen dort zwei der Hingerichteten als feurige Weiber, werfen den Ehemann der einen heraus, daß er stirbt, und tanzen um das Feuer. Die nacheinander ablaufenden Vorgänge wurden von dem unbekannten Künstler in einem Bild zusammengefaßt. Im dritten Teil des Textes werden die Lehren gezogen. Die Geschichte soll ein Exempel zu Buße und Gottesfurcht sein, besonders aber die ‹gottlosen Epikureer und Zauberer› zur Umkehr bringen.

Allmählich löste sich die Starre der frühen Buchgraphik. Es kam Leben in die Darstellung, die Komposition verbesserte sich, die Details wurden zahlreicher und feiner, Licht und Schatten spielten eine große Rolle. All das wird in dem Kupferstich des niederländischen Zeichners Jan Luyken sichtbar, der einen Hexenbrand aus dem Jahre 1571 in Amsterdam zum Gegenstand hat. Ein Drittel des Bildes wird vom Scheiterhaufen eingenommen, dessen schwarze Qualmwolken den Himmel verdunkeln. Das Opfer ist auf eine Leiter gebunden, und zwei Gehilfen des Scharfrichters bemühen sich aus Leibeskräften, die makabre Packung in das Flammenmeer zu schieben. Neben den Amtspersonen steht viel Volk um den Platz herum, der im Hintergrund durch komplette Bauwerke begrenzt wird. Aus dem Sammelbild ist eine Momentaufnahme geworden, der Teufel hat keinen Platz mehr gefunden.

Die Buchgraphik war in der künstlerischen Veranschaulichung des Hexenglaubens am meisten beteiligt. In ihrer Frühzeit wurde sie meist von uns unbekannten Illustratoren geschaffen. Aber auch Künstler von Rang und Namen wußten sich diesem Thema der Zeit verpflichtet, freilich mit unterschiedlichen Zielen. Albrecht Dürer stellte auf einem Kupferstich von 1497 vier Frauen im Gespräch dar, die vielfach als Hexen gedeutet worden sind. Für ihn war das Sujet hier wohl mehr ein Vorwand, einen weiblichen Akt widerspruchslos gestalten zu können, als ein eigentliches Anliegen. Dürers wohlproportionierte Frauen wären eher für Grazien als für geschmähtes Hexenvolk zu halten, wenn nicht an der Seite der Teufel durch einen Türspalt hereinlugte, von Flammen und Rauch umgeben. Totenschädel und Gebein zu Füßen der Frauen sollen entweder an ihr unvermeidliches Los oder an das Hexenwerk erinnern.

Etwas vollständiger ist der Teufel auf dem Kupferstich ‹Ritter, Tod und Teufel› vom Jahre 1513 vertreten. Seine Fratze wurde vom Künstler aus verschiedenen Tierelementen kombiniert; an den Menschen erinnert nur der aufrechte Gang. Wie bei den vier Hexen ist der Teufel auch auf diesem Bild nur eine Randfigur, die die Hauptaussage ergänzt.

Ein Kupferstich Dürers, der um 1505 entstanden sein mag, zeigt eine Hexe mit komplettem Beiwerk. Nach vollbrachtem Wetterzauber – der Hagel bricht von links in die Szene ein – wird sie von einem Ziegenbock davongetragen. Sie ist eine schon ältliche Frau; die Gesichtszüge drücken Befriedigung über das Werk aus. Nackt, mit wehenden Haaren, in der rechten Hand Kleidung und Spinnrocken und mit der linken Hand ein Horn des Bockes haltend, hockt sie rückwärts gewandt auf dem Tier. Vier spielende Putten geben der Szene eine trotz des nahenden Unheils versöhnliche Note. Die Teufelsbuhlschaft hat Dürer wohl in einem weiteren, um 1495 geschaffenen Kupferstich, meist als ‹Der Tod› interpretiert, dargestellt. Hier naht sich der Teufel einem Bürgermädchen. Von der in den Protokollen der Verhöre erzählten verführerischen Gestalt ist nicht viel zu merken. Der Junker ähnelt mehr einem Wegelagerer als einem feurigen Galan.

Auch Dürers Schüler Hans Baldung, genannt Grien, reizte die Dramatik des Zaubergeschehens. In einem Holzschnitt von 1510 findet sich die wilde Hexenwelt mit allem Zubehör. Gabelreiterinnen fliegen durch die Lüfte oder zechen beim Sabbatmahl, meckernde Ziegenböcke und eine feiste Katze sind ihre Begleiter und Helfer. Aus einem mit seltsamen Zeichen bedeckten Topf entweichen makabre Brocken, in zischenden Dampf eingehüllt, nach oben und werden ein gefürchtetes Unwetter heranführen oder erzeugen. Düster ist der Hintergrund. Ein einsamer Baumstumpf reckt seine abgestorbenen Äste nach oben, Zauberzubehör bedeckt den Boden.

Trotz dieses grauenvollen Szenariums stellte auch Hans Baldung seine Hexen nicht als häßliche Ungeheuer, sondern als weiblichen Akt dar. So entstand wie bei Albrecht Dürer der spezielle Typus der schönen Hexe. Mit ihm vermochte der Künstler nicht nur den Körper der jüngeren Frau abzubilden, sondern zugleich die Verführungskünste der Teufelsbräute anschaulich zum Ausdruck zu bringen. Auch die ältere Hexe, voller Runzeln und Falten, ist realistisch gezeichnet. Hans Baldungs Hexen sind leidenschaftliche, vom Sinnenrausch überwältigte, alle Fesseln menschlicher Konvention abstreifende Gestalten. Schwellende Formen, aufgelöste Haare, weit ausholende Gesten und lebhafte Mimik kennzeichnen Zustand, Stimmung und Gefühle. Noch verlockender als auf dem Holzschnitt von 1510 geben sich zwei ‹schöne Hexen› in einem Gemälde Hans Baldungs von 1523. Ihre verführerischen Körper kontrastieren zu ihrem schmutzigen Werk, schwarzem Unwetter, das von rechts über das Bild zieht und ihre lächelnde Miene entlarvt.

Ähnlich ist eine Federzeichnung des Künstlers von 1515 gehalten. In geradezu frivoler Weise posiert eine ‹schöne Hexe› mit dem teuflischen Drachen. Auf dem Holzschnitt ‹Der behexte Stallknecht› aus dem Jahre 1544 zeigt sich die Wirkung des Hexenwerkes: Wie vom Schlag getroffen liegt der Knecht auf dem Boden; sein Pferd, ebenfalls füllig und kräftig, ist davon unbeeindruckt. Die Hexe, eine Fackel schwingend, blickt zum Fenster herein, um sich über den Erfolg ihres Tuns zu vergewissern.

Ein schon im Mittelalter beliebtes Motiv für Teufelsdarstellungen war die Heilung von Besessenen, die Christus nach den Angaben der Evangelien vorgenommen hat. Dieser Stoff stand mit dem Hexenglauben in engstem Zusammenhang. Es war wohl ein anderer großer Künstler der Dürerzeit, der Regensburger Albrecht Altdorfer, der mit einer Zeichnung von 1518 einen solchen Vorgang mit den Ausdrucksformen der deutschen Renaissance gestaltete. Unter einem Laubbaum windet sich der Kranke, von zwei Männern mühsam an den Armen gehalten. Auf das Wort und Handzeichen des Herrn, der mit einem Jünger vor dem Besessenen steht, entsteigt dem Munde des Kranken eine Rauchwolke, in der sich drei kleine Teufel befinden. Im Qualm sind ihre Züge nur unvollkommen zu erkennen, gerade noch heben sich Flügel und Krallenfüße ab.

Hexenmotive und Teufelsszenen spielten auch im phantasiereichen, in der Deutung umstrittenen Schaffen des Niederländers Hieronymus Bosch eine große Rolle. Ihn zogen vor allem ungewöhnliche Fortbewegungsarten und Körperbewegungen an, die mit dem Teufel in Verbindung gebracht werden konnten. Nach seinen Anregungen zeichnete ein Landsmann von ihm, Pieter Bruegel der Ältere, Teufels- und Höllenbilder, die H. Cock in Kupferstiche umwandelte.

Auch nach dem Ende der Hexenverfolgungen beschäftigten sich bildende Künstler mit dem zu ausdrucksstarker Darstellung reizenden Hexenmotiv, an ihrer Spitze Francisco Goya und Ernst Barlach. War früher Propagierung beziehungsweise Gestaltung des Hexenglaubens das Ziel, so ist es nun die Entlarvung von Ignoranz und Intoleranz, die anklagende Darstellung menschlichen Leidens. Die Verwendung von Hexenszenen bei Shakespeare und Goethe gab angesichts des Ranges dieser Dichter Anlaß zu Buchillustrationen, welche die alte Kunst des Holzschnitts fortsetzten.

Die zeitgenössische Literatur war wie die bildende Kunst gänzlich von der Realität des Hexenglaubens durchdrungen. Auch hier wurde das Bestreben deutlich, dieses weite Thema intensiv zu gestalten. Es gab einen großen Kreis protestantischer Geistlicher, die sich als Nachfolger Luthers fühlten, dessen grob-kräftige Sprache nachahmten und den Teufel literarisch aufs Korn nahmen. Bis in das 17. Jahrhundert hinein entstanden zahlreiche Aufklärungstraktate und auch Schauspiele, in denen die Laster und Untugenden der Zeitgenossen, bisweilen nicht ohne Geschick und Satire, angegriffen wurden.

Der württembergische Pfarrer Thomas Birck brachte mit seiner Tragödie ‹Hexenspiel› das Hauptleiden in deutschen Landen auf die Bühne. Ein Massenaufgebot an Mitwirkenden sollte dem geschätzten Publikum die vollständige Hexenlehre vermitteln. Da der Geistliche vermutete, daß die Schauspielkunst damit teilweise überfordert wäre, hatte er zusätzliche Kommentatoren vorgesehen, um nur ja keinen wertvollen Gedanken unausgesprochen zu lassen. Wie im Leben endete das Spektakel mit der Hinrichtung der Hexe. Das Publikum konnte zufrieden sein, zumal es der Pfarrer des Stückes durch das Gebet erreicht hatte, daß der Teufel das Paktdokument auslieferte und die Hexe freudig in den Tod ging.

Die Mehrzahl der lutherischen Prediger wählte allerdings einen anderen Weg. Wie es die mittelalterliche Lehrdichtung und der Wittenberger Reformator vorgezeichnet hatten, personifizierten sie das Laster. Sie brachten es nicht mit dem Teufel schlechtweg in Verbindung, sondern erfanden für alle Sünden einen Spezialteufel. Bald gab es nicht nur Geiz-, Wucher- und Lügenteufel, Ehe- und Hurenteufel, Spiel- und Saufteufel, sondern sogar Sabbat- und Gerichtsteufel. Dieses Verfahren machte die moralisierende Argumentation lebendiger: Gegen eine interessante, wenn auch negative Person kämpfte es sich nun einmal leichter als gegen einen abstrakten Begriff oder einen unprofilierten Teufel. Hier vermochten die Pfarrer als Würze Szenen aus dem Volksleben, mit dem sie durch ihre Tätigkeit verbunden waren, unterzubringen.

Dank der Entdeckung der Teufelsliteraten weitete sich der Aktionsradius des Leibhaftigen mehr und mehr aus. Es nimmt nicht wunder, daß die Unterteufel in den Hexenprozessen eine immer größere Rolle spielten. In der älteren Literatur wurden die teuflischen Sündenpersonen meist zusammenfassend behandelt. So erscheinen in dem Lehrgedicht ‹Des Teufels Netz› aus dem 15. Jahrhundert Hoffart, Neid, Geiz, Fraß, Zorn, Unkeuschheit und Mord als Helfergemeinschaft des Satans. Jetzt bekam jeder Spezialteufel eine eigene Schrift. Maßgeblichen Einfluß auf die Schreiblust der protestantischen Prediger übten der Frankfurter Universitätsprofessor Andreas Musculus und der Mansfelder Geistliche und Chronist Cyriacus Spangenberg aus. Der eine stritt gegen die Mode seiner Zeit, für die er den ‹Hosenteufel› verantwortlich machte; der andere lieferte den Autoren von Teufelsbüchern das so dringend benötigte Anschauungsmaterial. Musculus wetterte in seinem Traktat – eigentlich eine Predigt von 1555 – gegen die bei der Jugend so beliebten Pluderhosen, gegen die er Himmel und Erde mobilisieren wollte.

Die Teufelsliteratur war im protestantischen Deutschland ein derart großer Publikumserfolg, daß der Frankfurter Verleger Siegmund Feyerabend auf die Idee kam, sie im Jahre 1569 in einem voluminösen Werk mit dem verheißungsvollen Titel ‹Teufelstheater› (‹Theatrum diabolorum›) zusammenzufassen. Dieses erlebte bis 1588 noch zwei weitere, erweiterte Auflagen. Auf dem Titelblatt erblickt man neben Satan etliche halbtierische Spezialteufel wie den Hosen-, Huren-, Sauf- und Tanzteufel. Angesichts des fröhlichen Treibens seiner Untergebenen muß Luzifer etwas zur Belohnung tun, und so verteilt er dann ansehnliche Geldsäcke unter seine Getreuen. Den christlichen Leser warnt der Bibelspruch: ‹Wachet und betet, auf daß ihr nicht in Versuchung fallt› (Mark. 14, 38). Die wohlbeleibten, mit Früchten spielenden Putten passen allerdings wenig zu dem sonst gruseligen Inhalt.

Die dritte Auflage von 1587/88 war von ursprünglich 20 auf 33 Teufelsschriften angewachsen, deren Titel hier im einzelnen vorgestellt seien:

1. ‹Der Teufel selbst› (Jodocus Hocker, Prediger in Lemgo);
2. ‹Von des Teufels Tyrannei, Macht und Gewalt› (Andreas Musculus);
3. ‹Der heilige, kluge und gelehrte Teufel› (Andreas Fabricius, Prediger in Nordhausen);
4. ‹Der Bannteufel wider die Teufelsbeschwörer› (Jodocus Hokker);
5. ‹Der Zauberteufel› (Ludwig Milichius, Pfarrer in Homburg);
6. ‹Der Fluchteufel› (Andreas Musculus);
7. ‹Der Tanzteufel› (Florian Daule, Pfarrer in Schellwalde);
8. ‹Der Gesindeteufel› (Peter Glaser, Prediger in Dresden);
9. ‹Der Jagdteufel› (Cyriacus Spangenberg);
10. ‹Der Saufteufel› (Matthäus Friedrich, Pfarrer in Görenz);
11. ‹Der Eheteufel› (Andreas Musculus);
12. ‹Der Hurenteufel› (Andreas Hoppenrodt, Prediger in Hettstedt);
13. ‹Der Geiz- und Wucherteufel› (Albrecht von Blankenburg);
14. ‹Der Schrappteufel› (d. h. ‹Was man den Herrschaften schuldig sei›, Ludwig Milichius);
15. ‹Der Faulteufel› (Joachim Westphal, Prediger in Sangerhausen);
16. ‹Der Hoffartsteufel› (Joachim Westphal);
17. ‹Von hoffärtiger, ungestalteter Kleidung der Weibs- und Mannspersonen› (Lukas Osiander, ohne Teufelsbezug);
18. ‹Vom zerluderten, zucht- und ehrvergessenen, pludrigen Hosenteufel› (Andreas Musculus);

19. ‹Wider den Kleider-, Pluder-, Paus- und Krausteufel› (Johann Strauß, Pfarrer in Neustadt);
20. ‹Neidhard oder Neidteufel› (Johannes Rhode, Pfarrer in Bischleben);
21. ‹Schmeichelteufel› (Hermann Heinrich Frey, Pfarrer in Schweinfurt);
22. ‹Der Pfarr- und Pfründenbeschneiderteufel› (Christoph Marstaller, Pfarrer in Braunsbach am Kocher);
23. ‹Spekulations- oder melancholischer Teufel› (Simon Musaeus);
24. ‹Lügen- und Lästerteufel› (Konrad Porta, Pfarrer in Eisleben);
25. ‹Bettel- und Gardteufel› (Ambrosius Pape, Pfarrer in Klein Ammensleben);
26. ‹Gerichtsteufel› (Georg am Wald, Rechtslizentiat und ‹Arzneidoktor›);
27. ‹Die alte Schlange oder Sakramentsteufel› (Johann Schütz, Pfarrer in Riestedt);
28. ‹Spielteufel› (Eustachius Schildo, Kantor in Luckau);
29. ‹Hofteufel› (Johann Chryseus, Pfarrer in Allendorf);
30. ‹Wider die zwei Pestilenzteufel Debet und Cheteb› (Hermann Strack, Pfarrer in Münchhausen und auf dem Christenberg bei Marburg);
31. ‹Vom Sabbatsteufel› (Kaspar Faber, Prediger in Teistungen);
32. ‹Eidteufel› (Christoph Obenhin, Pfarrer in Ursel);
33. ‹Sorgteufel› (Andreas Lang).

Für das Hexenwesen war im Sammelwerk Feyerabends der ‹Zauberteufel› des Homburger Pfarrers Milichius zuständig. Der diesbezügliche Traktat erschien im Jahre 1563 gleichfalls in Frankfurt. Nach dem üblichen Dispositionsschema der Teufelsbücher fragte der Autor zunächst nach Realität und Wesen der ‹Zauberey›, um dann Arten, Ursprung, Ziele, teuflische Machinationen, Methoden, die Rolle von Teufel und Gott dabei sowie Spezialgebiete abzuhandeln. Zauberei gibt es nach Milichius in dreierlei Gestalt: als Magie, Weissagung oder Aberglauben. Magie wird erst durch direktes Teufelsbündnis möglich. Der Homburger Pfarrer klammerte jedoch hierbei die ‹Magia naturalis› (‹das ist von den wunderlichen und verborgenen Wirkungen etlicher Kreaturen›) aus, da es darüber spezielle Bücher gebe.

Der ‹Hofteufel› des Sammelwerkes war ein Teufelsdrama. Sein Autor, Johann Chryseus, behandelte hierin die Geschichte von Daniel in der Löwengrube (Dan. 6). Wie an anderen Fürstenhöfen wirkt der Hofteufel auch in der Umgebung des Königs Darius. Er stiftet die Hofleute zu Intrigen und schlechten Ratschlägen an, was im vorliegenden Falle der angesehene, treue, Gott ergebene Daniel zu spüren bekommt. Aber Gott rettet Daniel vor den Löwen, seine Widersacher sterben, ihre Seelen erhält der Hofteufel, der sich im Drama dem Publikum vorstellt:

‹Der Hofteufel, so bin ich genannt,
Und komm jetzt her aus Perserland.
Will ich auch weiter anzeigen dabei,
Was mein Gewerb zu Hofe sei.
All Unglück richte ich da an,
Wo ich's zuwege nur bringen kann.
Zum ersten so richt' ich's dahin,
Wie ich denn des ein Meister bin,
Daß Könige, Fürsten sicher leben,
Auf Gottes Wort und Straf' nichts geben.›

Unter dem Einfluß des Feyerabendschen Sammelwerkes zogen die Spezialteufel immer mehr in die dramatische Literatur ein und erweckten entsprechende Bühnenstücke. Im 17. Jahrhundert entwickelten sich die Zuständigkeitsbereiche den Zeitumständen gemäß weiter: Aus dem altdeutschen Hosenteufel wurde der ‹Allamode›-Teufel, der die Franzosenmode zu verantworten hatte.

Der theologische Hintergrund der Teufelsliteratur des 16. und 17. Jahrhunderts war das orthodoxe Luthertum. Mit dessen Niedergang schwand auch das Interesse, sich mit dem Teufelsthema in derartiger Weise zu beschäftigen. Allerdings blieben die Wortschöpfungen der Teufelsautoren weiterhin lebendig.

Teufel und Hexen traten als geschätzte Requisiten auch in anderen Literaturgattungen auf. Hans Sachs gestaltete in seinem Fastnachtsspiel ‹Der Teufel und das alte Weib› einen Ehekonflikt. Darin stellt sich der Teufel dem Publikum vor:

‹Ich bin der Geist, der sonst Zwietracht
Leicht zwischen Eheleuten macht.
Hab' sie auch diesem Ehepaar
Schon eingeblasen dreißig Jahr'
Durch Traumgesichte in der Stillen
Und sie gereizt zu Widerwillen.

Umsonst war meine Teufelei,
Sie blieben beid' vom Zanken frei.
Hier herrscht nur Lieb' und Einigkeit,
Das drückt mich sehr und schafft mir Leid.
Gern woll' ich jemanden erspähn,
Der in die Eh' könnt Zwietracht sä'n;
Er sollte reichen Lohn empfangen.›

Zu einem solchen Vorhaben bietet sich eine Hexe an, der als Lohn ein Paar Schuhe versprochen werden. Diese flüstert der Frau zu, ihr Mann betrüge sie, und dem Mann, die Frau wolle ihn vergiften. Schon ist das Ehedrama mit einer wilden Prügelei inszeniert. Erst spät erkennen beide Eheleute die Bosheit der Hexe, vor der sich sogar der Teufel fürchtet. Die Hexe vertreibt ihn mit ihrer Gabel von der Szene.

Sebastian Brant und Thomas Murner behandelten das Teufelsthema in satirischer Form. Brant verspottete in seinem ‹Narrenschiff› mit der Astrologie auch die übrige Schwarze Kunst:

‹Viel Aberglauben man jetzt erdichtet ...
In Narrheit ist all Welt ertaubt,
Einem jeden Narren man jetzt glaubt ...
Als ob man Gott wollte zwingen damit,
Daß es müßte sein und anders nit.
Weil Gottes Liebe verloschen ist und Gunst,
Da sucht man jetzt des Teufels Kunst.›

Murner kommentierte in der ‹Narrenbeschwörung› die Wendung ‹Ein hagel sieden›. Da er als Kind angeblich durch eine Hexe gelähmt worden war, zeigte er sich auch literarisch nicht gut auf Hexen zu sprechen:

‹Seht an, ob das nicht Wunder sind,
Daß alte Weiber sind so blind
Und haben so große Rach' im Herzen,
Daß sie Herzeleid und Schmerzen
Bringen zu einem ganzen Land,
Denn sie den Hagel gesotten hand,
Und verderben Wein und Korn,
Daß die Früchte alle sind verlorn! ...
O Gott, o Gott, erhöre mein' Bitt'!

Warum verschluckt sie das Erdreich nit,
Wo sie doch dich verleugnet han
Und zu dem bösen Teufel stan,
Dem sie geben Seel und Leib?
O, du böses altes Weib,
Verflucht die Mutter sei im Grund
Und auch dieselbe elend' Stund',
Die du aufs Erdreich' kommen bist!
Kennst du nicht des Teufels List,
Der allzeit ein Lügner ist?
Wie bist so blind in diesen Sachen,
Daß du wähnst, du könntest machen
Wetter, Hagel oder Schnee,
Kinderlähmen dazu mehr,
Auf gesalbtem Stecken fahren!
Wir wollen's dir nicht länger ersparen!
Nun ins Feuer und angezündt!›

In der spanischen Erzählliteratur des 16. und 17. Jahrhunderts, etwa bei Cervantes, entwickelte sich die Hexe zu einer festen Figur. William Shakespeare nutzte in seiner Tragödie ‹Macbeth› die Vorstellung vom Schadenzauber und ließ drei Hexen sagen:

‹Unheilsschwestern, Hand in Hand
ziehn wir über Meer und Land.
Rundum dreht euch, so rundum:
Dreimal dein und dreimal mein,
und dreimal noch, so macht es neun –
Halt! – Der Zauber ist gezogen.›

Ein Sammler des zeitgenössischen Aberglaubens war in der zweiten Hälfte des 17. Jahrhunderts der Leipziger Magister Johannes Schultze, genannt Prätorius. 1668 erschien sein Werk ‹Blocksberges Verrichtung›. In ihm hatte er, ‹mit vielen schönen Raritäten geschmückt›, das ihm zugängliche Material über das Hexenwesen zusammengestellt und auf den Brocken im Harz als zentralen Blocksberg der Hexenfahrt bezogen. Prätorius lockerte den umständlich dargebotenen Stoff durch Hexengedichte auf; sie waren von der Art folgender Kostproben:

‹Böckereiten, Gabelfahren, Unzuchttänze, Adlerklauen,

Bärentatzen, Löwenmähnen, Teufelslarven sind zu schauen.
Seht, wie die Königin gelbes Gift zum Fest muß kochen,
Und das alte Hexenvolk zeigt kleiner Kinder Knochen.
Schreckt nicht den Bauersmann Paukenbrummen, Mordgetümmel,
Eulenaugen, Krötenzucht, Schlangenzischen, Wurmgewimmel?›

Auch das Ende des ‹alten Hexenvolkes› wußte Prätorius in rechte Verse zu setzen:

‹Ihr rechter Lohn und gewisses Pfand,
Ist Feuer, Schwert und ewige Schand.
Ja, wenn sie nicht tun Buße auf Erden,
Können sie auch nicht selig werden!›

Mit dem Ende der Hexenverfolgungen schwand auch in der Literatur der innere Bezug zum Thema und machte anderen Motiven Platz. Teufel und Hexen sanken aus der Welt gesellschaftlicher Personalität zu allegorisch, volkskundlich oder romantisch gedeuteten Wesen herab. Dieser Vorgang spiegelt sich auch in Goethes ‹Faust› wider, jenem Werk, das wie kaum ein anderes den äußeren Pomp mittelalterlichen Glaubens und Aberglaubens dem modernen Menschen überliefert hat.

18

Hexensagen

Die im Volke verbreiteten Hexenvorstellungen spiegeln sich in zahlreichen Sagen und im Brauchtum wider. Dadurch blieb die Hexe auch nach dem Erlöschen der Verfolgungen eine geradezu populäre Figur, bis in unser Jahrhundert hinein. Zwischen dem irrationalen Gehalt der Volkssagen und den auf der Folter erpreßten ‹wundersamen› Geständnissen und Zeugenaussagen besteht freilich kein qualitativer Unterschied. Trotzdem zeigen die Sagen, in welcher Weise die Hexentheorie in der Bevölkerung wirkte und bewahrt wurde. Vor allem glaubte sich das Volk im Produktions- und Familienbereich betroffen, und so berichten die Sagen neben dem Hexensabbat von Hexenvorteilen, Hexenschäden und individuellen Abwehrmaßnahmen. Die seltsamen Geschichten sind ausnahmslos mit bekannten Ortschaften und Örtlichkeiten verbunden. Als Berichterstatter treten meist Bauern, Handwerker und junge Burschen auf. Im Brauchtum stand – manchmal noch heute bekannt – das Hexenaustreiben an erster Stelle. Hierbei spielten Feuer und Lärm eine große Rolle. Bei Hexengefahr hielt man die Häuser tunlichst geschlossen. Gegen das

Eindringen der Unholde sollten Räucherwerk und Kreuzzeichen helfen.

In diesem Kapitel wird eine Auswahl charakteristischer Hexensagen in der Nacherzählung neuerer Sammler und Forscher gegeben.

In den Harzsagen nimmt der Brocken naturgemäß einen Ehrenplatz ein. Neben der geographischen Situation waren es gelehrte Autoren wie Johann Prätorius (gest. 1680) und Samuel Pomarius (1624 bis 1683), die mit ihren Büchern dafür sorgten, daß die höchste Erhebung des Harzes die übrigen deutschen Hexentummelplätze ausstach. Da gab es bald etliche Leute, die die Hexen zu Walpurgis bei ihrer Fahrt oder während des Festes belauschten und davon berichteten. Heinrich Pöhle erzählt so von einem preußischen Soldaten aus Wernigerode, der nach Flandern kam:

«Im Quartier wurde er gefragt, wo er her sei. Er sagte: ‹Ich bin am Blocksberge zu Hause.› Da sagte jemand: ‹Nun, in Drübeck ist ein Pfeiler, daran steht mein und meines Bruders Namen. Wir hüteten als Jungen die Schafe und unterhielten uns oft, wieviel Hexen es in unserem Orte wohl geben möchte. Am 12. Mai, von welchem Tage an die Hirten am Harz ins Gebirge treiben und nicht mehr auf den Wiesen hüten dürfen und der der Walpurgistag am Harz ist, machten wir einen Kreis von Drachenschwanz oder Schlangenkraut, auch Hörnkenkraut genannt, um uns her. Um elf aber kamen die Hexen auf Besen, Heugabeln usw. an, zuletzt aber fuhr unsere Nachbarin auf einem Fuder Heu ohne Pferde daher. ‹Nawersche, nehmt uns midde!› riefen wir. ‹Ja, Jungens, sett üch op!› rief sie. Das taten wir, nahmen aber den Kranz mit auf das Fuder und steckten ihn um uns her. ‹Jungens›, sagt sie, ‹nu sett üch wisse (fest)!› und da geht's davon, alswie ein Vogel fliegen tut. Als wir wieder zur Besinnung kamen, waren wir auf einem hohen Berge, da waren große Feuer, viele Gäste auf Gabeln und Ziegenböcken, und wurde getanzt, und war allda die schönste Musik. Einer, der Satan war, hatte zwei große Hörner auf dem Kopfe, ordnete die Tänze an, und danach spielte er selbst mit. Die Alte war abgestiegen, wir Jungen aber zogen auf dem Heuwagen unsere Schalmei heraus und spielten auch mit. Nun kam der mit den Hörnern zu uns und sprach: ‹Jungens, ihr könnt ja prächtig spielen, ich will euch ein besseres Instrument leihen.› Da warf er uns eine andere Schalmei in den Kreis, die ging nun aber ganz prächtig, da huckten die alten Hexen wie die Stube hoch und freuten sich ordentlich. Als wir nun so eine halbe Stunde gespielt hatten, winkte er, und wir mußten haltmachen. Da knieten alle vor dem Hexenaltar, dann nahm er mit den Hörnern aus dem Hexenbrunnen Wasser, goß auch zwei Eimer in das Hexenwaschbecken, daraus mußten sie sich alle waschen und wurden auch von ihm damit besprengt. Dann ging der Tanz wieder an, und um zwölf war alles verschwunden; wir Jungen aber saßen in unserem Kranz von Kraut auf der platten Erde. Da kam der Anführer und fragte, was wir für unser Spielen haben wollten, wir aber baten nur um die Schalmei. ‹Die sollt ihr behalten›, sagte er. Am anderen Morgen aber sahen wir, daß es eine alte Katze war, das Mundstück war der Schwanz, den hatten wir kurz und klein gekaut. Jetzt gingen wir herunter und kamen erst nach Drübeck, wo wir unsere Namen an die Säule schrieben. Meinen Bruder tötete die Hexe, weil er in unser Dorf zurückkehrte, ich aber hütete mich vor ihr und ging hierher.»

Es ging also meist übel aus, wenn sich ein Außenstehender in das Treiben der Hexen aus Neugier mischte, besonders, wenn er den Mund danach nicht halten konnte. Nicht zu beneiden waren auch die jungen Männer, die das Pech hatten, sich gerade in eine Hexe zu verlieben. Von einem solchen berichtet Pöhle:

«Es ist einmal ein Bräutigam gewesen. Die Braut aber und ihre Mutter waren beide Hexen. Als nun der Tag kam, an welchem die Hexen nach dem Brocken wandern, gingen die beiden Hexen auf den Heuboden, nahmen ein kleines Glas und tranken daraus, da waren sie auf einmal verschwunden. Der Bräutigam, welcher ihnen nachgegangen war, dachte: Sollst auch einmal aus dem Glase trinken. Er nahm also das Glas vor den Mund und nippte davon, da war er mit einem Male auf dem Brocken und sah, wie seine Braut und deren Mutter mitten unter den Hexen waren, welche um den Teufel tanzten, der in der Mitte stand. Nachdem alles vorbei war, befahl der Teufel, daß jede ihr Glas nehme und trinke. Das taten die Hexen, und darauf flogen sie nach allen vier Winden. Der Bräutigam stand nun allein auf dem Brocken und fror, denn es war kalt. Ein Glas hatte er nicht mitgenommen und mußte deshalb den Rückweg zu Fuß antreten. Nach einer langen und beschwerlichen Reise kam er endlich wieder bei seiner Braut an, aber die war sehr böse, und auch die Mutter zankte viel mit dem Bräutigam darüber, daß er aus dem Glase getrunken hatte. Mutter und Tochter kamen endlich überein, den Bräutigam in einen Esel zu verwünschen, welches denn auch geschah. Der arme Bräutigam war nun also ein Esel geworden und ging betrübt von einem Hause zum andern und schrie sein ‹Ija! Ija!› Da erbarmte sich ein Mann über den Esel, nahm ihn in einen Stall und legte ihm Heu vor; aber der Esel wollte es nicht fressen, da wurde er mit Schlägen aus dem Stalle getrieben. Nach langem Umherirren kam er einmal wieder vor das Haus seiner Braut, der Hexe, und schrie recht kläglich. Die Braut sah ihren vormaligen Bräutigam, wie er mit gesenktem Kopfe und herabhängenden Ohren vor der Tür stand. Da bereute sie, was sie getan hatte, und sprach zum Esel: ‹Wenn ein Kind getauft wird, so stelle dich vor die Kirchtür und laß dir das Taufwasser über den Rücken gießen, dann wirst du wieder verwandelt werden.› Der Esel folgte dem Rate seiner Braut. Am nächsten Sonntage wurde ein Kind getauft, da stellte sich der Esel vor die Kirchtür. Als die Taufhandlung vorbei war, wollte der Küster das Taufwasser wegschütten, aber der Esel stand ihm im Wege. ‹Geh, alter Esel›, sprach der Küster, aber der Esel ging nicht, da wurde der Küster ärgerlich und goß ihm das Wasser über den Rücken. Nun war der Esel erlöst, ging zu seiner Braut, heiratete dieselbe und lebte recht glücklich mit ihr.»

Auch am Brocken gab es verschiedene Methoden der Sabbatfahrt. Wer zu Walpurgis unterwegs ist, dem begegnen die Hexen vielleicht nicht wie den Drübecker Jungen, sondern als Katzenschar. Wenn die Zaubertiere sich ausruhen, benutzen sie die Rast zu einer kleinen Vorfeier. Eine solche sahen sechs Hammerschmiede am Beerberge bei Wernigerode. Unter den Katzen entdeckten die Arbeiter nicht nur die Tiere ihrer Vorgesetzten, sondern auch ihre eigenen. Als die Schmiede drunten davon Meldung machten, tauchten plötzlich die Katzen auf und bedrohten die Männer. Diese konnten sich glücklicherweise mit glühenden Eisen der Angreifer erwehren. Die zu erwartende Pointe, daß sich hinter den Hauskatzen die Ehefrauen der Hüttenleute verbargen, fehlt der Geschichte.

Hexenwerk bringt der Hexe bisweilen reichlich Butter und Milch und entzieht diese Dinge den Nachbarn. Aus der Oberharzer Bergstadt Wildemann überliefert Heinrich Pöhle das Schicksal einer Frau, die den Teufel um seinen Lohn betrügen wollte:

‹Auf Wildemann war eine Frau, die schloß ein Bündnis mit dem Teufel. Sie handelte auch mit Butter, und der Teufel gab ihr einen Beutel, worin etwas war, man weiß nur nicht was. Sooft sie butterte, sollte sie das unters Butterfaß legen. Das hatte die Frau schon viele Jahre getan; da mußte sie einmal ins Bachhaus gehen, und ihre

Tochter ging auf die Nachbarschaft. Die Nachbarsfrau butterte auch gerade, da sagte das Mädchen: Sie müßte es machen wie ihre Mutter, dann bekäme sie viel Butter. Ihre Mutter hätte einen Butterbeutel, wenn sie den unter das Butterfaß legte, käme das Butterwerk sogleich oben heraus. Da sagte die Nachbarsfrau, ob das Kind nicht wüßte, wo die Mutter den Beutel hätte, und es lief sogleich hin, um den Beutel zu holen. Den legte sie unter ihr Butterfaß, da kam die Butter sogleich oben heraus. Als sie fertig gebuttert hatte, gab sie dem Kinde den Beutel wieder, um ihn an seine Stelle zu legen, damit die Mutter nicht merken solle, daß sie den Beutel gebraucht habe. Da wusch sie die Butter, und dann wollte sie dieselbe wägen. In dem Augenblicke ging die Tür auf, und es kam ein Mann herein im dreieckigen Hute und roten Mantel, der hatte einen Pferdefuß und einen Menschenfuß und sagte: Ob sie denn nun Butter genug hätte? Zog auch ein großes Buch heraus und sagte: Sie möchte sich erst hier unterschreiben. Die Frau aber weigerte sich, sie hätte mit so einem Manne, wie er wäre, nichts zu schaffen. Der Mann antwortete: Warum sie den Butterbeutel gebraucht hätte? Wenn sie sich nicht unterschriebe, müßte er seinen Teil von der Butter wieder wegnehmen. Einen solchen Mann, wie er wäre – sagte nun die Frau – ließe sie nicht an die Butter, sie wüßte, wieviel sie immer erhalten hätte. Er aber sagte: Das wisse er besser als sie, was sein wäre und was ihr gehöre. Die Frau nahm endlich ihre Butter davon und der Mann das Übrige, damit ging er zur Tür hinaus. Die Frau aber war schwatzhaft und wollte ihrer Nachbarin erzählen, was geschehen war. Als sie die Tür öffnete, klatschte der Mann ihr die Butter ins Gesicht und flog zum Schornstein hinaus. Die Frau aber schrie und lief auf die Straße. Da war der Mann schon hoch in der Luft. Nun legte sich die Frau und wurde krank. Am andern Tage, wo dies geschehen war, um dieselbe Stunde, war sie kalt, und ihr Gesicht war von der Teufelsbutter kohlenschwarz.›

Eine Uftrunger Bäuerin konnte da noch von Glück sagen. Auch sie hatte Teufelsbutter bereitet, ohne mit dem Teufel handelseinig geworden zu sein. Sie machte sich mit ihrer Butter nach Stolberg auf, um sie dort auf dem Markt zu verkaufen. Nach einer halben Stunde stieß sie im Walde auf den Teufel, der ihr in den Korb griff und die vermeintliche Butter zu Boden warf. Diese hatte sich inzwischen in Kuhdreck verwandelt. Da die ‹rechtlichen› Voraussetzungen fehlten, war es nichts mit dem erhofften Buttersegen.

Zum bäuerlichen Schadenzauber gehörten bekanntlich auch Ungezieferplagen. Aus dem mittleren Werratal überliefert Christian Ludwig Wucke eine diesbezügliche Geschichte von einem, der in seinem Dorfe mit einer Hexe Ärger bekam: ‹Weil sie aber nicht an mich kommen konnte, so machte sie sich an meinen Vater, und der wurde auch getreten voll Läuse. Wir probierten nun zwar alles, aber das Ungeziefer war nicht fortzubringen. Ich ging also zu der alten Zigeunerin in Gehaus nach Rat. Wie ich den hatte, nahm ich meine Flinte — das beste Gewehr von der Welt, das mich im Leben noch nicht gestoßen hatte — lud sie mit sieben Stück von den Läusen, ging — aber alles stillschweigend — nach dem Dreiherrenstein, nahm ungefähr fünfzehn Schritt Abstand, legte an, zielte, drückte ab und kriegte doch meiner Seel' einen Schlag, daß ich besinnungslos zu Boden stürzte. Als ich wieder zu mir kam und mich besann, was vorgefallen, da lag ich ein ganz End' von meinem Stand, ein Stück davon meine Mütze und wieder ein End' weiter die Flinte. Und ehe ich heimkam, hatte ich eine Backe so dick wie eine Metze; die Läuse aber waren auf und davon. Wenn ich dann an der ihrem Hause vorbei mußte, da hätte einmal ein Mensch das Gesicht sehen sollen: wie eine richtige Feuerkatze! Sie machte dann, daß sie zur Tür hineinkam, und schlug das Fenster zu, daß die Scheiben klirrten. Mein gutes Gewehr aber war und blieb durch jenen Schuß für immer verdorben.›

Auch mit dem Teufel verbundene Kinder verstanden sich aufs Ungeziefermachen, wie die Knaben aus Stadtlengsfeld, von denen Ludwig Bechstein erzählt. Diese ließen in der Schulstube die Mäuse und am Rock des Pfarrers die Läuse tanzen. Zum Glück war der Vater des einen Übeltäters Scharfrichter und konnte seinem Kind den Kopf abschlagen; die anderen entkamen jedoch durch die Lüfte.

Bei Aue erlebten Viehhirten, wie ein zehnjähriges Mädchen die Kunst des Wettermachens vorführte und dabei ihre Mutter, eine Witwe, als Lehrmeister angab. Obwohl vorher eine schlimme Hitze geherrscht hatte, daß Mensch und Vieh kaum atmen konnten, kam durch das Zutun der Kinder plötzlich ein schreckliches Gewitter.

Die Brüder Grimm nahmen in ihre Sammlung folgende Wettersage auf:

‹Zu einer Zeit waren in einem Wirtshaus zwei Zauberinnen zusammengekommen, die hatten zwei Gelten oder Kübel mit Wasser an einen besonderen Ort gesetzt und ratschlagten miteinander, ob es dem Korne oder dem Weine sollt gelten. Der Wirt, der auf einem heimlichen Winkel stand, hörte das mit an, und abends, als sich die zwei Weiber zu Bett gelegt, nahm er die Gelten und goß sie über sie hin; da ward das Wasser zu Eis, so daß beide von Stund an zu Tode froren.›

Wie Wucke erzählt, verstand eine Hexe zu Kranlucken, Wetter aus einem Sieb zu erzeugen:

‹Zu Kranlucken lebte vor Zeiten eine bitterböse Hexe, welche die Heilige Dreifaltigkeit abgeschworen und sich dem Gottseibeiuns in die Arme geworfen hatte, der sie denn auch nachts oft besuchte und ihr allerlei heillose und tückische Künste lehrte. Natürlich blieb das nicht verborgen, und so kam es, daß sie von alt und jung im Dorfe verachtet und gemieden wurde. Darüber aber wurde die Hexe immer erboster und sann auf Rache; und da ihr der Teufel unter anderen Schlechtigkeiten auch gesagt hatte, wie man die bösen Wetter mache, so nahm sie eines Tages ein Sieb, legte einen Katzenkopf, einen Krebs, faule Eier und was sonst noch dazu gehörte, hinein, sprach ihren Spruch und ließ das Zeug in dem Sieb dabei gehörig herumlaufen. So stieg denn bald darauf auch richtig eine kleine Wolke am Horizonte auf, welche die Richtung auf Kranlucken zu nahm. Hätten die Leute geahnt, was dem Orte bevorstand, und, wie in unsern Gebetbüchern steht, ein Kreuz gegen die Wolke gemacht, so wäre groß Unglück verhütet worden. So aber kam die Wolke ungehindert bis über das Dorf. Hier fuhr aus ihr ein greller Blitz, der sofort auch den Kirchturm und das halbe Dorf in Flammen setzte. Nur mit der größten Mühe wurde die andere Hälfte gerettet. Die Kirche aber blieb unversehrt, an diese hatte die Hexe mit ihrem Feuer nicht kommen können.›

Die Brüder Grimm bringen an anderer Stelle die Sage vom Werwolfstein bei Eggenstedt (nördlich von Oschersleben):

«Vor langer, langer Zeit hielt sich an dem Brandsleber Holze, das sonst mit dem Hackel und dem Harze zusammenhing, ein Unbekannter auf, von dem man nie erfahren hat, wer er sei, noch woher er stamme. Überall bekannt unter dem Namen des Alten, kam er öfters ohne Aufsehen in die Dörfer, bot seine Dienste an und verrichtete sie zu der Landleute Zufriedenheit. Besonders pflegte er die Hütung der Schafe zu übernehmen. Es geschah, daß in der Herde des Schäfers Melle zu Neindorf ein niedliches buntes Lamm fiel; der Unbekannte bat den Schäfer dringend und ohne Ablaß, es ihm zu schenken. Der Schäfer wollte es nicht lassen. Am Tage der Schur brauchte Melle den Alten, der ihm dabei half; bei seiner Zurückkunft fand er zwar alles in Ordnung und die Arbeit getan, aber weder den Alten noch das bunte Lamm. Niemand wußte geraume Zeit lang von dem Alten. Endlich stand er einmal unerwartet vor dem Melle, welcher im Kattental weidete, und rief höhnisch: ‹Guten Tag, Melle, dein buntes Lamm läßt dich grüßen!› Ergrimmt griff der Schäfer seinen Krummstab und wollte sich rächen. Da wandelte plötzlich der Unbekannte die Gestalt und sprang ihm als Werwolf entgegen. Der Schäfer erschrak, aber seine Hunde fielen wütend auf den Wolf, welcher entfloh; verfolgt rannte er durch Wald und Tal bis in die Nähe von Eggenstedt. Die Hunde umringten ihn da, und der Schäfer rief: ‹Nun sollst du sterben!› da stand der Alte wieder in Menschengestalt, flehte bittend um Schonung und erbot sich zu allem. Aber wütend stürzte der Schäfer mit seinem Stock auf ihn ein — urplötzlich stand vor ihm ein aufsprießender Dornenstrauch. Auch so schonte der Rachesüchtige ihn nicht, sondern zerhieb grausam die Zweige. Noch einmal wandelte sich der Unbekannte in einen Menschen und bat um sein Leben. Allein der hartherzige Melle blieb unerbittlich. Da suchte er als Werwolf zu entfliehen, aber ein Streich des Melle streckte ihn tot zur Erde. Wo er fiel und beigescharrt wurde, bezeichnet ein Felsenstein den Ort und heißt nach ihm auf ewige Zeiten.»

Gegen Zauber und Hexenwerk gab es viele Mittel. Ihrer bedienten sich vorwiegend weise Männer und Frauen. Sie verstanden sich ebenfalls auf geheimnisvolle Künste; diese setzten sie als Gegenzauber ein und halfen so den bedrängten Menschen. Die schwere Arbeit eines solchen Hexenbanners schildert eine Geschichte aus dem vogtländischen Brambach:

«Sonntag nachmittags kam er mit einem Sacke, kniete auf der obersten Stufe der alten wackeligen Bodenstiege und sagte seine Beschwörung. Da kam die Hexe aus dem schwarzen Winkel hinter der Esse. Sie trug einen roten Rock, ein schwarzes Mieder und weiße Strümpfe. Auf dem Kopfe hatte sie ein nach Hexenart gebundenes Kopftuch und Holzpantoffeln an den Füßen. Als sie vor dem Beschwörer steht, sagt der: ‹So will ich dich nicht haben, du bist nicht ganz!› Knurrend verschwindet die Hexe im finstern Winkel, um gleich darauf in demselben Aufzuge zu erscheinen. ‹So will ich dich nicht, du hast dein Bett vergessen, hole es.› Nun kommt die Hexe wieder mit einem Strohwisch. Der Beschwörer macht den Sack auf: ‹So, nun steig rein!›

Mit leisem Brummen folgt sie. Der weise Mann bindet den Sack zu, verlangt von dem Bauern keinen Lohn, denn der ist selbst ein armer Kerl, und sagt: ‹Ich werde mich schon bezahlt machen.› Er geht ins Wirtshaus am Markte, wo heute das Zollamt steht, und setzt den Sack unter die Geschirrbank. Die Gäste werden neugierig: ‹Na, was hast du denn heute zum Sonntage in deinem Sacke?› ‹Eine Hexe.› ‹He, die mußt du mal rauslassen, die wollen wir sehen. Komm, wir binden selber auf!› ‹Ich rate euch, laßt sie drin, ihr könntet Schaden haben!› Aber sein Mahnen hilft nichts. Die Gäste öffnen den Sack, und die Hexe springt mit furchtbarem Gemurr in den Geschirrschrank, daß Teller und Schüsseln wackeln und jeden Augenblick zu zerbrechen drohen. Nun wird den Leuten angst: ‹Du, steck deine Hexe wieder ein.› Aber der Beschwörer tut gar nicht dergleichen. Erst als sie ihm seine tüchtige Zeche bezahlen und ein schönes Trinkgeld geben, fängt er die Hexe wieder, verschwindet in der dunklen Nacht und verschafft seine Hexe so, daß sie sich hat bis auf den heutigen Tag nicht wieder sehen lassen.»

Aus einem Dorfe bei Großenhain wird berichtet, wie ein kundiger Fleischer gegen Milchzauber vorging: Er ergriff zunächst ein Gefäß mit Wasser und drei glühende Kohlen vom Herde und begab sich damit zum verhexten Tier: ‹Denk dir ein Mannsen, das die Kuh verhext haben könnte›, sagt er zur Bäuerin. Anschließend nimmt er eine feurige Kohle, läßt sie in die Pfanne zischen und spricht dabei ganz langsam und richtig feierlich: ‹Ist's gewesen ein Mannsen, mag's fahren in den Ranzen.› Fährt fort: ‹Denk dir ein Weib, Bäuerin!› Nimmt die zweite Kohle, läßt sie fallen und sagt: ‹Ist's gewesen ein Weib, mag's fahren in den Leib.› Und sein dritter Spruch heißt so: ‹Ist's gewesen ein Kind, mag's fahren in den Wind.› Nun wäscht er mit dem Wasser die Kuh auf dem Kreuze und sagt wieder einen Spruch dabei! Und das restliche Wasser soff dann das nun wohl enthexte Tier.

In der Zauberei geübte Männer und Frauen wissen schließlich auch, wie man sich am besten vor Diebstahl schützt. Da hilft vor allem die Kunst des Festmachens, welche bewirkt, daß sich die gebannten Frevler plötzlich nicht mehr vom Fleck rühren können. Auch hierbei werden verschiedene Sprüche aufgesagt. Aus der Großenhainer Umgebung stammt der folgende Diebessegen, der beim Festmachen vorwärts zitiert werden mußte, beim Losmachen jedoch rückwärts zu sprechen war:

«Maria ging in den Garten.
Ihr kamen drei Engel entgegen:
Der erste Engel Sankt Michael,
Der zweite Engel Sankt Gabriel,
Der dritte Engel Sankt Daniel.
Daniel hub an zu lachen.
So sprach Maria: ‹Daniel, warum lachest du?›
Daniel sprach: ‹Warum sollt ich nicht lachen?
Dort gehen drei Diebe,
Die wollen dir dein trautes Kindlein stehlen.›
Da sprach Petrus:
‹Die Diebe sind gebunden mit eisernen Wieden,
Mit eisernen Banden,
Mit Gottes Handen.
Sie müssen dastehn wie ein Stock
Und müssen schauen wie ein Bock.
Da geb ich ihnen die Welt zu einem Stab,
Den Himmel zu einem Hut,
Die Erde zu zwei Schuhen:
Da müssen sie alleweil stehen,
Bis ich sie heiße in Teufels Namen gehen.
Und als wenig der Dieb kann Himmel und Erde wegtragen,
So wenig soll er mir meine Sachen wegtragen.
Das gebeut ich ihm im Namen Gottes des Vaters und des
Sohnes und des Heiligen Geistes. Amen.»

Hexen und Zauberer, weise Frauen und Hexenbanner lebten in der Sagenwelt des Volkes nicht allein, sondern zusammen mit Kobolden und Drachen, Berg-, Moor- und Wassergeistern, Schlangen, Kröten und Lindwürmern, dem wilden Jäger und allerlei Spukerscheinungen. Die Hexerei ist oft mit dem Besitz von Drachen oder Kobolden verknüpft. Diese Wesen verhelfen dem Besitzer zu Wohlstand und schädigen andere durch Diebstahl. So nützlich sie sind, so schwer sind sie wieder loszuwerden; vor bösen Überraschungen ist man nie sicher. Einem Bauern zu Gutenberg im Saalkreis konnte sein Kobold nicht genug heranschaffen, und er ging an der Habgier seines Herrn bald zugrunde, bis er endlich einen Sack voller Dukaten herbeischleppte. ‹Lad an und rast aus! Das ist genug für heute und morgen!› freute sich der Bauer. ‹So ist es auch für immer genug›, erwiderte der Kobold, ‹nun gnade dir Gott, daß du mich rasten geheißen hast. Nun bleib ich hier, bis ein Priester, der von aller Sünde frei ist, mich hinwegbannt. Wir wollen uns in die Stube teilen: Du bleibst, wo du bist, und ich setze mich hierher. Und der Balken, der quer über die Decke geht, scheidet unser Reich. Und wenn du auf meine Seite kommst oder wenn du zur Tür hinausschlüpfen willst, drehe ich dir den Hals um.› Bei den Nachbarn fand der Bauer keine Hilfe; sie fürchteten sich vor dem Kobold in der Stube. Da es auch keinen sündenlosen Priester gab, obwohl sich Hunderte mit der Bannung des Ungeheuers versuchten, blieb der habgierige Bauer mit seinem ungebetenen Gast sitzen und harrt wohl noch heute der Erlösung.

Und überall hat der Teufel seine Hände im Spiel, nicht nur, wenn er sich mit armen Weibern verbündet und sie zu bösem Tun verführt. Teufelssteine, -berge, -seen, -mauern oder -schlösser erinnern die Nachwelt an viele unheilvolle Begebenheiten. Meist wirkt der Leibhaftige als der große Störenfried, der die gottgewollte Ordnung der Dinge durcheinanderwirft, die Menschen schädigt und ihre Seelen durch das Gaukelspiel materiellen Nutzens zu fangen sucht, wie es im Hexenglauben deutlich ist. Aber er kann auch anders. Als Rächer der Armen und Verfolgten holt er die, deren Sündenmaß auf Erden voll ist, dreht den Hartherzigen und Geizigen, den Spielern und Schlemmern, betrügerischen Richtern, Vögten und Advokaten den Hals um.

Bisweilen ist das Bild vom Teufel nicht ohne Humor gezeichnet. Er läßt sich von schlauen Menschen übertölpeln und wird dann geradezu zum dummen Teufel. Als Lohn behalten die listigen Teufelsbetrüger das Gut, das sie durch den Pakt erworben haben, und kommen zudem ungeschoren davon. Gern hält sich der Teufel als Kontrolleur und potentieller Unruhestifter in Kirchen auf. Er schreibt sich während des Gottesdienstes auf, wenn Frauen nicht dem Pfarrer zuhören und sich lieber von Geld und Gut unterhalten. Dabei passiert es, daß die Kuhhaut, die er zum Schreiben benutzt, nicht ausreicht; da er keine zweite mitgenommen hat, muß er die eine langziehen, stellt sich aber so tollpatschig an, daß er hinfällt. Auch mit Kleinigkeiten gibt sich der Teufel ab. In Halberstadt ließ er sich in einer Orgelpfeife nieder und störte den Wohlklang des Instruments. Alles war in der Welt der Sage möglich; hier galt uneingeschränkt: Der Teufel ist los.

19

Faust – ‹Quellbrunn der Nekromanten›

Der von den Obrigkeiten geduldete oder sogar geförderte Konkurrent der Hexenkunst war die weiße, natürliche oder geheime Magie. Gelehrte und Scharlatane versuchten hierbei, mittels mystischer, vielfach ins Marktschreiertum gesteigerter Methoden naturwissenschaftliche Kenntnisse zu gewinnen und auszunutzen. Dieser Mystizismus war für die Frühphase der neuzeitlichen Naturwissenschaften, wie sie sich mit der Renaissance entwickelten, typisch, denn der Gelehrte vermochte die Naturerscheinungen auf Grund des ungenügenden Erkenntnisstandes oft nur irrational zu deuten. Als förderlich dafür erwies sich, daß das kirchliche Weltbild noch immer großen Einfluß besaß und daß die Renaissancephilosophie den antiken Mystizismus wiederbelebte. Der Neuplatonismus, der in Florenz neu an Boden gewann und sich später unter den europäischen Gelehrten ausbreitete, bevölkerte die Welt mit magischen und dämonischen Kräften und öffnete weit das Tor für Naturspekulationen. Die Vertreter der weißen Magie bedienten sich des philosophischen Rüstzeuges ihrer Zeit, verbanden das naturwissenschaftliche Experiment mit metaphysischer Spekulation und verachteten das primitive Gewerbe der Volkszauberer. Ihre Naturdämonen bedurften weder des Ziegenbocks noch der Hexenschmiere, um zu wirken, und auch der Teufel, die Schlüsselfigur des Hexenglaubens, hielt sich in diesem Bereich merklich zurück.

Der Arzt Agrippa von Nettesheim glaubte, in der Natur vier Elemente mit dem Weltgeist (Spiritus mundi) an der Spitze zu erkennen. Dieser Weltgeist läßt alle Dinge entstehen, sich entwickeln und verändern. Der Mensch vermag die Naturkräfte zu entdecken und zu nutzen. Agrippas Fachkollege Theophrastus von Hohenheim, genannt Paracelsus, für den die Medizin die wichtigste Wissenschaft darstellte, sah in den Dingen einen Lebensgeist (Archeus) am Werke, der die Urmaterie in die speziellen Körper verwandle. Alle äußeren Erscheinungen seien nur der Reflex innerer Vorgänge.

Die naturphilosophisch-mystischen Spekulationen waren mit einer Praxis verbunden, welche die herrschenden Gewalten der beginnenden Neuzeit teilweise für nützlich erachteten: mit der Heilkunst, der Zukunftsdeutung und der Goldmacherei. Die neue Verbindung der Elemente durch die Alchimisten sollte Medikamente und Gold herbeischaffen, die Deutung von Gestirnkonstellationen, Kometen und Naturerscheinungen sowie die Beschwörung Toter gegenwärtige und zukünftige Lebensvorgänge erkennen helfen. Hierfür gab es eine Reihe von Spezialisten mit klangvollen Namen:

Alchimisten:	chemische Experimente
Astrologen:	Deutung von Himmelserscheinungen und Wettervorhersagen
Kristallseher:	Zukunftsdeutung aus Kristall und Wasser
Oneiromanten:	Traumdeutung
Chiromanten:	Deutung der Handlinien
Pyromanten:	Weissagungen aus Feuer und Rauch
Hydromanten:	Weissagungen aus Wasserbewegungen
Nekromanten:	Totenbeschwörung (oft mit Nigromantie verwechselt)
Aeromanten:	Wolken- und Wetterdeutung.

Man ersieht aus dieser Aufstellung, daß inmitten der Naturkünste die Deutung der Zukunft den Vorrang beanspruchte. Die meisten Astronomen arbeiteten zugleich als Astrologen; zwischen beiden Bereichen gab es keine reale Grenze. Wohl der bekannteste ‹Futurologe› des 16. Jahrhunderts war der französische Arzt Michel de Notredame, meist Nostradamus genannt, der 1555 Versweissagungen für die kommenden 2000 Jahre veröffentlichte. Im Trinklied lebt heute noch der Prediger und Mathematikprofessor Michael Stifel fort, der den Weltuntergang für den 18. Oktober 1533 vorhersagte.

Diese Tätigkeit brachte den Naturforschern die materiellen Mittel für ihren Lebensunterhalt und weitergehende Untersuchungen ein. Sie gab ihnen aber auch persönliche Sicherheit, denn ihre Arbeit stand immer im Zwielicht, wurde oft genug von frommen Eiferern verleumdet und mit der schwarzen Schadensmagie, der Nigromantie, in einen Topf geworfen. Ob es sich um Teufelswerk handelte oder nicht, das war weitgehend eine Frage der Protektion, die ein Naturforscher oder -kundiger fand. Um zu Geld und Schutz zu gelangen, bedurfte es oft einer kräftigen Reklame mit bombastischen Titeln und sensationsversprechendem Auftreten. Auch der ernsthafte, eher auf die Studierstube orientierte Gelehrte konnte sich solchem Zwang bisweilen nicht entziehen.

Damit geriet der Wissenschaftler in die Nähe der Scharlatane und Gaukler. Diese verfügten über gewisse Naturkenntnisse, die sie trick- und wortreich einer staunenden Menge oder wißbegierigen Einzelpersonen gegen klingende Münze vorzuführen wußten. Sie waren dem Scheiterhaufen viel näher als ihre gelehrten Feinde. Aus ihrem Kreise stammte Georg Faust, den nach dem Tode ein reicher Sagenkranz verklärte, bis er in der Literatur zum Prototyp des rastlos nach Erkenntnis strebenden Menschen aufstieg.

Der Doktor Faust — den Titel legte er sich selbst zu — wurde um 1480 im schwäbischen Knittlingen geboren und starb gegen 1540 in Staufen bei Freiburg im Breisgau. Er war wohl ein Bauernsohn; seine naturwissenschaftlichen und medizinischen Kenntnisse erwarb er nach dem Besuch der lokalen Lateinschule als Autodidakt. Als Fahrender verkaufte er sein Wissen, dabei von den humanistischen Gelehrten ebenso wie von den Theologen beider Bekenntnisse abgelehnt. Er bediente sich einer aufsehenerregenden Titulatur: ‹Magister Georg Sabellicus, Faust der Jüngere, Quellbrunn der Nekromanten, Astrolog, Zweiter der Magie, Chiromant, Aeromant, Astrolog, Zweiter in der Hydromantie›. Das brachte ihm entsprechende Kritik ein: ‹Welcher Wahnsinn gehört dazu, sich die Quelle der Nekromantie zu nennen! Wer in Wahrheit in allen guten Wissenschaften unwissend ist, hätte sich lieber einen Narren denn einen Magister nennen sollen.›

Fausts Aufenthalt ist für verschiedene große deutsche Städte bezeugt. Wahrscheinlich reiste er auch durch Polen, Italien und Frankreich. Überall rühmte er sich ungeheurer Kenntnisse und Kräfte und gab vor, wie einer seiner Gegner behauptete, es Christus gleichtun zu können. Aus Ingolstadt wurde er sogar ausgewiesen und gezwungen, dem Rat Urfehde zu schwören. Franz von Sickingen, der Ritterführer, verschaffte Faust für kurze Zeit eine Schulmeisterstelle in Kreuznach, offensichtlich dessen einzige Gelegenheit zu normaler ‹bürgerlicher› Betätigung. Der Doktor hielt sich auch in Wittenberg auf, fand aber als Schwarzkünstler und Teufelsbündner vor Luther keine Gnade. Der Reformator erzählte, Faust habe den Teufel seinen Schwager genannt und sich vernehmen lassen, er hätte Luther ins Verderben gestürzt, wenn dieser ihm nur die Hand gereicht hätte. Im übrigen war Luther der Meinung, wenn der Teufel ihm hätte Schaden zufügen wollen, wäre dazu schon vielfältige Gelegenheit gewesen. Fausts Vermittlung hätte es dazu bestimmt nicht bedurft. Auf Befehl des sächsischen Kurfürsten Johannes des Beständigen sollte der Nekromant verhaftet werden, flüchtete aber vorher aus der Elbestadt. Es war kein Wunder, daß der Teufel, auf den sich Faust anscheinend selbst immer wieder berief, auch bei seinem Ende die Hand im Spiel hatte. Der Doktor von eigenen Gnaden starb eines gewaltsamen Todes — vielleicht beim Experimentieren —, so daß Zeitgenossen und Nachwelt vermuteten, der böse Geist habe ihn endlich geholt, verdientermaßen!

Der Abenteurer Faust wurde nicht vergessen. Noch zu seinen Lebzeiten kursierten Erzählungen über ihn im Volke. Diese nahmen immer phantastischere Formen an und machten den historischen Faust schließlich zu dem, was er sein wollte und vorgab: der größte Magier seiner Zeit, ein Mann, der durch seine Kunst dem armseligen Alltag zu entrinnen wußte. Auch die gelehrte Literatur bewahrte Fausts Andenken. Augustin Lercheimer, selbst ehemaliger Wittenberger Student, polemisierte gegen die Behauptung, Johannes Faust, wie er nunmehr allgemein genannt wurde, habe etwas mit der Universität Wittenberg zu tun gehabt. Dieser sei nirgends daheim gewesen; er lebte wie ein Lotterbube und war ein Schmarotzer, der fraß, soff und sich von seiner Gaukelei ernährt hat.

Eine Zusammenfassung der umlaufenden Faustgeschichte bot die 1587 im Verlag von Johann Spies zu Frankfurt am Main erschienene ‹Historia von D. Johann Fausten, dem weitberühmten Zauberer und

Schwarzkünstler›. Ihr Verfasser ist unbekannt, wahrscheinlich stand er mit der Universität Heidelberg in Verbindung. Er nahm in der ‹Historia› nicht nur eine — sehr freie — Bearbeitung der Fausthistörchen vor, sondern übertrug auch die Taten anderer Magier auf seinen Helden. Auf diese Weise entstand die mit einigem Geschick bearbeitete Lebensgeschichte eines Menschen, den naturwissenschaftliche Interessen, aber auch die Gier nach Geld, Gut und Macht zum Teufelspakt treiben und dessen schlimmes Schicksal nur zu verdient ist.

In zwei Vorreden halten Autor und Verlag mit ihrer Absicht nicht hinter dem Berge: Es geht darum, den Christen zu warnen, durch ein Teufelsbündnis irgendetwas in der Welt erreichen zu wollen und die Vorschriften der Religion außer acht zu lassen. Dabei ist die Tendenz gegen den wissenschaftlichen Fortschritt unübersehbar. Spies meint, Fausts Geschichte sei ein ‹schreckliches Exempel›, ‹worin man nicht allein des Teufels Neid, Betrug und Grausamkeit gegen das Menschengeschlecht sehen, sondern auch augenscheinlich spüren könne, wohin Sicherheit, Vermessenheit und Fürwitz letztlich einen Menschen treibe und eine gewisse Ursache sei des Abfalls von Gott, der Gemeinschaft mit den bösen Geistern und des Verderbens von Leib und Seele›. Der Autor der ‹Historia› erklärt Zauberei und Schwarzkünstlerei für die größte und schwerste Sünde und bringt dazu Stellungnahmen und Exempel aus Bibel und Geschichte. Besonders interessieren ihn Anekdoten darüber, wie der Teufel mit seinen Knechten zu verfahren pflegte. Zusammenfassend erläutert er dem Leser: ‹Damit aber alle Christen, ja alle vernünftigen Menschen den Teufel und sein Vornehmen desto besser kennen und sich davor hüten lernen, so habe ich mit Rat etlicher gelehrter und verständiger Leute das abscheuliche Exempel D. Johann Fausts, was sein Zauberwerk für ein abscheuliches Ende genommen hat, vor die Augen stellen wollen. Damit auch niemand durch diese Historien zu Fürwitz und Nachfolge möchte gereizt werden, sind die Beschwörungsformeln und was sonst darin ärgerlich sein möchte, mit Fleiß umgangen und ausgelassen worden, und es ist allein das gesetzt worden, was jedermann zur Warnung und Besserung dienen mag.›

Die achtundsechzig Kapitel der ‹Historia› sind in drei Teile gegliedert. Der erste Abschnitt bringt die Frühgeschichte Fausts mit dem auf vierundzwanzig Jahre abgeschlossenen Teufelspakt, der zweite Fausts Abenteuer als Kalendermacher und Astrologe mit Fahrten in die Hölle, den Himmel und durch verschiedene Länder, der dritte

Fausts ‹Nigromantia an Potentatenhöfen› und sein ‹jämmerliches erschreckliches Ende und Abschied›. Die Darlegung gibt sich wissenschaftlich; auf dem Titelblatt wird sogar behauptet, daß meistens Fausts ‹hinterlassene Schriften› als Quelle verwendet worden seien — selbstverständlich eine literarische Fiktion. Nach der ‹Historia› stammt Johann Faust aus Stadtroda, ist aber mit Wittenberg aufs engste verbunden. Er studiert ordentlich Theologie und promoviert zum Doktor, wirft sich dann aber auf Spekulationen, packt die Heilige Schrift ‹hinter die Tür und unter die Bank› und wendet sich den geheimen Wissenschaften, aber auch der Mathematik und Medizin zu. Das versetzt ihn in die Lage, den Oberteufel Luzifer und den Unterteufel Mephostophiles zu beschwören und nach einer förmlichen Verschreibung deren Dienste zu gewinnen. Glücklicherweise war die darüber ausgefertigte Urkunde dem Autor der ‹Historia› zugänglich:

‹Ich, Johannes Faust Doktor, bekenne mit meiner eigenen Hand öffentlich zu einer Bestätigung und in Kraft dieses Briefes: Nachdem ich mir vorgenommen, auf die Elemente zu spekulieren, aber aus den Gaben, welche mir von oben herab beschert und gnädig mitgeteilt worden sind, solche Geschicklichkeit in meinem Kopf nicht finde und solches von den Menschen nicht erlernen vermag, so habe ich dem gegenwärtig gesandten Geist, der sich Mephostophiles nennt, einem Diener des höllischen Fürsten im Orient, mich ergeben, auch denselben mit erwählt, um mir solches zu berichten und zu lehren, der mir gegenüber ebenfalls versprochen hat, mir in allem untertänig und gehorsam zu sein. Dagegen aber ich mich hinwider gegen ihn verspreche und verlobe, daß er, wenn vierundzwanzig Jahre von Dato dieses Briefes an vorüber sind, Macht haben solle, mit mir nach seiner Art und Weise und seinem Gefallen zu schalten, walten, regieren und vollführen, in allen Dingen, es seien Leib, Seele, Fleisch, Blut und Gut, und das in Ewigkeit. Hierauf sage ich all denen ab, welche da leben, dem ganzen himmlischen Heer und allen Menschen, und das muß sein. Zu fester Urkund und stärkerer Bekräftigung habe ich diesen Rezeß eigenhändig geschrieben, unterschrieben und mit meinem hierfür gedruckten eigenen Blut, Sinne, Kopf, Gedanken und Willen verknüpft, versiegelt und bezeugt usw.›

Da offensichtlich auch im satanischen Reich eine ausgebildete Bürokratie herrscht, fordert Mephostophiles noch eine Abschrift des Kontrakts und tritt fortan als Diener Fausts in Gestalt eines Mönchs auf, der seinen Herrn mit gestohlenen Lebensmitteln, Getränken und Kleidern versorgt. Als Famulus gewinnt Faust einen ‹bösen verloffnen Buben› namens Christoph Wagner, dem er später testamentarisch seinen gesamten Besitz vermacht. Die Kehrseite des Teufelspaktes zeigt sich sofort, denn er macht es Faust — wegen der Heiligkeit der Ehe — unmöglich zu heiraten. Als Ausgleich sichert der teuflische Gefährte zu, ihm jede gewünschte Frau zuzuführen.

Bevor er seine abenteuerliche Laufbahn beginnt, führt Faust mit dem Unterteufel Mephostophiles eine ausführliche Disputation über Satan und Hölle. Der Befragte steht nach bestem Wissen Antwort und faßt zusammen: ‹Die Hölle ist eine Hölle des Todes, eine Hitze des Feuers, eine Finsternis der Erde, ein Vergessen alles Guten, an deren Enden nimmermehr an Gott gedacht wird. Sie hat Marter und Wehe und ewig unlöschbares Feuer, ist eine Wohnung aller höllischen Drachen, Würmer und Ungeziefers, eine Wohnung der verstoßenen Teufel, ein Gestank von Wasser, Schwefel und Pech und aller heißen Metalle.› Die Disputation endet damit, daß sich beide auffordern, künftig keine Fragen mehr zu stellen. Mephostophiles war nämlich die Wißbegier seines Schützlings schließlich zu bunt geworden, und er hatte deshalb begonnen, ihm den Abfall von Gott vorzuhalten. In der Folgezeit beschränkt sich Faust daher auf rein wissenschaftliche Fragen und verzichtet auf theologische Erörterungen.

Als Kalendermacher erzielt der Doktor größte Erfolge. Seine Wettervorhersagen sind präzise und treffen immer ein. Eine besondere Überraschung bringt für den Gelehrten die Inspektion durch den Oberteufel Belial und sein Gefolge, eine günstige Gelegenheit, die höllische Hierarchie kennenzulernen. Belial fungiert als ‹Rädelsführer› aller Teufel; sein engeres Herrschaftsgebiet ist der Süden. Als Oberteufel amtieren Luzifer (Osten), Beelzebub (Norden), Asteroth (Westen), Satanas, Anubis, Dythicanus und Drachus (alle ohne besonderen Geschäftsbereich). Die Teufel treten wie üblich als phantastische Halbtiere auf. Die glanzvolle Visitation der Obrigkeit endet mit einer beeindruckenden Verwandlungsszene: Statt der Teufel bevölkert allerlei Ungeziefer die Studierstube und peinigt den Wißbegierigen.

Nach diesen Erlebnissen unternimmt Faust Erkundungsfahrten zur Hölle, durch die Lüfte und durch die bewohnte Welt. Die Höllenfahrt ist eine Parodie auf Unterweltreisen der Weltliteratur; der Gelehrte wird zwar vom Teufel auf einem Knochensessel weggeschleppt, aber außer ‹Geplärr und Gaukelwerk› bekommt er nichts zu sehen, die wirkliche Hölle darf der Mensch vor seinem Tode nicht inspizieren. Günstigere Verhältnisse trifft Faust als Kosmonaut des 16. Jahrhunderts an. Er erhält einen Wagen mit zwei Drachen und kann mit ihm eine wirkliche Höhenreise erleben.

Der Ausflug ins All dauert eine Woche. In einer Höhe von 47 Meilen bekommt Faust einen ersten Rundblick auf Königreiche, Fürstentümer und Gewässer. Die kosmischen Erfahrungen bestätigen das geozentrische Weltbild: Die Erde liegt unter dem Reisenden ‹wie der Dotter im Ei›, das Gewölbe am Himmel, in das die Himmelskörper eingebettet sind, dreht sich um die Erde, obwohl die Sonne, je mehr man sich ihr nähert, von ungeheurer Größe ist. Zwischen den Himmelskörpern wohnen die überirdischen Geister. Die sich dem Raumflug anschließende Länderreise führt Faust durch die größten Städte Deutschlands, Frankreichs, Italiens, Polens, Böhmens und der Türkei. Nach dieser Informations- und Bildungsfahrt ist der Schwarzkünstler derart qualifiziert, daß er sich erfolgreich ins Abenteuer der Zauberei stürzen kann.

In Innsbruck läßt er auf Wunsch Kaiser Karls V. Alexander den Großen und seine Frau erscheinen, in Zwickau vertilgt er scheinbar einen Fuder Heu, in Wittenberg verblendet er die Studenten, hetzt sie aufeinander und zaubert die griechische Helena herbei. So geht es weiter, bis im siebzehnten Jahre nach Vertragsabschluß eine Krise eintritt: Ein theologisch versierter Nachbar nimmt sich des verworfenen Gelehrten an und bringt ihn tatsächlich soweit, daß er Buße tun und den Teufelspakt aufkündigen will. In letzter Minute greift Mephostophiles ein und zwingt Faust durch Gewaltandrohung, den Vertrag aufrechtzuerhalten und eine zweite Verschreibung aufzusetzen, die die Verpflichtung enthält, künftig auf alle theologischen Erörterungen und Abwerbungsversuche nicht mehr einzugehen. Die restlichen sieben Jahre vergehen mit dem gewohnten zauberischen Treiben wie im Fluge, und Faust sieht das unvermeidliche Ende auf sich zukommen, so daß er vier Buchkapitel hindurch jammert und darüber sogar Aufzeichnungen anlegt. Das wird seinem höllischen Diener zu viel. Daher präsentiert er dem Verzagten eine Kollektion von Teufelssprichwörtern – zum Trost oder zum Hohn:

‹Es ist nicht gut mit großen Herren und dem Teufel Kirschen essen, sie werfen einem die Stiele ins Gesicht.

Der Teufel hängt seinen Anhängern wie einer Katze die Schelle um.
Auf des Teufels Eis ist nicht gut gehen.
Du sollst dem Teufel nicht vertrauen, dieweil er Gottes Affe, auch ein Lügner und Mörder ist.
Den Teufel zu beherbergen, das braucht einen guten Wirt.
Denn wer leicht glaubt, wird bald betrogen, und jetzt wischt der Teufel das Maul.›

Das Ende ereilt Faust inmitten seines vertrauten akademischen Umganges aus Wittenberg. Zwischen zwölf und ein Uhr nachts erhebt sich ein ungestümer Wind, es zischt und pfeift — und dann ist es um den Schwarzkünstler geschehen! Der Teufel hatte ihn geholt. Am Morgen finden die Studenten seine Überreste, in gräßlicher Weise zugerichtet. Vorher hatte Faust die jungen Leute ermahnt, sich nicht in gleicher Weise verführen zu lassen: ‹Besucht fleißig und emsig die Kirche, siegt und streitet allzeit wider den Teufel, mit einem guten Glauben an Christus und auf einen gottseligen Wandel gerichtet!›

Die ‹Historia vom Doktor Johann Faust› bemühte sich, auch die weiße Magie abzuwerten und mit der gerichtlich zu verfolgenden Zauberkunst gleichzusetzen. Sie konnte aber nur der literarische Erfolg sein, den sie darstellte, weil sie in jener Periode des frühbürgerlich-kapitalistischen Aufbruchs erschien, in der sich die von Autor und Verleger befehdeten Naturwissenschaften entwickelten. Die Wirkung der ‹Historia› kann auch nicht losgelöst von der zeitgenössischen Teufelsliteratur und den gestiegenen Bedürfnissen nach Unterhaltungsliteratur gesehen werden. Fausts Schicksal erscheint zwar als ‹abscheuliches Exempel›, aber in einer Weise, daß Neugier und Spannung geweckt sind.

Der Erfolg der Schrift zeigte sich an den üblichen Symptomen: Übersetzungen, zahlreiche Nachauflagen, Fortsetzungen und Neubearbeitungen von Buch und Stoff, wobei auch Christoph Wagner als Erbe und Fortsetzer des Faustschen Werkes nicht vergessen wurde. Die Umorientierung vom gottlosen Abenteurer auf den wissenschaftlichen Wahrheitssucher nahm der Engländer Christopher Marlowe mit seinem Bühnenwerk ‹Tragische Geschichte vom Leben und Tod des Doktor Faustus› (‹Tragical history of the life and death of Doctor Faustus›) vor. Dies war die erste Dramatisierung des Faust-Stoffes. Die Tragödie wurde 1588 verfaßt und erschien 1604 im Druck.

Marlowe bereitete Goethe und anderen Faustdichtern den Weg. Der neue, sublimierte Faust stellt sich am Anfang des Stückes vor:

‹Bestimm' dich, Faust, nun für ein Fach, beginne
Mit Ernst das Studium, das du erwählst …
Was sein wird, wird sein. Weg, Theologie!
Ihr Methaphysiker und Magier,
Ihr Zauberbücher, schließt den Himmel auf!
Ihr Linien, Zirkel, Zeichen und Figuren,
Ihr seid's, die Faust am meisten sich ersehnt!
O, welche Welt des Nutzens und der Lust,
Der Macht und Ehre und Allwissenheit
Erschließt sich da dem lernbegier'gen Kopf!
Was sich, von einem Pol zum andern regt,
Soll alles mir gehorchen! – Kaisern, Königen
Gehorcht man nur in ihres Reich's Bezirk;
Doch dessen Macht, der diese Dinge kennt,
Sie reicht so weit hin, wie des Menschen Geist.
Ein Halbgott ist der Jünger der Magie,
Drum will zur Gottheit ich empor durch sie!›

49 Albrecht Dürer: Die vier Frauen
Kupferstich, 1497

50 Albrecht Altdorfer (?): Christus heilt einen Besessenen
Zeichnung, 1518

51 Hans Baldung, genannt Grien: Hexentreiben
Holzschnitt, um 1510

52 Jüngstes Gericht, Fegefeuer und Hölle
Kupferstich von H. Cock nach einer Zeichnung von Pieter Bruegel d. Ä., zweite Hälfte des 16. Jahrhunderts

Cock. exc

53 Teufelsspuk
Kupferstich von H. Cock nach einer Zeichnung von Pieter Bruegel d. Ä., zweite Hälfte des 16. Jahrhunderts

54 Hexentreiben
Kupferstich aus der ›Daemonolatria‹ von Remigius, 1693

55 Georg Jakob Schneider:
Der Werwolf von Ansbach im Jahre 1685
Kupferstich

56 Zauberer und Hexen
Holzschnitt aus Ulrich Tenglers ›Laienspiegel‹, 1511

57 Werwölfe und Hexen im Herzogtum Jülich
Holzschnitt, 1591

58 Hexensabbat auf dem Blocksberg
Kupferstich aus ›Blockes-Berges Verrichtung‹
von Johannes Prätorius, 1668

59 Hexentreiben im Kurfürstentum Trier
Holzschnitt, Anfang des 17. Jahrhunderts

60 Claude Gillot: Hexensabbat
Kupferstich, Anfang des 18. Jahrhunderts

61 In der Hexenküche
Kupferstich von J. Alimet nach einem Gemälde von
David Teniers d. J., zweite Hälfte des 17. Jahrhunderts

62 Hexensabbat auf dem Blocksberg
Kupferstich aus ›Kurtze Lehr-Sätze von dem Laster der Zauberey‹
von Christian Thomasius, 1711

20

Frühe Streiter gegen die Hexenprozesse

Schon zeitig fanden sich einsichtige, maßvolle und unerschrockene Männer, die mit der Praxis der Hexenverfolgungen und gewissen Vorstellungen des Teufels- und Hexenglaubens nicht einverstanden waren. Sie traten in Wort und Tat gegen Hexenrichter und Hexenwissenschaftler auf, ungeachtet der Gefahr, in die sie sich dabei begaben, schufen sie sich doch sofort eine Schar mächtiger und fanatischer Feinde.

Bereits im 15. Jahrhundert wandte sich in Evreux der Benediktiner Guillaume Edelin gegen die Hexenverfolgungen; er wurde dafür nach einem langen Prozeß als Handlanger des Teufels hingerichtet. In Südwestdeutschland polemisierte der Tübinger Stiftsprediger Martin Plantsch (gest. 1533) mit seiner 1507 veröffentlichten Schrift ‹De sagis maleficis› (‹Über die schadenstiftenden Hexen›) gegen den Hexenglauben von den Positionen der occamistischen Theologie aus. Er lehnte streng jeden Machtdualismus zwischen Gott und Teufel ab. Gott ist allmächtig, und der Teufel kann nur das tun, was ihm zugebilligt wird. Entsprechend muß der Schadenzauber der Hexen eingeschätzt werden; ohne Gottes Willen vermögen sie nichts. Ein Teufelspakt existiert nicht, und wenn er abgeschlossen würde, hätte er keine spezielle Wirkung, wie das die zeitgenössische Hexeninquisition behauptete. Der Florentiner Jurist Johannes Franciscus de Ponzinibius kritisierte in einer um 1525 entstandenen Schrift ‹Über die Hexen und die Vortrefflichkeit beider Rechte› (‹De lamiis et excellentia iuris utriusque›) die Vorzugsstellung der Inquisition bei den Prozessen. Er bezweifelte, daß die von den Angeklagten erpreßten Aussagen angesichts ihrer Unglaublichkeit den Tatsachen entsprächen.

Zu den ersten Kämpfern gegen die Hexentheorie gehörte auch Heinrich Cornelius Agrippa von Nettesheim (1486–1535), Arzt, Offizier, Jurist, Naturwissenschaftler und Philosoph in einer Person, über dessen magisch-philosophische Ansichten schon an anderer Stelle gesprochen wurde. Er wirkte zeitweise als Syndikus und Advokat in Metz. Hier machte er sich die Dominikaner zu Feinden, als er durch die Kraft seiner Beweisführung eine als Hexe angeklagte, bereits gefolterte Bäuerin vor dem Tode rettete und sogar einen Freispruch des Gerichts erreichte. In der Schrift ‹Die Unsicherheit und Eitelkeit der Wissenschaften› prangerte er die Hexeninquisitoren an: Sie ‹wüten oftmals so grausam, nur etwa gegen ein armes Bauernweibchen, welche sie einer Zauberei oder eines anderen Lasters beschuldigen und anklagen, ohne redliche Indizien oder Anzeigen zur Tortur übergeben und so lange und so furchtbar martern, bis sie von ihr ein Bekenntnis extorquieren und rauspressen, damit sie was zu strafen bekommen. Und da meinen diese Inquisitoren, daß sie ihrem Amte eine Genüge getan, wenn sie so eine arme Person entweder auf den Scheiterhaufen gebracht oder sich die Hände haben versilbern lassen; dann haben sie Mitleid und sagen, sie sei durch die Tortur genugsam gestraft und gereinigt.›

Die Beschäftigung des Humanisten Agrippa mit der mystischen Naturphilosophie lieferte seinen Gegnern weitere, höchst willkommene Argumente. Er geriet dadurch in den Ruf, mit dem Teufel zu paktieren. Letztes Beweisstück dafür war der schwarze Pudel, den Agrippa in seinem Bonner Hause hielt und der auf den verdächtigen Namen ‹Monsieur› hörte. Das Tier galt bald als der Teufel selbst und wurde dann auch mit dem Tode des Gelehrten in Verbindung gebracht. Agrippas Schüler Johannes Wier (um 1515–1588, latinisiert Wierus, deutsch auch als Weyer oder Weier bezeichnet) trat der

Verunglimpfung seines Lehrers beherzt entgegen und versuchte, auch die Ehre des Pudels zu retten: Dieser sei wahrhaftig ein Hund gewesen, und alles andere wäre ‹erstunken und erlogen›.

Wier zeigte sich auch damit als würdiger Nachfolger des Agrippa, nämlich im Kampf gegen Hexenwahn und Hexenverfolgung. Er stammte aus Nordbrabant und wurde bereits mit siebzehn Jahren Agrippas Schüler. Im Bonner Heim des humanistischen Gelehrten wollte er sich auf das Hochschulstudium vorbereiten. Er studierte dann in Paris und Orléans Medizin und promovierte 1537 zum Doktor. In der Stadt an der Seine knüpfte er Verbindungen zu anderen Gelehrten, vor allem aber zu Medizinern. Im Jahre 1550 übernahm Wier die Stelle eines Leibarztes des Herzogs Wilhelm von Kleve-Jülich-Berg (1539–1592), die er bis ins Alter beibehielt. 1578 löste ihn sein Sohn Galenus als Nachfolger ab.

Am Hofe von Kleve fand Wier die Atmosphäre, die er brauchte, um im Sinne seiner und seines Lehrers Agrippa Überzeugung wirken zu können. Er schrieb die bedeutendste Schrift des ganzen 16. Jahrhunderts gegen die Hexenverfolgungen, die teilweise so vernünftige Äußerungen enthielt, wie sie später kaum ein Kritiker zu äußern wagte oder äußern wollte. Diese Schrift war Wiers Hauptwerk, sie erschien im Jahre 1563 in Basel und war vom Kaiser und französischen König privilegiert: ‹De praestigiis daemonum et incantationibus ac veneficiis libri V›. Es wurde in deutscher Übertragung zuerst unter dem Titel ‹De praestigiis. Von den Teufeln, Zauberern, Schwarzkünstlern, Teufelsbeschwörern, Hexen oder Unholden oder Giftbereitern› durch Johann Füglin herausgebracht. Bis zu seinem Tode ließ Wier noch weitere überarbeitete Auflagen erscheinen.

Für den Leibarzt Herzog Wilhelms war das gesamte Hexen- und Zaubererwesen ein Blendwerk des Teufels. Die alten Frauen, die da von der Justiz gefoltert werden, können den Menschen nicht wirklich schaden. Alle angeblichen Hexenhandlungen sind nur ein Produkt der Phantasie von Angeklagten und Anhängern des Hexenglaubens, und die Behandlung der vermeintlichen Hexen ist eher eine Sache der Mediziner als der Theologen und Juristen.

Bereits im Vorwort seines Buches fand Wier zu Herzen gehende Worte: ‹Die Blendwerke der Dämonen, womit der Satan die Augen der Menschen in dichte Finsternis gehüllt hat, haben einen stinkenden Schandfleck über das christliche Europa gebracht, den tollsten Irrtum der Menschen, zum häufigsten Morde Unschuldiger und zur wahrlich nicht leichten Gewissenswunde der Obrigkeiten.› Und an anderer Stelle führte er aus: ‹Mögen die Menschen durch die vielfachen Streitigkeiten über die Stellen der Schrift oder die Kirchengebräuche auseinandergerissen werden, während die alte Schlange den Brand schürt, so folgt daraus doch kein so großes Unheil als aus der von ihr eingeflößten Meinung, daß kindisch gewordene alte Weiber, welche man Hexen oder Zauberinnen nennt, Menschen und Tieren Böses antun könnten. Die tägliche Erfahrung lehrt es, welch verfluchter Abfall von Gott, welche Freundschaft mit dem Bösen, welcher Haß und Streit unter den Nächsten, welcher Hader in Stadt und Land, wie zahlreiche Morde Unschuldiger durch des Teufels traurige Hilfe jene Meinung von der Macht der Hexen hervorbringt.›

In seinem Buch setzte sich Wier umfassend mit dem Hexenglauben und seiner Verfolgung auseinander. Zwar zweifelte er nicht an der Existenz des Teufels, schrieb ihm aber eine wesentlich geringere Macht als die Zeitgenossen zu. Die von den Hexenwissenschaftlern immer wieder herangezogene Bibelstelle 2. Mose 22, 18 bezog er auf die Giftmischer und Schwarzkünstler von der Art des Johann Faust.

Im dritten Teil, dem Kernstück der gesamten Schrift, behandelte Wier das Hexenwesen systematisch. Alles wurde mit den Mitteln der Vernunft gemessen und natürlich erklärt. Eine besondere Rolle spielen nach Meinung des Autors schlaf- und traumerzeugende Pharmaka. «Es ist Teufelsphantasie, daß die Hexen meinen, durch ihre Zeremonien neugeborene Kinder töten zu können, desgleichen, daß sie die so getöteten aus den Gräbern nehmen und zu Salben verkochen. Das alles ist an sich so erschrecklich, daß, wenn ich selbst es erlebte und sähe, ich nur meinen könnte, durch meine Phantasie getäuscht zu sein. Aber gesetzt, es wäre alles wahr, – woher denn soll eine solche Salbe die Kraft haben, den damit Bestrichenen oder den auf einem damit bestrichenen Stuhle Sitzenden durch die Lüfte zu führen, wie der ‹Hexenhammer› sagt?»

Alle Geständnisse über die Teufelsbuhlschaft sind Unsinn; der Teufel ist ein Geist und kann irdischen Wesen nicht beiwohnen. Außer der Jungfrau Maria hat noch nie eine Frau ohne Mitwirkung eines Mannes empfangen und geboren. Was als Incubus bezeichnet wird, ist nichts weiter als das bekannte Alpdrücken, zurückzuführen auf einen vollen Magen und andere natürliche Ursachen: ‹Weshalb sollen aber da melancholische Weiber, wenn sie auf dem Rücken liegend schlafen, nicht zuweilen von dieser Krankheit befallen werden und dann sich einbilden und es aussagen, ein unreiner Geist habe sie vergewaltigt?›

In ähnlicher Weise fand Wier auch für andere Elemente des Hexenglaubens natürliche Erklärungen. Er belegte seine Ansichten mit Beispielen aus der eigenen medizinischen Praxis. Aus der Erzählung seines Vaters teilte er die folgende Geschichte mit: Ein armer Bauer verfiel der Geisteskrankheit und wurde wie üblich von der Justiz verurteilt. Der Grundherr wollte die Arbeitskraft aber nicht verlieren und erreichte beim Landesfürsten, ihm den angeblichen Übeltäter für zwanzig Tage zu überlassen. Während dieser Zeit gab er ihm ordentlich zu essen und zu trinken, und mit dem Teufelswerk war es zu Ende.

Der Geist der Toleranz und Vernunft durchzieht auch den Teil des Werkes, der ‹von den Strafen der Zauberer, Hexen und Giftmischer› handelt. Sogar den armen Teufeln dieser Welt gegenüber, den Fahrenden und Gauklern, wollte Wier Milde angewandt wissen. Strenge ist nur bei halsstarrigen Schwarzkünstlern und Giftmischern angebracht. Und so konnte der unerschrockene Arzt sein Werk mit einer Absage an alle Hexerei und Wahrsagerei verbinden und der Prüfung durch die Kirche unterwerfen: ‹Mit Gespenstern macht man mir nicht bange. Ich bin nicht im geringsten besorgt, wenn ein elender Beschwörer mir zusetzt mit seinem barbarischen, höllischen und albernen Gemurmel. Die Ligaturen der Zauberer, womit sie außergewöhnliche Krankheiten herbeirufen, Impotenz erzeugen, Körperteile entfernen und wieder zurückbringen sollen, achte ich keinen Deut und verlache sie.›

Wier entstanden, wie er selbst vorausgesehen hatte, viele Gegner; aber es gab auch Männer, die sein Werk fortsetzten. Das von ihm erbetene Urteil der katholischen Kirche fiel anders aus, als er wohl vermutet hatte: Die Schrift kam auf den Index der verbotenen Bücher. Besonders heftig wurde Wier von Jean Bodin angegriffen; er sei ein Schirmherr der Hexen und müßte selbst hingerichtet werden. Als zukunftsweisend ist vor allem Wiers Kritik an den erfolterten Geständnissen anzusehen. In seiner Nachfolge verstärkte sich der Ruf nach Abschaffung der Folter überhaupt. Nur wenige Jahrzehnte nach Wiers Tod trat der kalvinistische Prediger Johannes Greve auf. Er veröffentlichte 1622 die Schrift ‹Reformiertes Tribunal, worin der Weg einer gesunderen und zuverlässigeren Rechtspflege im Kriminalprozeß dem christlichen Richter gezeigt wird, unter Verwerfung und Abschaffung der Folter›. Wie alle gegen den Justizterror der Zeit gerichteten Werke brachte auch Greve eine Fülle von Material bei, um seine Auffassungen über den ‹Schandfleck der Justiz› zu belegen. Bis zur offiziellen Abschaffung der Folter sollten allerdings noch Jahre vergehen. Entsprechende Maßnahmen erfolgten erst im 18. Jahrhundert, als auch Greves Schrift neue Beachtung fand.

Unter dem Eindruck Wiers schrieb der Bremer Stadtarzt und Lyzeumslehrer Johann Ewich 1584 sein Buch ‹Von der Hexen Natur, Kunst, Macht und Taten›, zuerst in Latein, ein Jahr später auch in deutscher Übertragung herausgebracht. Ewich war – wohl wegen seiner anderen Umgebung – wesentlich vorsichtiger als der ‹Herkules des Aberglaubens› Wier, lehnte jedoch den Schadenzauber ebenso ab. ‹Milde, nicht grausam soll man mit den Hexen handeln, auch in der Strafe.› Wenn Hexen gestraft werden müßten, dann aber in differenzierter Weise. Auf alle Fälle seien die Gefängnisse nicht als Strafanstalten zu sehen, sondern dürften nur der Untersuchungshaft dienen. Die Folter sei nur als zusätzliches Mittel anzuwenden, nicht schon um die grundsätzliche Schuld aus den Angeklagten herauszupressen. Die gegenwärtige Praxis der Hexenverfolgungen basiere vor allem auf dem Glauben an die Hexenmirakel. Viel Schuld haben auch unzulänglich ausgebildete Ärzte auf sich geladen. Unfähig, Krankheiten wirksam zu behandeln, behaupten sie, es müsse hierbei nicht mit rechten Dingen zugehen.

Der Rostocker Universitätsprofessor und Jurist Johann Georg Gödelmann hielt im Jahre 1584 eine Vorlesung zum Hexenstrafrecht, die danach in lateinischer und deutscher (in der Übertragung des Superintendenten Nigrinus) Fassung zu Frankfurt am Main gedruckt wurde: ‹Traktat von den Zauberern, Giftmischern und Hexen›. Er verarbeitete hierin seine Gutachtertätigkeit und sprach sich für geordnete Verfahren auch in Hexensachen aus. Wie Wier und Ewich lehnte er die Hexenmirakel ab und trat für eine genaue Befolgung der Prozeßgrundsätze der Carolina ein. Vor allem wandte sich der Rostocker Gelehrte gegen die Behandlung der Hexendelikte als Sonderverbrechen, wodurch ja der Justizwillkür auch formal Tor und Tür geöffnet worden war. Bereits die Fortsetzung des Titels der Schrift zeigt, worum es Gödelmann ging, nämlich um rechtes Erkennen und Bestrafen. Das vorangestellte biblische Motto, 2. Chronik 19 über die Justizreform des Königs von Juda, Josaphat, unterstreicht dies.

Gödelmann prangerte in seinem Buch das schreiende Unrecht der zeitgenössischen Strafverfolgung an und appellierte an die Gefühle seiner Leser: ‹Aus diesen angezogenen Rechtsgründen ist zu ersehen, wie widerrechtlich, freventlich und tyrannisch diejenigen Richter handeln, welche oftmals unschuldige Frauen oder andere Personen nur wegen einer boshaften Vettel oder leichtfertiger Gesellen falschen Wahns und Verleumdung nach altem Mißbrauch in so schändliche, grausame, böse Türme, welche billig nicht Menschengefängnis, sondern des Teufels Marterbänke möchten genannt werden, hinabwerfen. Da liegen die elenden, blöden Weiber im Finstern, wo der Engel der Finsternis lieber und mächtiger ist als anderswo; er macht sie sich mit Schrecken mehr untertänig und zu eigen, als sie zuvor waren, oder daß sie sich im Kerker (welches die Obrigkeit bei dem allerhöchsten Richter zu verantworten hat) selbst entleiben. Ja, er beredet und bedroht in so einsamer Finsternis auch oft die, welche keine Hexen sind und keine Gemeinschaft je mit ihnen gehabt haben, damit sie seine Genossen werden. Nach dem Teufel kommt der Henker mit seinem greulichen Folterzeug dazu. Welches Weib, wenn sie das vor Augen sieht, sollte nicht darob erschrecken, dermaßen, daß sie nicht allein das bekennt, was sie wüßte oder meinte, daß sie es begangen hätte, sondern auch, was ihr nie in Sinn gekommen wäre zu tun? Auf solche gezwungene, falsche, nichtige Aussage werden sie dann verurteilt und hingerichtet und wollen lieber sterben als in solchem Gefängnis, welches nicht eine Strafe, sondern eine Kustodie sein sollte, vom Teufel und Henker so greulich gepeinigt zu werden.›

Mit ähnlicher Anteilnahme am Schicksal der von der Hexenjustiz Verfolgten schrieb der Heidelberger Gräzist und Mathematiker Hermann Wilcken oder Wittekind unter dem Pseudonym Augustin Lercheimer aus Steinfelden im Jahre 1585 ein Büchlein ‹Christlich Bedenken und Erinnerung von der Zauberei›. Er stammte aus der Grafschaft Mark und war wohl schon aus diesem Grunde für die Auffassung von Wier eingenommen, hielt allerdings den Teufel wie die meisten seiner Zeitgenossen für ein konkretes Wesen. Dementsprechend enthält das Buch eine Fülle von Wunderanekdoten, in denen man den Teufel handgreiflich am Werke sieht. Sie sind von der Art jener Geschichte, in der sich der Teufel, um zum Geschlechtsverkehr mit der ‹züchtigen, wohlerzogenen Tochter› eines ‹ehrlichen frommen Mannes› über eine formale Eheschließung zu kommen, des Leibes dreier Gehenkter bedient. Lercheimer kolportierte auch die Hundegeschichte Agrippas mit dessen angeblichem Abschiedsfluch ‹Gehe hin, du verfluchtes Tier, du hast mich in Ewigkeit verderbt!›.

Trotz dieser Befangenheit im Teufelsglauben trat Lercheimer energisch für eine Humanisierung des Hexenprozesses ein, verlangte einen überlegten Gebrauch der Folter – auf die er am liebsten ganz verzichtet hätte – und die Einhaltung der reichsrechtlichen Vorschriften Karls V. Den geringen Wert der Folter sah er in der unterschiedlichen Konstitution der Angeklagten begründet; schwache Menschen bekennen leichter als kräftige. Scharf kritisierte er die dem ‹Hexenhammer› folgenden bischöflichen Gerichte: ‹Da sitzen die Richter, alberne, unerfahrene Leute, verstehen und wissen von der Sache so viel, wie die Krähe weiß, wenn Sonntag ist. Der Ankläger steht da und wirft viel Latein in die Anklage, den Richtern wie den Beklagten unverständlich. Jene meinen, es sei eitel Wahrheit und Gerechtigkeit, was er sagt. Desgleichen tut auch der Advokat oder Fürsprecher; sie betrügen nur und spiegelfechten miteinander vor dem Volk. Denn es ist zuvor schon beschlossen, daß sie sterben sollen. Wenn eine ihr Geständnis widerruft, sie habe dies und jenes nur aus unleidlicher Marter bekannt, so spricht der Ankläger: Was einmal bekannt ist, dabei bleibt es.›

Schadenzauber, Hexenritt und Hexentanz allein hielt Lercheimer nicht für verfolgungswürdig, da man ja auch bei anderen Menschen Willen und Einbildung nicht bestrafe. ‹Die Wetter macht Gott nach Ordnung der Natur. Menschen und Tiere können mit keinem Gedanken, Worten und Gebärden, die die Hexen gebrauchen, sondern mit Gift oder mit Handtat verletzt und getötet werden. Das ist aber keine Zauberei ... es ist Mord ... Und wenngleich sie Stecken, Besen und Gabeln schmieren, um darauf zum Tanze zu reiten, welches doch nicht geht, so tun sie damit ja niemand Schaden. Laß sie tanzen, bis sie müde sind, wo man doch leidet, daß alle anderen Leute tanzen, wenn sie es gelüstet.› An anderer Stelle bezweifelte er, daß es arme verschmachtete, arbeitsame und mit Mühe beladene Frauen überhaupt zu tanzen gelüste: ‹Das Holztragen aus dem Wald, das Misttragen in den Weinberg und andere schwere Arbeit vertreibt ihnen die Wollust und Üppigkeit, macht sie müde, daß sie des Nachts ruhen und schlafen müssen, nicht zu tanzen begehren, auch nicht daheim auf einer ebenen Tenne oder getäfeltem Boden, geschweige denn draußen auf der wässrigen Wiese oder auf dem unebenen Acker im Winde, Regen und Frost.› Das Treiben der Werwölfe hielt Lercheimer für Realität, aber auch hierbei wollte er nicht die Tierwandlung, sondern die ‹handtätige Wirkung› beim Schädigen bestraft wissen.

Trotz so vieler vernünftiger Auffassungen konnte sich Lercheimer nicht dazu durchringen, generelle Straffreiheit für Hexen zu verlangen. Sie müssen bestraft werden ‹darum, daß sie sich von Gott, ihrem Schöpfer, Erlöser und Heiland ... abgewandt und ihm abgesagt haben, dem Teufel sich versprochen und ergeben haben. Was kann größere Sünde sein denn diese?› Allerdings soll vergleichsweise mild vorgegangen werden, und so reicht die Palette obrigkeitlicher Sühne von Belehrungen durch den Pfarrer bis zur Verbannung als Höchststrafe. Ein Schlußgedicht resümierte Lercheimers Meinung. Es erinnerte ‹Richter und Obere› an ihren göttlichen Auftrag und die daraus erwachsende Verantwortung. Er schloß mit dem Bibelwort Psalm 58 ‹Richtet recht, ihr Menschenkinder›.

Ein Jahr vor Lercheimer gab es auch in England eine Stimme der Vernunft: Reginald Scot mit seiner Schrift ‹Entdeckung der Hexerei› (‹The Discovery of Witchcraft›), die auch deutsch erschien. Dieser Autor entlarvte ‹das frevelhafte Tun der Hexen› und alle die anderen geheimnisvollen übernatürlichen Künste als Schwindel und Einbildung. Auf diese Art wurde sein Buch zum ersten Kompendium der Unterhaltungsmagie. Natürlich sahen Scots Gegner etwas anderes darin, und die Quittung ließ anders als bei Wier, Gödelmann und Lercheimer nicht lange auf sich warten. König Jakob I. von England, selbst Verfasser einer ‹Dämonologie› und Einpeitscher des Hexenterrors, ordnete die Verbrennung des Scotschen Werkes an, gegen das er sich auch in seiner eigenen Schrift von 1589 nachdrücklich verwahrt hatte. Auf dem Kontinent wurde die ‹Entdeckung der Hexerei› vor allem durch den protestantischen deutschen Pfarrer Bartholomäus Anhorn bekämpft.

Massiven Repressalien sah sich auch der Niederländer Cornelius Loos ausgesetzt. Er war als katholischer Geistlicher im Kurfürstentum Trier, der Wirkungsstätte Peter Binsfelds, tätig. Obwohl man von ihm eigentlich etwas anderes erwartete, schrieb er unter dem Eindruck Wiers eine schonungslose Abrechnung mit den Hexenverfolgungen. Diese führte den Titel: ‹De vera et falsa magia› (‹Von wahrer und falscher Magie›). Er wollte die Schrift in Köln drucken lassen, sie wurde jedoch von der Inquisition aufgespürt und Loos in ein Trierer Kloster eingesperrt und 1592 zum Widerruf gezwungen, den Binsfeld selbst aufgesetzt hatte.

Die sechzehn Artikel dieses Widerrufes enthalten thesenartig alles, was der ungedruckte Traktat und verschiedene Briefe zum Ausdruck gebracht hatten. Im ersten Artikel wurden Loos' Behauptungen in die Nähe von Aufruhr und Majestätsbeleidigung gerückt. Nach dem fünften Artikel sollte Loos erklärt haben, ‹daß es keine Zauberer gebe, die Gott absagen, dem Teufel einen Kult erweisen, mit dessen Hilfe Wetter machen und Ähnliches ausführen, sondern daß dies alles Träume seien›. Im zweiten Artikel wurde Loos vorgehalten, er habe behauptet, daß die gesamten Hexenverfolgungen ‹eine neue Alchimie› seien, mit deren Hilfe man aus Menschenblut Gold und Silber hervorlocke. Angesichts derartiger Offenheit erscheint die Wut seiner Gegner beinahe verständlich, stellte er sie doch als Scharlatane hin. Loos wurde aus dem Kurfürstentum ausgewiesen. Den Widerruf und die Verpflichtung, die in den Artikeln enthaltenen Auffassungen nicht mehr zu äußern und zu verbreiten, nahm Loos nicht ernst. Er wurde ‹rückfällig› und deshalb erneut verfolgt, starb aber, wohl zu seinem Glück, im Jahre 1595.

Ein weiterer engagierter Gegner des Hexenwahns war der Pfarrer Antonius Praetorius, der 1598 unter dem Pseudonym Joannes Scultetus einen ‹Gründlichen Bericht von Zauberei und Zaubern› veröffentlichte, der schon 1602 eine zweite Auflage erlebte. Er entlarvte wie Gödelmann und Lercheimer die gängige Prozeßpraxis, die er als Verletzung der Ehre Gottes ansah. Auch die Auffassungen vom Schadenzauber lehnte der kalvinistische Pfarrer aus Lautenbach ab.

Bisweilen übten weltliche Juristen und Juristische Fakultäten an Prozeßdetails Kritik. In diesem Zusammenhang ragt das Gutachten des bedeutenden Frankfurter Rechtsgelehrten Johannes Fichard aus dem Jahre 1564 hervor. Dieser verwarf unter dem Einfluß des gerade erschienenen Buches von Wier die Denunziation als Beweismittel. Allerdings zweifelte Fichard nicht an der grundsätzlichen Berechtigung der Hexenprozesse und befürwortete auch den eingeschränkten Gebrauch der Folter.

21

Spee, Bekker und Thomasius

Die zahlreichen Prozesse in den geistlichen Territorien West- und Süddeutschlands erregten auch im Jesuitenorden Bedenken. Oft genug mußten die Patres des Ordens den Verurteilten letzten geistlichen Beistand gewähren. In der Beichte erfuhren sie zahlreiche Dinge, die Zweifel an der Korrektheit der Verfahren wecken mußten. Ein Teil des Ordens unterstützte dennoch angesichts der Schwere und Gemeingefährlichkeit der angeblichen Vergehen die rigorosen und auf fragwürdige Indizien hin erfolgten Exekutionen. Hierzu gehörte, wie oben angeführt wurde, insbesondere das Trierer Jesuitenkolleg, das dem Weihbischof Binsfeld zur Seite stand. Auch der prominente Hexenwissenschaftler Delrio kam aus der Societas Jesu. Andere Ordensväter sahen aber doch das Anliegen der katholischen Erneuerung, als dessen Hauptsachwalter sich der Orden fühlte, gefährdet. Allerdings fanden sie nicht die Unterstützung der Ordensleitung. Von diesen Patres traten Adam Tanner, Paul Laymann und Friedrich Spee mit eigenen Schriften hervor.

Tanner (1572–1632), Professor in Ingolstadt, war ein angesehener katholischer Moraltheologe und konnte schon deshalb auf Resonanz auch in der Hexenfrage rechnen. Im dritten Band seiner ‹Theologia scholastica›, den er dem Erzherzog Leopold von Österreich widmete, nahm er dazu Stellung. Zwar zweifelte er nicht an der Berechtigung der Prozesse, wollte jedoch die Willkür einschränken und die Verfahren mildern, auch bei der Anwendung der Folter. Auf alle Fälle müsse ausgeschlossen sein, daß Unschuldige gefährdet würden. Dabei widerlegte der Moraltheologe mit Blick auf die Kirchengeschichte die Behauptung Binsfelds, Delrios und anderer, daß Gott die Verurteilung Unschuldiger nicht zulasse. An sich helfen nach Tanner gegen den Teufel geistliche Mittel besser als tausend Hinrichtungen, aber in der Praxis benötigt man wirkungsvolle öffentliche Methoden, besonders die weltweite Bekämpfung der Hexen und ein lückenloses Informantensystem. Aufpasser in jedem Dorf und die Verpflichtung aller zur Denunziation – das blieb trotz der Forderung nach einem fairen Prozeß doch eine trübe Perspektive für die Gesellschaft.

Im Anschluß an Tanner untersuchte Laymann (1575–1635), ebenfalls Theologieprofessor in Ingolstadt, in seiner ‹Moraltheologie› das Problem von Beichtiger und Hexen. Auch er trat für differenziertere Verfahren und mehr Nachsicht ein. Unschuldige solle der Beichtiger auf die Leiden der christlichen Märtyrer verweisen.

Das heute bekannteste, wenn auch in seiner Zeit nicht sehr wirksame Werk gegen die Hexenprozesse schrieb der Jesuitenpater Friedrich Spee von Langenfeld (1591–1635). Geboren im Schlosse Kaiserswerth bei Düsseldorf besuchte er Schule und Universität in Köln, danach in Würzburg und Mainz. Seine Ordenslaufbahn begann er in Trier, wo sich das Novizenhaus der niederdeutschen Ordensprovinz befand. Im Jahre 1622 empfing er die Priesterweihe. Danach wirkte er in verschiedenen Städten West- und Nordwestdeutschlands als theologischer Lehrer und Seelsorger, besonders in Paderborn, Köln und Trier. In Peine und Umgebung sollte Spee die Rekatholisierung durchführen; hierbei wurde ein Anschlag auf ihn verübt. Während neuerlicher Tätigkeit in Trier geriet er in die Kampfhandlungen des Dreißigjährigen Krieges hinein und wurde bei seinem Bemühen, die Not in der umstrittenen Stadt zu lindern, ein Opfer der Pest.

Friedrich Spee entfaltete in seinem kurzen Leben eine reiche schriftstellerische Tätigkeit. In seinem ‹Güldenen Tugendbuch› und der ‹Trutznachtigall› zeigte er sich als empfindsamer, mit der Natur eng verbundener religiöser Dichter. Als unerschrockener, Gefahr und Karriere nicht achtender Menschen- und Gerechtigkeitsfreund tritt er uns in seinem Hauptwerk entgegen. Das war die ‹Cautio criminalis seu de processibus contra sagas liber …›, zu deutsch ‹Rechtliches Bedenken, das ist ein Buch über die Prozesse gegen Hexen, für die Obrigkeiten Deutschlands gegenwärtig notwendig, aber auch für die Ratgeber und Beichtväter der Fürsten, für Inquisitoren, Richter, Anwälte, Beichtväter der Angeklagten, Prediger und andere sehr nützlich zu lesen›. Spee schrieb dieses Buch wohl zwischen 1628 und 1630, es erschien 1631 zu Rinteln in der ersten und 1632 zu Frankfurt am Main in der zweiten Auflage.

Möglicherweise waren Kölner Hexenprozesse, besonders der Fall der Katharina Henot, die Veranlassung zur Niederschrift, Vorgänge, die Spees seelsorgerisches Gewissen beunruhigten. Wegen der Brisanz des Themas und der leicht vorauszusehenden Folgen dachte der Jesuitenpater zunächst wohl nicht an einen alsbaldigen Druck, sondern gab die Schrift nur Vertrauten zu lesen. Einer derselben war der Meinung, ‹zum allgemeinen Nutzen einen frommen Diebstahl begehen zu dürfen›, und ließ das Werk ohne Wissen des Autors in Rinteln beim Universitätsdrucker Peter Lucius in Satz gehen, allerdings mit Genehmigung der dortigen Juristischen Fakultät. Um den Verfasser nicht zu gefährden, verschwieg er dessen Namen und bezeichnete ihn auf dem Titelblatt als ‹unbekannten römischen Theologen› beziehungsweise in einem anderen Teil der Auflage als ‹unbekannten rechtgläubigen Theologen›. Auch die zweite Auflage, diesmal in Frankfurt bei Johannes Gronaeus herausgebracht, erschien ohne Spees Willen, obwohl ein korrigiertes und ergänztes Exemplar des Erstdruckes als Vorlage gedient hat.

Trotz der Anonymität des Buches wurde Spee als Verfasser bald bekannt und sah sich den Angriffen des höheren Klerus, nicht nur seines eigenen Ordens, ausgesetzt. Der Paderborner Weihbischof Pelking bezeichnete die ‹Cautio criminalis› als Pestilenzbuch. Im Jesuitenorden sah man die Ausführungen Spees als geeignet an, die Societas Jesu bei bestimmten katholischen Fürsten, auf deren Förderung man rechnete, in Schwierigkeiten zu bringen. So konnte die Sorge um den Fortgang der Gegenreformation zu einer unterschiedlichen Haltung in der Hexenfrage führen. Spee mußte seine Stellung in Köln aufgeben und in Trier eine neue Lehrtätigkeit aufnehmen, obwohl er gerade hier am wenigsten Freunde fand.

Friedrich Spee wurde in seinen Gedankengängen am meisten von Tanner beeinflußt. Merkwürdigerweise kannte er die wichtigen Werke der bisherigen Hexenkritik, etwa die eines Wier oder Lercheimer, überhaupt nicht. Das lag sicher nicht nur an den konfessionellen Grenzen. Auf diese Weise waren seine Ausführungen von hoher Originalität. Charakteristisch sind wie bei anderen Werken der Zeit die Mottos. Als ‹Summe des Buches› bezeichnete Spee die Bibelverse ‹Weiter sah ich unter der Sonne: An der Stätte des Rechts war Gottlosigkeit, und an der Stätte der Gerechtigkeit war Frevel› (Prediger 3, 16) und ‹So seid nun verständig, ihr Könige, und laßt euch warnen, ihr Richter auf Erden› (Psalm 2, 10). Und für seine eigene Mission nahm Spee ein Wort Senecas in Anspruch: ‹Ich will dir zeigen, was den großen Herren mangelt, und was denen fehlt, die alles besitzen: einer, der die Wahrheit spricht!›

Das Buch war demnach an die ‹Obrigkeiten Deutschlands› gerichtet. Auch das Vorwort weist darauf hin: Spee wende sich an jene Mächtigen, die das Buch nicht lesen werden. ‹Denn welche Obrigkeit so gewissenhaft ist, daß sie sich verpflichtet fühlt zu lesen, was ich hier über die Hexenprozesse geschrieben habe, die hat bereits das, um dessentwillen das Buch gelesen werden sollte, nämlich Gewissenhaftigkeit und Sorgfalt bei der Prüfung dieser Fälle ... Welche Obrigkeit aber so sorglos ist, daß sie es nicht lesen will, die hat es dringend nötig, das Werk zu lesen und aus ihm Sorgfalt und Behutsamkeit zu lernen.› Diese intensiven Bemühungen um sein Publikum stehen zu dem Verzicht auf einen schnellen Druck in Widerspruch. Wahrscheinlich hat er die illegale Veröffentlichung durch den ‹frommen Dieb› nicht ungern gesehen. Auf alle Fälle entging das Werk damit der sonst erforderlichen Genehmigung durch die geistliche Obrigkeit, die wohl kaum erteilt worden wäre. Trotzdem unterwarf eine nachgestellte ‹feierliche Erklärung› das Geschriebene dem Urteil der römischen Kirche.

Die ‹Cautio criminalis› besteht aus 51 Kapiteln und einem Anhang über Folter und Denunziationen, der die neronische Christenverfolgung nach Tacitus schildert. Die Kapitelüberschriften sind in Frageform gehalten und zwar so, daß sich die Antwort meist schon daraus ergibt und die polemische Diskussion im Text das bereits feststehende Urteil erhärtet. Es werden alle Gesichtspunkte behandelt, die in den Prozessen überhaupt eine Rolle spielten, damit deren Absurdität scharf hervortritt.

Im ersten Kapitel des Buches geht Spee auf das Verbrechen und seine Verfolgung durch die fürstliche Justiz ein. Die auch bei früheren Schriftstellern aufgeworfene Frage, ‹Ob es wirklich Hexen, Zauberinnen oder Unholde gibt?› bejaht er, bezweifelt aber den Umfang und die Verbreitung in Deutschland. Der Hexenglaube im Reich werde aus zwei Quellen genährt: aus der Unwissenheit und dem Aberglauben des Volkes sowie aus Neid und Mißgunst. Die Hexerei wird als Tatbestand nicht angefochten. Sie ist ein ‹besonders ungeheuerliches, schweres und abscheuliches Verbrechen› und zu Recht als ‹Crimen exceptum› eingestuft. Wenn auch die normalen Prozeßvorschriften hier außer Kraft gesetzt sind, so darf doch nichts geschehen, was den ‹Geboten der menschlichen Vernunft und des Naturrechts› widerspricht. Die deutschen Fürsten befinden sich daher im Recht, wenn sie gegen die Hexen strenge Maßnahmen ergreifen. Das verlangt nicht nur das Römische Recht, sondern auch die Bibel, wobei die von Spees Vorläufern abgelehnte Stelle 2. Mose 22, 18 ausdrücklich als Gebot der Heiligen Schrift anerkannt wird. Obwohl legitim, sind die scharfen Maßregeln der Fürsten jedoch nutzlos, um das Hexenwesen auszurotten: ‹Soviel die Fürsten auch noch verbrennen mögen, sie werden es doch nicht ausbrennen, sofern sie nicht alles verbrennen. Sie verwüsten ihre Länder mehr als jemals ein Krieg es tun könnte, und richten doch nicht das allergeringste damit aus!›

Mehr Erfolg könnten die von Tanner empfohlenen Mittel haben, aber nach dem ‹Geist der Zeit› werde sich in Deutschland sowieso keine Obrigkeit um irgendwelche Ratschläge kümmern. Trotz dieser pessimistischen Ansichten gibt die ‹Cautio› weitere Empfehlungen. Vor allem sollten Fürsten und Beamte in Hexensachen ‹mit der äußersten Vorsicht, Besonnenheit und Umsicht› ans Werk gehen. Dabei könne ein Fürst seine persönliche Verantwortung nicht auf die Beamten abschieben. Es müsse streng kontrolliert werden, wofür vom Autor zweiundzwanzig Artikel genannt werden.

Kapitel 10 und 11 klären noch einmal die schon von Tanner behandelte Frage, ‹ob zu glauben ist, Gott werde jemals zulassen, daß auch Unschuldige mit in die Hexenprozesse hineingeraten?› Gegen Binsfeld und Delrio, die in anderen Fragen durchaus als Autoritäten anerkannt werden, lehnt auch Spee diese These ab. Seine Beweise sind die Geschichte der Märtyrer und die gegenwärtige, allzu offensichtliche Praxis. Die Anerkennung einer solchen Meinung fördere nur die Nachlässigkeit und Sorglosigkeit in der Justiz. Spee hat

Frauen in den Tod begleitet, von deren Schuldlosigkeit er sich überzeugen mußte. ‹Da ich diese Schuldlosigkeit aus mancherlei triftigen Überlegungen für erwiesen halten mußte und ich doch aus bestimmten Gründen mich beim Gericht nicht ins Mittel legen durfte, – so wird man sich leicht ausmalen können, mit was für Gefühlen ich solch bejammernswerten Tod mit angesehen habe.›

Daher könnte man sich die Frage stellen, ob man nicht lieber mit der Hexeninquisition ganz aufhören solle. Spee verneint dies jedoch, wenn ‹das Verfahren so behutsam und umsichtig gemäß den Geboten der Gesetze und der besonnenen Vernunft› geführt wird, ‹daß, wenn es befolgt wird, keine Gefahr für Unschuldige besteht, angetastet zu werden›. Auf alle Fälle ist es nicht gut, Fürsten und Obrigkeiten zur Hexeninquisition anzutreiben, wie das manche Prediger, Prälaten, Theologen, Juristen, der Pöbel und Leute tun, die selbst Zauberer sind. Hierbei handelt es sich um solche Juristen, ‹die nach und nach herausgefunden haben, daß es ein sehr einträgliches Geschäft sein müßte, wenn ihnen die Hexenprozesse anvertraut würden, und sich deshalb um dies Amt bewerben›.

Gegen die Gefährdung Unschuldiger empfiehlt Spee einige Vorsichtsmaßregeln: Eignung und Vorurteilslosigkeit der Beamten, feste Besoldung derselben, eine neue kaiserliche Strafgesetzgebung anstelle der veralteten Carolina, bis zu deren Fertigstellung einstweilige fürstliche Strafprozeßordnungen unter Mitarbeit von Juristen, Theologen und Medizinern, strafrechtliche Verantwortlichkeit der Richter für gesetzeswidrige Handlungen. Würden solche Regeln nicht aufgestellt, könne Spee nur jedem Fürsten raten, die Prozesse sofort abzubrechen beziehungsweise gar nicht erst damit zu beginnen. Wichtig ist es auch, jedem Gefangenen einen Rechtsbeistand zu gestatten und ihn nicht von vornherein für schuldig zu halten. Eigentlich müsse man sich schämen, die Frage nach einer Verteidigung überhaupt aufzuwerfen, doch sei die Praxis eben anders. Es gebe viele Gründe für einen solchen Beistand. ‹Es ist lächerlich zu zetern, die Magie sei ein Sonderverbrechen, bevor nicht erwiesen ist, daß der Gefangene sie überhaupt begangen hat.› Vor allem sprechen Naturrecht und christliche Nächstenliebe gegen die herrschende Justizpraxis.

Vom Kapitel 20 an beschäftigt sich die ‹Cautio criminalis› mit der Folter, den Indizien und den Denunziationen. Spee weiß allein sechzehn Gründe beizubringen, weshalb die peinliche Befragung ‹nach allen Gründen der Wahrscheinlichkeit auch Unschuldige oft in Gefahr bringt und unser deutsches Land mit Hexen und unerhörten Verbrechen anfüllt›. Dabei wird die gegenwärtige Folterpraxis drastisch geschildert; Fürsten und Beichtväter schweigen dazu. Das Kapitel 29 zieht daraus die Schlußfolgerung, ‹daß daher die Tortur völlig abzuschaffen und nicht mehr anzuwenden ist. Oder wenigstens muß jedes Moment im allgemeinen und im besonderen beseitigt oder anderweit geregelt werden, das die Tortur zu einer so gefährlichen Einrichtung macht. Einen anderen Ausweg gibt es nicht!› Es sei eine Gewissenspflicht der Fürsten, die bestehenden Foltermethoden zu verändern. Man dürfe nicht mit Menschenblut Kurzweil treiben und die Köpfe nicht als Spielbälle verwenden, wie das schlechte Inquisitoren tun.

Sodann gibt Spee Ratschläge für Hexenbeichtiger und verwirft es, ‹den Weibern vor der Tortur durch den Henker die Haare abscheren zu lassen›, als ‹etwas Ekelhaftes, Unflätiges›, als eine Gelegenheit für ‹lüsterne Wüstlinge›, als unvereinbar mit weiblicher Ehre und Scham. Die dreißiger Kapitel der ‹Cautio criminalis› behandeln die Indizien, die zur Folter führten. Spee will dabei nur solche zulassen, die als annähernd volle Beweise gelten können. Er billigt die Gepflogenheiten einiger Gerichtshöfe, ihre Indizien von einer Juristischen Fakultät prüfen zu lassen. Auf ein Gerücht allein dürfe kein Prozeß in Gang gesetzt werden; vielmehr sollten die Fürsten ‹durch strenge Strafgesetze die giftigen Zungen› zügeln, ‹die ihren Nächsten, wo es nur geht, einen Prozeß wegen Hexerei anhängen und Argwohn aussäen›.

Ausreichende Beweismittel sind für alle Verfahren notwendig. Daher darf kein Angeklagter verurteilt werden, der auf der Folter nichts gestanden hat. ‹Ist ein Angeklagter oder eine Angeklagte auf der Tortur schweigsam geblieben, dann können sie ohne Verstoß gegen die Gerechtigkeit und die gesunde Vernunft nicht verurteilt werden.› Jeder Widerruf eines Schuldbekenntnisses auf dem Richtplatz muß vom Richter beachtet werden.

Findet man Angeklagte vor Abschluß des Prozesses tot im Kerker, ‹so muß man vermuten, daß sie eines natürlichen, ehrlichen Todes gestorben› sind. ‹Das steht im Widerspruch zu der Gewohnheit vieler Dummköpfe, die, sobald sie nur hören, es sei eine Angeklagte im Gefängnis verstorben, sogleich erklären, sie sei vom Teufel erwürgt, und sie unter den Galgen hinausbringen lassen.› Damit verurteile man jemand nachträglich und gebe ihn und die Familie unverdienter Schande preis. Spee zweifelt selbstverständlich nicht daran, daß der Teufel ein Opfer erdrosseln könne, meint jedoch, daß die Anzeichen hierfür schwer festzustellen seien. In der Frage des Hexenmals, des Stigmas, will sich der Autor der ‹Cautio criminalis› nicht eindeutig festlegen; er könne dessen Existenz weder glauben noch ganz bestreiten. Scharfsinnige Gelehrte sollten hier eine Entscheidung treffen. Jedenfalls stecke viel Betrug dahinter, und der Teufel wäre doch gar zu dumm, ‹wenn er seine Herde kennzeichnen wollte, auf daß man sie herauskennen und abschlachten kann›. Denunziationen Mitschuldiger seien abzulehnen, vor allem solche, welche die Anwesenheit Unschuldiger auf Hexensabbaten vorspiegeln.

Das Schlußkapitel bringt die Schilderung eines in Deutschland normalen Hexenprozesses, gewissermaßen als Resumé der herrschenden Willkür. Am Anfang steht eine Verleumdung, die von dem Aberglauben ausgeht, daß Gott und die Natur jetzt gar nichts mehr, sondern alles die Hexen tun. Das Ende ist immer klar: ‹Unglückliche, was hast du gehofft? Warum hast du dich nicht gleich beim ersten Betreten des Kerkers für schuldig erklärt?› ‹Daraus ist denn auch ein Ergebnis abzuleiten, das man rot anstreichen sollte: Wenn nur die Prozesse unablässig und eifrig betrieben werden, dann ist heute niemand, gleich welchen Geschlechts, in welcher Vermögenslage, Stellung und Würde er sei, mehr sicher genug, sofern er nur einen verleumderischen Feind hat, der ihn verdächtigt und in den Ruf bringt, ein Zauberer zu sein ... Mit Feuerbränden kann man diese Hexenplage, was es mit ihr auch auf sich haben mag, nicht vertilgen.› Das Seelenheil der Obrigkeiten ist in Gefahr: ‹Sie mögen auf sich und ihre ganze Herde achtgeben, die Gott einstmals strenge aus ihrer Hand zurückfordern wird.› Spee werde dazu jedenfalls nicht schweigen und sich nicht zu denen halten, ‹die der Prophet stumme Hunde heißt, die nicht zu bellen wissen›.

Die Wirkung der ‹Cautio criminalis› auf den Fortgang der Hexenprozesse ist oft überschätzt worden. Solange jene allgemeinen Bedingungen, welche die Scheiterhaufen am Brennen hielten, fortbestanden, konnte keine auch noch so bestechende Beweisführung einen durchgreifenden Wandel herbeiführen. Immerhin stellt aber der Mainzer Kurfürst Johann Philipp von Schönborn, von Spee beeindruckt, in seinem Machtbereich die Verfolgungen ein. Es erschienen auch deutsche, schwedische, polnische, französische und weitere lateinische Ausgaben der ‹Cautio›. Die erste vollständige deutsche Fassung wurde 1647 durch den nassauischen Rat Hermann Schmidt herausgebracht, also verhältnismäßig spät. Zu denen, die Spees Werk und Gedanken lebendig erhielten, gehörte vor allem der Philosoph und Universalgelehrte Gottfried Wilhelm Leibniz, der sogar ein spezielles ‹Elogium Patris Friderici Spe› verfaßte. Die gängige Jurisprudenz der zweiten Hälfte des 17. Jahrhunderts ignorierte jedoch die ‹Cautio criminalis› beziehungsweise zeigte sich von ihr unbeeindruckt. Im protestantischen Lager erschien Spee schon deshalb verdächtig, weil er ein Jesuit war.

Friedrich Spee hatte als katholischer Geistlicher an den dogmatischen Grundlagen der Hexenverfolgungen nicht rütteln können oder wollen, obgleich sein Werk verschiedene Andeutungen enthält, daß er eigentlich Weitergehendes sagen müsse. Der Bruch mit den eingefahrenen Lehrmeinungen wurde dann im protestantisch-aufklärerischen Lager vollzogen.

In den Jahren 1691/93 erschien das Buch des niederländischen Pfarrers Balthasar Bekker (1634–1698) ‹Die bezauberte Welt› (‹De betoverde Wereld›), worin dieser den Teufelsglauben praktisch überhaupt ablehnte. Der Autor wußte um die Problematik seines Werkes wohl Bescheid: ‹Schon längst versprach ich das Werk, das ich jetzt unternehme, noch länger habe ich es überlegt, da die Sache kritisch ist, und erst jetzt ist es zu seiner Reife gediehen. Verschiedene Vorfälle, die mir meine eigene Erfahrung lieferte; Unterredungen, die ich mit Leuten von gesunder Vernunft über die Sache anstellte, nebst eigenem Nachdenken brachten mich immer mehr und mehr auf die Gedanken: Ob sich auch die Dinge, welche Gelehrte und Ungelehrte dem Teufel zuschreiben und von ihm sagen, wohl so verhalten möchten? Und doch hätte ich mich wohl zu einer so ernsthaften Untersuchung der Sache noch nicht entschlossen, wenn ich nicht gefunden hätte, daß viele, vielleicht die meisten Meinungen der Welt, selbst die Meinungen der Gelehrten, auf so schwachen Füßen gestanden hätten.›

Von dieser Position ausgehend, wählte Bekker für seine Untersuchung folgende Gesichtspunkte: ‹Was der Teufel könne und was er tue? d. i. wie weit sich seine Einsichten erstrecken, es sei in natürlichen oder übernatürlichen Dingen; in gegenwärtigen, die vor den Menschen verborgen sind, oder künftigen, die zufällig, das ist, die zwar möglich, aber deswegen noch nicht notwendig sind? Weiter, welche Herrschaft und Vermögen er besitze, in der Natur oder über und wider dieselbe zu wirken? Welche Gemeinschaft er mit dem Menschen, der Seele desselben und allerhand Körpern habe, sie selbst oder ihre Gestalt anzunehmen; auf die Seele oder den Leib zu wirken, ihre Gedanken, Handlungen, Worte und Gebärden zu lenken? Was er ferner über das Vieh, die Feldfrüchte und über Wind und Wetter vermöge, und inwiefern ein Mensch durch seinen Beistand etwas wissen oder tun könne und dies ist der Grund der Wahrsagerei, Zauberei, Spukerei und Traumdeuterei?›

Im ersten Buch behandelt der Verfasser das Problem von der geschichtlichen Seite. Er will die Meinungen und Gewohnheiten aller Völker in Bezug auf Gott und die Geister, über Teufel und Zauberei darstellen. Das zweite Buch ist der Geisterlehre als wissenschaftlich-theologischem System gewidmet. Geister sind unkörperliche Substanzen, die sich von Gott dadurch unterscheiden, daß er sie geschaffen hat. Sie vermögen nichts Unnatürliches und Körperliches zu bewirken, auch nicht mit Gottes Willen. Der Einfluß Gottes auf die Kreaturen ist ‹weiter nichts als eine ununterbrochene Wirkung der göttlichen Allmacht, die jedes Ding in seinem Wesen und bei seinen natürlichen Kräften und Fähigkeiten erhält›. Dementsprechend vermag auch der Teufel nichts zu tun und zu bewirken, er ist ein Geist und kann niemals körperliche Gestalt annehmen. Auch aus der Bibel sind keine Argumente zu gewinnen, die das Gegenteil beweisen. Die Heilung von Besessenen ist natürlich zu erklären. Jesus hat sich dabei nur nach dem ‹Sprachgebrauch des damaligen Volkes› gerichtet: ‹Jesus ließ sich nämlich bei seinem Wandel auf Erden und in seiner Lehre niemals merken, daß er gekommen sei, die Menschen von den natürlichen Ursachen dieser oder jener Dinge zu belehren oder ihnen die Irrtümer zu nehmen, die sie durch ihre Begriffe von vielen Dingen zu Tage legten, sondern er suchte nur solche Irrtümer zu verbessern, die auf Sitten und Religion einen Einfluß hatten.› So ergibt sich als Quintessenz des zweiten Buches die Feststellung:

1. Der Teufel kann den Menschen nicht erscheinen.
2. Die Herrschaft des Teufels ist ein Nichts.
3. Alle Gewalt des Teufels fällt weg.
4. Bei gegenteiliger Meinung kann die Wahrheit der christlichen Religion nicht bestehen.
5. Der Aberglaube von der Macht des Teufels schadet der Frömmigkeit und Heiligkeit des Lebens.

Im dritten Buch der ‹Bezauberten Welt› geht es um die angebliche

Verbindung des Teufels mit dem Menschen. Auf der Grundlage der vorangegangenen Ausführungen wird die Antwort schnell gegeben: ‹Meines Erachtens muß jedermann eingestehen, daß keine Gemeinschaft der Menschen mit dem Teufel und noch weniger ein wechselseitiges Bündnis zwischen beiden möglich sei, da Geister und Menschen nicht aufeinander wirken können.› Alles, was man von der Wirkung eines solchen Bündnisses erzählt, sei wider Natur und Vernunft. ‹Der Teufel kann den menschlichen Körper nicht unsichtbar machen ... kein menschlicher Körper ... kann ohne Zeitraum von dem einen Orte zum andern und noch am wenigsten durch die Luft bewegt werden.› Weil diese Wirkungen vernunftwidrig sind, muß es auch der ganze Teufelspakt, das Kernstück des Hexenglaubens, sein. ‹Ich möchte doch wissen, wer das Pactum mit dem Teufel, diese handgreifliche Chimäre, zuerst ausgeheckt habe, woran der Pöbel so herzlich glaubt und welches viele Gelehrte so umständlich beschrieben haben, daß kaum der Gnadenbund mit Gott so sorgfältig beschrieben worden ist. Und doch sagt die Bibel ... von einem solchen Bündnis mit dem Teufel kein Wort; ja selbst die Vernunft lehrt uns die Möglichkeit eines solchen Vertrages nicht einmal, wohl aber das Gegenteil.› Ein wichtiges Beweisstück gegen die Existenzmöglichkeit eines derartigen Vertrages ist nach Bekker dessen Nutzlosigkeit: ‹Wenn der Teufel auch ein Büttel ist, so ist er deswegen doch nicht Richter. Was nützt es ihm, die Seele eines Menschen an sich zu kaufen, ihm soundsoviele Jahre, Monate und Tage zuzugestehen, sich lustig zu machen und ungestraft zu sündigen, da er doch weder Strafe noch Lebensfrist in seiner Gewalt hat, sondern Gott allein, dieser oberste Richter der Lebendigen und der Toten? Wie, wenn Gott den Lebensfaden des Menschen früher abschneidet, ehe die im Vertrage festgesetzte Zeit verflossen ist, ist dann der Teufel auch ein bundbrüchiger Betrüger? Oder ist er es, wenn er seinen Bundesgenossen ohne Beistand in gefährliche Haft geraten, verbrennen und so zur Hölle reisen läßt? Endlich ist es auch noch unbegreiflich, wie jemand, der den Teufel kennt, nicht auch Gott kennen sollte, dessen Geschöpf er doch ist.›

Wie früher ist auch in Sachen Teufelsbund die sorgfältige Untersuchung nach etwaigen Bibelbelegen negativ ausgefallen. Auch das mosaische Gesetz, das zur Rechtfertigung der Hexenverfolgungen ständig herangezogen wurde, gilt nichts. Nirgendwo fand sich eine Stelle, ‹in welcher die Rede von jenen losen, vorwitzigen Künsten war, die man dem Teufel zuschreibt, wie auch keine, wo irgend von einem Bunde zum Bösen die Rede war›. Das kann auch nicht anders sein, denn die Lehre vom Teufelsbund widerspricht der Lehre vom Gnadenbund Gottes. So kann dann Bekker seine Überlegungen zusammenfassen: ‹Dieser dumme Glaube streitet wider Schrift und Vernunft; die Vernunft kennt keinen Teufel, keine Engel, keine Geister, sie weiß nichts von ihrer Existenz, von ihrem Vermögen zu handeln noch weniger, und von dem, was sie wirklich tun, noch am allerwenigsten. Diejenigen, die die Bibel noch nie gelesen und von der christlichen Religion noch nichts gehört haben, kennen keinen Teufel. Wir wissen es aus der Bibel, aber es ist zehnmal weniger, als man daraus wissen will oder aus ihr zu wissen glaubt ... Der Bund der Zauberer und Hexen mit dem Teufel ist eine große Fabel, von der das Wort Gottes nichts weiß, ja dieser Bund streitet offenbar wider den Bund Gottes und sein Wort, er ist unmöglich und das unsinnigste Gewäsch, das jemals in den Köpfen heidnischer Dichter ausgeheckt wurde ... Unglückliche Kirche, in der ein solches Ungeheuer von Meinungen nicht allein geduldet, sondern auch gehegt und gepflegt wird!› Ein Widerspruch zu den Bekenntnisschriften der Kalvinisten besteht für Bekker nicht.

Das vierte und letzte Buch der ‹Bezauberten Welt› setzt sich mit Teufels- und Zaubereierfahrungen auseinander. Wer derartige Dinge prüfen will, müsse vor allem ohne Vorurteile, Schrecken und Furcht sein und die Naturkräfte genau kennen. Überall sei auf Kunst und Betrug zu achten; auch müsse man sehen, daß alle Mittel vorhanden seien, eine sorgfältige Prüfung zu ermöglichen. Die Anfechtung durch böse Geister ist nicht beweisbar. Wenn man alle diese Dinge beachtet, merkt man sehr schnell, daß es nichts zu erfahren gibt, weil nichts Erfahrenswertes vorhanden ist. ‹Ich selbst habe aber nicht die allergeringste Erfahrung, außer daß alles, was mir nur je aufgestoßen ist, entweder natürliche oder menschliche Schwachheit oder endlich Betrug war.› Bei den angeblichen Zeugnissen für das Zaubererwesen dürfe man sich nicht auf deren Menge berufen, ‹denn der eine schreibt den andern oftmals aus, und wenn man dem Flusse bis zur Quelle folgt, so findet sich's oft, daß nur ein einziger übrig bleibe, der selbst nicht einmal wußte, ob es wahr sei›. Im übrigen Teil des Buches macht Bekker die Probe aufs Exempel. Er bemüht sich, seine Untersuchungsgrundsätze auf verschiedene Berichte über Teufelskünste anzuwenden. Dabei ergibt sich ganz klar die Bestätigung seiner früher geäußerten Meinung: Der Teufel ist überall auszuschließen, die sogenannte Zauberei existiert entweder überhaupt nicht oder stellt sich als Betrug, List und geheime Bosheit dar.

Zum Abschluß des Gesamtwerkes fordert Bekker, daß sich die Vorsteher der Kirchen, Schulen und Gerichte energisch diesem Aberglauben und derart unchristlichen Meinungen widersetzen. Der Zauberglaube ist entbehrlich; es gibt Zauberei nur da, wo man an sie glaubt. ‹Deswegen ist es gar keine Atheisterei, wenn man leugnet, daß es Zauberei gebe, denn die Ehre Gottes leidet gar nicht darunter, wenn man dem Teufel etwas ableugnet.› Und an Spee erinnert dieser großartige Satz: ‹Wenn die Obrigkeiten und Richter diejenigen, die andere der Zauberei beschuldigen, ebenso ernstlich bestafen, wie einige bereitwillig sind, den Beschuldigten mitzuspielen, die sie zur Stunde in den Kerker werfen; wenn sie die Denunzianten nur halbsoviel marterten, um ihre Anklage zu beweisen, als sie es den Angeklagten tun, um zu bekennen, so würden sie nicht viel Holz zu Scheiterhaufen mehr nötig haben.›

Alle Beteuerungen, daß seine Auffassungen gut christlich und echt protestantisch seien, halfen Balthasar Bekker nicht, ihn vor Verfolgung zu schützen. Dazu trug nicht nur der rationalistische Grundgehalt seines Werkes bei, sondern auch der wenig pietätvolle Umgang mit der biblischen Überlieferung. Die reformierte Kirche der Niederlande verurteilte das Buch, und sein Autor verlor das Predigeramt in Amsterdam. Aber damit konnte das weltweite Aufsehen nicht verhindert werden, welches die Schrift verursachte.

Der Hallenser Jurist Christian Thomasius (1655–1728), einer der bedeutendsten Vertreter der deutschen Aufklärung, war es schließlich, der aus dem bisherigen Schrifttum für und wider die Hexenverfolgungen, vor allem aus den Darlegungen Spees und Bekkers, die Konsequenzen zog und die sofortige Beendigung aller Prozesse forderte, da sie auf unhaltbaren juristischen und theologischen Voraussetzungen beruhten. Er brachte damit eine Meinung zum Ausdruck, wie sie ähnlich auch von seinen Fakultätskollegen vertreten wurde. Sie entsprang seinem allgemeinen Bemühen, das Recht vom geistlichen Einfluß zu befreien und rein naturrechtlich zu begründen.

Thomasius war ursprünglich auf die in Juristenkreisen gängige Hexentheorie nach Carpzow eingeschworen, so daß er 1694 bei seinem ersten Votum in einem Hexenverfahren ganz im üblichen Sinne urteilte und auf mäßige Folter erkannte. Er schrieb darüber später: Ich war «damals noch mit der gemeinen Meinung vom Hexenwesen so eingenommen, daß ich selbst dafür geschworen hätte, die in Carpzows ‹Kriminalpraxis› befindlichen Aussagen der armen Gemarterten oder mit der Marter doch bedrohten Hexen bewiesen den mit den armen Leuten Pakte machenden, mit den Menschen buhlenden, auch mit den Hexen Elben zeugenden und sie durch die Luft auf den Blocksberg führenden Teufel zur Genüge, und es könne kein vernünftiger Mensch an der Wahrheit dieses Vorgebens zweifeln. Warum? Ich hatte es so gehört und gelesen und über die Sache nicht ferner nachgedacht.» Zu seiner Verwunderung schlossen sich die Fachkollegen in der Fakultät diesem Gutachten nicht an und veranlaßten ihn zu einem neuen, das auf Haftentlassung erkannte.

In der Folgezeit beschäftigte sich Thomasius näher mit der Hexenthematik, und 1701 trat er mit einem ersten Ergebnis an die Öffentlichkeit: Er ließ den Adjunkten Johannes Reiche die ‹Theses inaugurales de crimine magiae› verteidigen, die der Respondent 1704 unter dem Titel ‹Herrn ... Christian Thomasii ... Kurze Lehrsätze von dem Laster der Zauberei› ins Deutsche übertrug. Im Anhang seines Lehrprogramms für 1702 stellte Thomasius eine Reihe von Punkten zusammen, die vor allem seine Meinung in der Teufelsfrage erläutern sollten. 1705 erschien die Schrift ‹De tortura ex foris Christianorum proscribenda› (‹Über die Folter, die an den christlichen Gerichten verbannt werden sollte›, Respondent Martin Bernhard), welche die Abschaffung der Folter im Strafprozeß forderte. Auch die Disputation von 1711 ‹Juristische Entscheidung der Frage: Ob einer einem andern wegen Furcht vor Gespenstern die Hausmiete wieder aufsagen könne?› (ursprünglich lateinisch ‹De non rescindendo contractu conductionis ob metum spectrorum›, Respondent Jakob Immanuel Hamilton) gehörte in den weiteren Umkreis von Recht und Irrationalismus. Aber erst im Jahre 1712 konnte der berühmte Rechtsgelehrte eine zweite spezielle Schrift zur Hexenproblematik herausbringen, in welcher er den Gesamtkomplex von der geschichtlichen Seite anging. Das war die Disputation ‹De origine ac progressu processus inquisitorii contra sagas›, deutsch unter dem Titel ‹Historische Untersuchung vom Ursprung und Fortgang des Inquisitionsprozesses wider die Hexen› 1712 erschienen. Sie hatte der Respondent Johann Ipsen zu verteidigen. In der Folgezeit veranlaßte Thomasius zur Unterstützung seiner Auffassungen Übersetzungen ausländischer Werke, wozu er empfehlende Vorreden schrieb.

Im Gegensatz zu Spee erregten des Thomasius Schriften zur Hexenfrage sofort die Gemüter und riefen heftige Reaktionen der Hexenpartei hervor. Das lag wohl vor allem an der Person des Verfassers, der bereits als Koryphäe seines Faches galt. Durch die Dissertationen ‹Ob Ketzerei ein strafbares Laster sei?› (lateinisch 1697 unter dem Titel ‹An haeresis sit crimen?›, Respondent Johannes Christoph Rube) und ‹Abhandlung vom Recht evangelischer Fürsten gegen die Ketzer› (lateinisch im gleichen Jahr unter dem Titel ‹De iure principis circa haereticos›, Respondent Johannes Christoph Rube) war der Boden schon vorbereitet worden. Die Front der orthodoxen protestantischen Gegner hatte sich formiert. Diese erklärten Thomasius selbst zum Ketzer und warteten auf eine weitere Gelegenheit, über den streitbaren Juristen herzufallen. Da früher das Hexendelikt als Sonderform des Ketzertums aufgefaßt worden war, lag für den, der es so sehen wollte, eine enge Verbindung zwischen den Disputationen von 1697 und 1701/12 vor. So erlangten die Hexenschriften des Thomasius eine frühe Publizität, während eine kurz vor der ersten Arbeit durch Felix Martin Brähm verteidigte Dissertation des Fakultätskollegen Heinrich Bode (‹De fallacibus indiciis magiae› — ‹Über die trügerischen Zauberei-Indizien›) ohne jede Resonanz blieb.

Im Kampf mit seinen Widersachern, die vornehmlich aus Norddeutschland und Sachsen kamen, fand Christian Thomasius literarische Hilfe bei Schülern und Freunden, vor allem bei Johannes Reiche, Nikolaus Hieronymus Gundling und Jakob Brunnemann. Die Zeiten hatten sich jedoch geändert: Jetzt war es nur noch ein wissenschaftlicher Streit. Die eifernden Hexenjäger vermochten einen angesehenen Gelehrten doch nicht mehr ernsthaft zu gefährden oder in den Verdacht zu bringen, selbst mit dem Teufel im Bunde zu stehen. Der preußische König, dessen absolutistische Stellung Thomasius durch seine Tätigkeit stärkte, hatte kein Interesse daran, den Hallenser Professor in irgendeiner Weise zu disziplinieren. Darauf mußten letztlich auch die Hexen- und Gespensterfanatiker Rücksicht nehmen.

In seinen ‹Lehrsätzen› von 1701 beklagt sich Thomasius einleitend über das viele ‹unnütze Geschwätz› zum behandelten Gegenstand. Die Werke der Hexenwissenschaftler vom Schlage eines Bodin und Delrio enthalten die ‹abgeschmacktesten und verächtlichsten Märlein›. Zum Glück gab es bisher auch einige vernünftige Autoren, etwa Wier und Bekker, ‹die geleugnet haben›, daß ‹ein Laster der Zauberei› existiere. Das Verständnis für die zeitbedingten Schwächen dieser Verfasser, die viel mehr Zivilcourage als er aufbringen mußten, geht dem hallischen Professor allerdings ab. Die ‹Cautio criminalis› wird empfohlen; ihren Verfasser hält Thomasius für einen verkappten protestantischen Juristen. Auch die einleitenden Erörterungen Spees sind für ihn reine Tarnung.

These 6 bringt bereits die Meinung des Thomasius. Er statuiere, ‹daß zwar ein Teufel außer dem Menschen existiere und daß derselbe gleichsam von außen, jedoch auf eine innerliche und unsichtbare Weise in den Gottlosen sein Werk treibe, ... leugne aber hinwieder, daß Hexen und Zauberer gewisse Verträge mit dem Satan aufrichten sollten›. Der Glaube an den Teufelspakt sei eine Fabel, die aus dem Juden-, Heiden- und Papsttum zusammengelesen und durch die ungerechten Hexenprozesse bestätigt worden sei. Der Teufel selbst ist wie bei Bekker ein unsichtbares Wesen, das unsichtbar wirkt.

Breiten Raum nimmt die Behandlung der Frage ein, ob es überhaupt ein Laster der Zauberei gebe. Kritikobjekt ist hauptsächlich Carpzow. Thomasius nennt fünf Gründe für die Nichtexistenz des Teufelspaktes (Thesen 30–35): 1. Der Teufel kann keinen Leib annehmen, 2. Christus selbst bezeugt, daß ein Geist nicht Fleisch und Bein habe, 3. der Teufel vermag nicht in die unsichtbare Natur einzugreifen, 4. der Teufel hat nach den Erzählungen der Hexenfanatiker wenig Macht, 5. aus dem Teufelspakt entspringt offensichtlich für keinen Beteiligten ein Nutzen.

In den Hexenprozessen gibt es kein wirkliches Corpus delicti und daher auch kein reales Indiz. ‹Denn ein Ding, das nicht ist, kann auch keine Anzeigungen haben.› Für besonders abgeschmackt hält Thomasius das Indiz übertriebener Frömmigkeit. Die in der Carolina genannten Zaubereimerkmale sind unzulänglich formuliert und inhaltlich absurd oder dunkel. Was bleibt also für den aufgeklärten Juristen am Anfang des neuen Säkulums an Substanz übrig? Nichts. Da es keinen Teufelspakt gibt, existiert auch kein Zaubereidelikt. Daher benötigt man bei den Hexenprozessen weder Strenge noch Milde: ‹Die einzige Behutsamkeit bei den Hexenprozessen ist diese, daß der Fürst keinen Prozeß erlaube und die Unterrichter keine Untersuchung wider das Laster der Zauberei führen.›

Mit der Ablehnung des körperlichen Teufels und des Teufelspaktes hatte Thomasius den Hexenprozessen den theoretischen Garaus gemacht. Das wirkte sich dort auch praktisch aus, wo man seine Schriften las. In den katholischen Gebieten war Thomasius als Protestant verdächtig und schon deshalb um seinen Einfluß gebracht. So hat der hallische Rechtsgelehrte zwar einen bedeutenden Beitrag zum Verschwinden der Prozesse geleistet, sie aber nicht beseitigt. Hierzu bedurfte es noch anderer Faktoren, wie sie im Schlußkapitel genannt werden.

Am Teufels- und Hexenglauben rüttelte auch Thomasius nicht. Er bekannte in den Programmthesen für das Jahr 1702, daß er selbstverständlich nach wie vor an den Teufel glaube und auch, daß es Zauberer und Hexen, Kristallseher und Beschwörer gebe, die ‹auf verborgene Weise› Dinge verrichten, die weder natürlich noch durch Gottes Tun, sondern nur durch des Teufels Wirken erklärt werden könnten. Er halte es auch für wahr, daß ‹etliche Dinge zuweilen vorkommen, wo man nicht anders sagen kann, als daß sie von einer höheren als menschlichen Macht herkommen und doch Gott und seinen guten Engeln nicht zugeschrieben werden können, zum Beispiel, wenn aus dem menschlichen Leib allerhand natürliche, besonders aber künstliche Dinge wie Zwirn, Stecknadeln, Scheren, Haare, Hechtzähne hervorkommen und zwar in großer Menge aus Orten, die dieselbe nicht fassen können wie die Ohren›.

Kristallseher und Beschwörer seien ‹in einer wohlbestellten Republik› nicht zu dulden, sondern zu verbannen oder noch schärfer, auch am Leben, zu bestrafen. ‹Ich lobe, daß man diejenigen Zauberer und Hexen, die den Menschen auch nur auf eine verborgene Weise Schaden tun, am Leben straft, wenngleich auch der Schaden mit Hilfe sonst unbekannter und geheimer Kräfte der Natur geschehen ist oder wenn kein wirklicher Schaden darauf erfolgt wäre, sondern die Zauberer und Hexen mit ihrem Beschwören und Gaukeleien sich, so viel es an ihnen lag, bemüht hätten, Schaden zu tun.›

Mit solchen Gedanken blieb der Aufklärer Thomasius nicht nur hinter Scot und Bekker, sondern auch hinter dem schlichten Arzt Wier zurück, der an die Stecknadeln und Hechtzähne, die aus einem menschlichen Ohr herauskommen sollten, nicht glaubte und immer der Natur den Vorrang vor dem ‹geistlichen› Teufel gab. Thomasius zeigte sich darin als Kind seiner Zeit. Und das war gut so. Wäre er noch weiter gegangen, hätte er sich die Wirkungsmöglichkeiten eingeengt und die Hauptsache, den Kampf gegen die barbarischen Hexenprozesse, gefährdet.

22

Das Ende der Hexenprozesse im 18. Jahrhundert

Die Hexenverfolgungen des 18. Jahrhunderts, des Säkulums der europäischen Aufklärung, sind ein Nachspiel. Vielfältige Fortschritte im philosophischen Denken und auf naturwissenschaftlichem Gebiet entzogen der spekulativen Hexenforschung und damit den Prozessen den Boden. Da sich die Intelligenz als Hauptvermittler des Hexenglaubens immer mehr von ihm abwandte, schwand er auch im Volke dahin, ohne zu verlöschen. Je weniger Platz der Teufel als materiell-sinnliches Wesen auf den Lehrkanzeln beanspruchen konnte, um so dürftiger wurde das Wissen darüber bei Pfarrern, Richtern und Lehrern. Zwar blieb der Satan als geistige Figur und Sinnbild des Bösen in der Welt erhalten, aber nach den Erkenntnissen der experimentierenden und berechnenden Wissenschaft, nach Bacon und Descartes, nach Kepler, Galilei und Newton, nach Harvey und Boyle war der Predigt, daß er oder seine Diener sich mit der Herstellung von Schnecken und Mäusen, Hagelschlag und Tierkrankheiten beschäftigten, ein immer geringeres Publikum beschieden.

Träger der neuen Wissenschaft war das aufsteigende Bürgertum, das in England und den Niederlanden durch siegreiche Revolutionen auch die politische Macht errungen hatte. Aber auch Teile der Feudalklasse konnten sich dem Geist der Zeit nicht verschließen. Sie eigneten sich das bürgerliche Bildungsgut an und versuchten, es ihren Zwecken dienstbar zu machen. Das mittelalterliche Traditionsgut verlor auch hier an Wert, mit ihm die Scheinwissenschaft vom Teufel und seinen Hexen, die als Beeinflussungs- und Repressionsinstrument immer untauglicher wurde. Dazu kam, daß der spätfeudale Staat die Folgen des Dreißigjährigen Krieges überwand und sich stabilisierte. Er bedurfte jetzt anderer Mittel als Folterkammern, Hexenhäuser und Scheiterhaufen. Es schwand auch das offizielle Interesse an den Prozessen, die bisher ja oft genug gerade von den Obergerichten, Schöffenstühlen und Universitäten gesteuert worden waren. So ist es kein Zufall, wenn ‹aufgeklärte› absolutistische Fürsten durch ihr Machtwort, durch eine Reform der Strafrechtspflege, weitere Verfolgungen direkt unterbanden oder zum Verschwinden brachten.

Die Pioniere der neuen Wissenschaft hatten teilweise selbst unter der Macht des Alten zu leiden. Bekannt sind die Schicksale eines Giordano Bruno und Galileo Galilei. Ihr Gegner war die kirchliche Inquisition, die sie wie mittelalterliche Ketzer behandelte. Weniger geläufig ist die Verstrickung Johannes Keplers in die Hexenverfolgungen. Die Mutter des berühmten Mathematikers, Astronomen und Astrologen war nämlich sechs Jahre lang, von 1615 bis 1621, in einen Prozeß verwickelt, und der Sohn tat, was in seinen Kräften stand, um sie aus den Fängen der Justiz zu befreien. Vom Äußeren und Wesen der Katharina Kepler her betrachtet, war es kein Wunder, daß sie verdächtigt wurde. Auch beschäftigte sie sich, unter Anwendung der üblichen Bräuche, mit Volksmedizin. Es bedurfte eigentlich nur noch einer Denunziation, um sie vor den Richter zu bringen. Keplers Vater, früher Söldner in den Niederlanden, dann Gastwirt, war spurlos verschwunden – ob da nicht die Ehefrau die Schuld trug?

Man begann damit, ihr alles Mißgeschick im Ort in die Schuhe zu schieben; die Unterleibskrankheit einer Handwerkerfrau brachte endlich das Faß zum Überlaufen. Normalerweise wäre die Angelegenheit innerhalb weniger Wochen erledigt gewesen, aber durch die Intervention Keplers konnte man nicht so rigoros verfahren. Immerhin handelte es sich um die Mutter eines bekannten Linzer Professors und Astrologen, der Mathematiker und Sternkundiger des früheren Kaisers Rudolf II. gewesen war.

Erst 1620 erfolgte die Verhaftung. Kepler bemühte sich verstärkt, die Mutter zu verteidigen, und das nicht ohne Erfolg: Die Juristenfakultät der Universität Tübingen sollte einen Spruch abgeben. Dieser fiel, sicherlich mit Rücksicht auf den berühmten Gelehrten, äußerst mild aus. Katharina Kepler sollte lediglich ‹terriert›, das heißt mit der Vorführung der Marterinstrumente bedroht werden. Gestehe sie nicht, sei die Angeklagte freizulassen. Die sicher noch recht energische Greisin, deren ‹unruhiger Geist› mit Erfolg dem seit Jahren andauernden Prozeß standgehalten hatte, war nicht kleinzukriegen: ‹Man fange mit mir an, was man will, ich weiß nichts zu bekennen. Wäre ich eine Unholdin, so würde ich es längst bekannt haben. Sollte ich aus Marter und Pein etwas bekennen, so ist es doch nicht Wahrheit. Ich sterbe darauf, daß ich mit der Hexerei nichts zu tun gehabt habe. Gott, dem ich alles befehle, wird die Wahrheit nach meinem Tod offenbaren. Er wird mein Beistand sein und seinen heiligen Geist nicht von mir nehmen.› Katharina Kepler kam frei, aber unter Zahlung der nicht unerheblichen Prozeßkosten.

So hatte es der Teufel der Walpurgisnacht, der die Menschen um das ewige Heil brachte und viel Schaden stiftete, immer schwerer. Daran waren nicht nur die vernünftigen und aufklärerischen Intellektuellen schuld. Er mußte es sich sogar gefallen lassen, daß er zum sexuellen Symbol degradiert wurde. In der dekadenten parasitären Aristokratie des absolutistischen Frankreichs gab es etliche, denen alle Normen, auch religiöse, völlig gleichgültig waren und die sich hemmungslos dem Genußleben hingaben. Als Schirmherrn ihrer Orgien entdeckten sie den Teufel neu, den sie in der ‹Schwarzen Messe›, einer Karikatur des katholischen Gottesdienstes, ‹verehrten›. Während noch allerorten in Europa Menschen gefoltert und hingerichtet wurden, weil sie sich angeblich mit dem Leibhaftigen eingelassen hatten, empfanden diese adligen Parasiten als ‹Satanisten› wollüstigen Schauder und Befriedigung sexueller Gier.

Die folgende Tabelle zeigt, wann in verschiedenen Staaten Europas die letzten Verurteilungen wegen des Hexendelikts stattfanden:

England	1712	Spanien	1781
Schottland	1722	Schweiz	1782
Frankreich	1745	Polen	1793

Die Entwicklung in den Teilstaaten des Heiligen Römischen Reiches soll näher betrachtet werden.

In Brandenburg-Preußen gab sich die Hexenjustiz zurückhaltend; Massenprozesse sind hier nicht bekannt geworden. Eine Eigenart der Mark Brandenburg waren Verfahren wegen Bierzaubers. Noch Kurfürst Friedrich Wilhelm, der nach dem Dreißigjährigen Krieg die Grundlagen für den Aufstieg des hohenzollernschen Militärstaates legte, schärfte 1679 die ‹gerechte› Bestrafung der Hexen ein. Aber bereits sein Enkel, König Friedrich Wilhelm I., als ‹Soldatenkönig› glorifiziert, leitete durch sein ‹Edikt wegen Abstellung der Mißbräuche bei den Hexenprozessen› von 1714 den Wandel ein. Bis zur Verbesserung des bisherigen Gerichtsverfahrens in Hexensachen sollten ihm Entscheidungen auf Folter oder Todesstrafe zur Bestätigung vorgelegt werden. Er forderte die Kriminalkollegien, Juristischen Fakultäten und Schöffenstühle auf, zur Reform der Hexenprozesse Gutachten einzureichen.

Während noch 1701 in Fergitz bei Prenzlau ein fünfzehnjähriges Mädchen nach einem Spruch der Greifswalder Universität hingerichtet worden war, kamen nach dem genannten Edikt keine Todesurteile mehr vor. Es scheinen nach 1714 in Preußen nur noch zwei Prozesse geführt worden zu sein. 1721 klagte der Magistrat von Nauen eine Frau an, Butter vertrieben zu haben, die sich später in Kot verwandelt habe. Die klugen Richter verneinten zwar nicht grundsätzlich die Umwandlungsmöglichkeit, meinten aber salomonisch, es könne sich doch auch um eine einfache Vertauschung gehandelt haben. Das Verfahren wurde daher eingestellt und der Magistrat wegen seines Vorgehens getadelt, denn es seien alle Hexenprozesse vom König verboten worden.

1728 kam es in Berlin zum letzten brandenburgisch-preußischen Hexenverfahren überhaupt. Eine geisteskranke Müllertochter war nach einem Selbstmordversuch eingesperrt worden. Sie bezichtigte sich des Teufelspaktes und wies sogar ein entsprechendes Schreiben vor. Das Berliner Kriminalkollegium hielt ihre Erzählungen für unwahrscheinlich und ungereimt. Um einen abermaligen Selbstmordversuch zu verhindern und ihr Pflege und geistlichen Beistand zu geben, wurde die Inhaftierte für dauernd in das Spandauer Spinnhaus eingewiesen. Der absolutistische preußische Staat ließ seine Geisteskranken lieber arbeiten, als sie auf dem Scheiterhaufen verbrennen.

In ähnlicher Weise verschwanden die Hexenprozesse auch in den übrigen protestantischen Staaten. Wie in Preußen bezogen sich die letzten Urteile nicht mehr auf das Zauberdelikt, sondern auf reale Vergehen wie Gotteslästerung, öffentliches Ärgernis oder Aberglauben. So sehr sich die protestantischen Prediger und Universitätslehrer um die Verbreitung von Teufels- und Hexenglauben ‹verdient› gemacht hatten, seine rasche Unterhöhlung durch das neue wissenschaftliche Denken vermochten sie in ihrem Einflußbereich nicht aufzuhalten.

In den katholischen Fürstentümern konnten sich die Apologeten und Nutznießer des Hexenwahns länger halten, denn hier fanden die neuen Ideen wegen des stärkeren Einflusses der Kirche nur zögernd Eingang. So konzentrierten sich die letzten, allgemeines Aufsehen erregenden Prozesse in diesen Ländern, und die absolutistischen Regierungen ergriffen ihre Gegenmaßnahmen meist später als in den protestantischen Territorien.

Sowohl protestantischen als auch katholischen Staaten gemeinsam war, daß das Verschwinden der Hexenprozesse mit der Durchsetzung des Absolutismus verbunden war. Zwar waren die Verfahren, wie bereits ausgeführt, von oben gesteuert, doch praktische Durchführung und Verdienst lagen bei den unteren Gerichten. Im Kampf gegen deren ‹Willkür› wollten die fürstlichen Regierungen ihre Oberaufsicht über die gesamte Justiz strikt durchsetzen. In dem Maße, wie ihnen dies gelang, stiegen die Kosten für die Prozesse und wuchs die Unsicherheit über den Verfahrensausgang. Damit war ein Hauptnerv des ‹Hexenwahns› tödlich getroffen: die materielle Interessiertheit. Kein Wunder, daß die Neigung, derartige Prozesse überhaupt noch in Gang zu bringen, immer geringer wurde.

In Österreich hatten noch die Kaiser Joseph I. und Karl VI. die unbarmherzige Verfolgung der Hexen und Zauberer gesetzlich eingeschärft. Der Justizterror besaß hier eine lange Tradition; er war mit nicht geringerer Brutalität als anderswo geübt worden. In den österreichischen Alpenländern, die wissenschaftlich besonders gut untersucht wurden, brachte die Zeit nach dem Dreißigjährigen Krieg schonungsloses Vorgehen gegen Bettler und Landstreicher. Was in England die Blutgesetze der Periode der Ursprünglichen Akkumulation darstellten, brachten hier die Hexenprozesse als regelrechte Vernichtungsfeldzüge gegen die untersten Gesellschaftsschichten. Den unbestreitbaren Höhepunkt bildete der Massenprozeß, den der Salzburger Erzbischof Maximilian Gandolf von Khuenburg (1668–1687) in den Jahren 1675 bis 1681 gegen die Landstreicherorganisation des Zauberjackel durchführte. Ihm fielen 140 Personen zum Opfer, darunter zahlreiche Kinder bis zum Alter von fünf Jahren herunter. Der letzte große Prozeß fand in Oberösterreich erst 1729/31 statt, wo acht Angehörige einer Bauernfamilie hingerichtet wurden. Das geschah in dem angeblich so weltoffenen Zeitalter des Barock in der seit eh und je geübten Manier: Die Hauptangeklagte, die Bäuerin Magdalena Grillenberger, wurde zunächst mit glühenden Zangen gepeinigt und ihr die Rechte abgehauen. Erst dann kamen Strick und Scheiterhaufen an die Reihe.

Im Jahre 1740 erließ Maria Theresia, die Tochter Karls VI., eine ähnliche Verfügung wie schon früher Friedrich Wilhelm I. von Preußen, derzufolge sie sich alle Urteile in Hexensachen zur Entscheidung vorbehielt. Aber erst 1766 wurde schließlich eine Landesordnung erlassen, die die Zaubereiverfahren genau regelte und der Willkür der unteren Gerichte entzog. Wenn auch Betrug und Geisteskrankheit als mögliche Ursachen an erster Stelle erschienen, so konnte sich die österreichische Regierung doch auch jetzt nicht entschließen, die Vorstellung eines ‹wahren, zauberischen, von teuflischer Zutuung herkommen sollenden Unwesens› aufzugeben und auf eine brutale Bestrafung zu verzichten. Versuchte Zauberei sollte mit Leibes- oder Todesstrafe vergolten, das vollzogene Verbrechen nach der Entscheidung der Kaiserin geahndet werden. In der Praxis hatten diese Konzessionen an den Geist der alten Zeit nichts mehr zu bedeuten: Die Hexenprozesse waren in diesen Jahren auch in Österreich verschwunden.

Zu den bekanntesten Prozessen des 18. Jahrhunderts gehörte zweifellos der gegen die Würzburger Nonne Maria Renata Singer, oft als ‹letzte deutsche Hexe› bezeichnet. Das Verfahren fand in jenem Fürstentum statt, das in den ersten Dezennien des 17. Jahrhunderts so traurige Berühmtheit erlangt hatte. Der Vorgang war in dieser Zeit noch kein Ausnahmefall. Erst zwei Jahre vorher hatte es im Gebiet des Prämonstratenserstifts Obermarchtal einen Prozeß gegen sechs Frauen und Mädchen gegeben; die Angeklagten waren schrecklich gefoltert und dann hingerichtet worden. Dabei spielte all der Unfug traditioneller ‹Geständnisse› wie Teufelspakt und Hostienschändung eine Rolle.

Maria Renata Singer gehörte dem Prämonstratenserstift Unterzell bei Würzburg an. Sie war von ihren adligen Eltern mit 19 Jahren hierher gebracht worden und hatte fünfzig Jahre lang ein vorbildliches geistliches Leben geführt, ja sogar das Amt der Subpriorin erlangt. Das alles geschah, obwohl sie – wie die Untersuchung angeblich ergab – von Anfang an eine Hexe war, wenn auch eine getarnte. Zu einer solchen wurde sie als Kind. Bereits mit dreizehn Jahren saß sie während des Hexensabbats in unmittelbarer Nähe des Teufels. Ihr geistlicher Name war eigentlich ein umgewandelter Teufelsname, denn sie wurde nach dem Vollzug des Teufelspaktes ‹Ema Renata›, eine Verballhornung des lateinischen ‹Mea Renata› (‹meine Wiedergeborene›), genannt. Endlich wagte sich die Hexe mit ihren Künsten hervor und begann damit, ihren Mitschwestern körperliche Schäden anzuzaubern. Wahrscheinlich war die Greisin mondsüchtig und lief nachts durch die Räumlichkeiten des Stifts. Als sie dabei in eine Zelle eindrang, vertrieb sie die Insassin mit der Bußgeißel und zeigte den Vorgang am nächsten Tag beim Propst an. Damit kam das Verfahren in Gang. In der Zelle Maria Renatas fand man einschlägiges Zaubereizubehör und einen gelben Rock zur Hexenfahrt.

Die nun endlich entlarvte Hexe war auch ohne Folter – zwanzig Geißelhiebe sind wohl mehr als Bußmittel anzusehen – geständig und zeigte Reue. Sie mußte den geistlichen Habit ablegen und wurde in die Festung Marienberg gebracht. Da starb Fürstbischof Anselm Franz von Ingelheim. Nachfolger wurde Karl Philipp von Greiffenklau. Aber auch dieser gab dem Verfahren keine neue Wendung. Im Juni 1749 wurde die geisteskranke Nonne enthauptet und anschließend verbrannt. Der Kopf blickte auf einer Stange in Richtung Unterzell, der Stätte ihrer vorgeblichen Schandtaten. Zwischen Hinrichtung und Verbrennung hielt der Jesuitenpater Georg Gaar eine Predigt, in welcher er das Vorgehen gegen Maria Renata Singer rechtfertigte. Diese erschien zusammen mit einer weiteren, im Würzburger Dom gehaltenen Predigt im Druck und sorgte für eine an sich wohl nicht beabsichtigte Publizität des Geschehens am Main.

Das rief verschiedene Gegner der Hexenverfolgungen auf den Plan. In Rovereto lebte der Abt Girolamo Tartarotti (1702–1761), der ein Werk über den Unsinn des Hexenglaubens geschrieben hatte: ‹Drei Bücher über die nächtliche Zusammenkunft der Hexen› (Venedig 1750). Darin kritisierte er vom naturwissenschaftlichen Standpunkt aus die Theorie vom Hexenflug. Dieser sei für menschliche

Lungen unmöglich, ohne sich der Gefahr des Erstickens auszusetzen. Als er nun die Brandschrift des Georg Gaar in die Hand bekam, übersetzte er sie ins Italienische und versah sie mit kritischen Anmerkungen. Das war damals eine übliche Form der literarischen Auseinandersetzung. Gaar blieb die Antwort nicht schuldig und klagte Tartarotti an, mit seinen Auslassungen alle europäischen Gerichte beschimpft zu haben. Die Fehde weitete sich aus und dauerte noch Jahre. Neben Gaar wandte sich besonders der Franziskanerprovinzial Benedetto Bonelli gegen den Abt.

Auch in Bayern, dem Hauptland der deutschen Gegenreformation, hielten sich Hexenprozesse noch weit bis ins 18. Jahrhundert hinein. 1754 und 1756 wurden Minderjährige auf Grund der üblichen Klischeebeschuldigungen hingerichtet. Aus dem Jahre 1769 datiert eine Instruktion für bayerische Hexenrichter, wohl eine Privatarbeit, welche die Justiz anspornen sollte, in ihrem Eifer nicht zu erlahmen. Neben einer präzisen Hexendefinition wird dem Richter hierin ein ausführlicher Vernehmungskatalog geboten. Dem Verfasser dieser Schrift zufolge genügten auch jetzt noch bereits Verdächtigungen, um ein Verfahren einzuleiten.

Bayern war auch das Hauptland des sogenannten Hexenkrieges, der letzten großen publizistischen Auseinandersetzung um die Hexenverfolgungen. Ausgangspunkt war ein Vortrag, den ein Angehöriger des Klerikerordens der Theatiner, Ferdinand Sterzinger, 1766 vor der neu gegründeten Königlichen Akademie der Wissenschaften gehalten hatte. Er erschien im gleichen Jahr zu München unter dem Titel ‹Akademische Rede von dem gemeinen Vorurteil der wirkenden und tätigen Hexerei›. Der Priester vertrat darin die Meinung, daß es zwar Leute gebe, die sich verwerflicherweise mit der Anrufung des Teufels und mit Zauberei beschäftigen; dies habe jedoch keine reale Wirkung. Alles, was man mit ‹wirkender Zauberei› in Beziehung brächte, beruhe auf Zufall. Das waren zwar keine sehr neuen Gedanken und in ähnlicher Weise schon von früheren Streitern gegen den Hexenwahn geäußert worden, aber sie wurden jetzt auch in München aufgeworfen und erregten überall die Gemüter der offensichtlich noch recht zahlreichen intellektuellen Freunde des Hexenglaubens. Wieder gab es eine Reihe von Streitschriften, und auch Sterzinger äußerte sich mehrmals. Er stellte fest, daß man in Bayern besonders abergläubisch sei, und schob dies auf die Vorliebe für Bier und schwerverdauliche Nahrung. Das Auftreten des Theatinerpaters fand zwar nicht die Billigung des zuständigen Freisinger Bischofs, doch ließ man ihn im ganzen gewähren.

Trotz aller Auseinandersetzungen war es nicht Bayern, das den letzten Hexenprozeß mit tödlichem Ausgang auf deutschem Boden inszenierte, sondern eine der kleinen geistlichen Herrschaften Südwestdeutschlands, die Fürstabtei Kempten im Allgäu. Hier fand im Jahre 1775 das Verfahren gegen die Dienstmagd Anna Maria Schwägel statt. Diese hatte im Alter zwischen dreißig und vierzig Jahren ein Verhältnis mit einem Kutscher, der sie überredete, zum Luthertum überzutreten, und ihr die Heirat versprach. Aber die Verbindung löste sich, und die Magd wollte nun wieder zum katholischen Glauben zurückkehren. Es ergaben sich jedoch verschiedene Schwierigkeiten mit den Priestern, denen sie sich anvertraute. Diese Erlebnisse trübten den Geist der Anna Maria Schwägel, und sie fand sich schließlich im Zuchthaus Langenegg wieder. Hier geriet sie mit der Aufseherin in Konflikt, die sie aus Eifersucht mißhandelte, hungern ließ und endlich als Hexe denunzierte. Nach langen Befragungen wurde der Magd schließlich das Geständnis auf Teufelspakt und Teufelsbuhlschaft abgepreßt und sie zum Tode durch das Schwert verurteilt. Fürstabt Honorius Roth zu Schreckenstein (1760–1785) bestätigte die Gerichtsentscheidung: ‹Die Gerechtigkeit nehme ihren Lauf.›

Im Jahre 1782 kam es im schweizerischen Glarus zum letzten europäischen Hexenprozeß, über den Näheres bekannt ist. Die kalvinistischen Richter ‹überführten› das Kindermädchen Anna Göldi, die Tochter des Arztes Tschudi verhext zu haben, so daß sie an Krämpfen und Lähmung litt und Nägel, Nadeln und Draht erbrach. Noch vor der Hinrichtung der Magd verübte ihr Verlobter, ein Schlosser, den man als Helfer ebenfalls eingesperrt hatte, Selbstmord. Für die Richter erschien es als besonders belastend, daß Anna Göldi ein außereheliches Kind hatte und es ihr gelungen war, die achtzehn Wochen lang kranke Arzttochter durch ‹Betasten, Drücken und Strecken› innerhalb von zehn Minuten zu heilen. Wahrscheinlich war das Ganze mehr kindliche Wichtigtuerei als eine tatsächliche Krankheit, aber es reichte der eidgenössischen Justiz aus, das Opfer durch das Schwert hinrichten zu lassen und sein Vermögen zu konfiszieren. Obwohl es sich eindeutig um ein Zaubereiurteil handelte, vermied das Gericht entsprechende Formulierungen und sprach in der Begründung lediglich von Vergiftung.

Auch dieser Prozeß erregte in Europa Aufsehen, obwohl die Schweizer versuchten, ihn zu vertuschen. In besonderem Maße beschäftigte sich der demokratische Journalist Wilhelm Ludwig Wekhrlin damit. Er lebte in Baldingen, im Territorium der Fürsten von Öttingen-Wallerstein gelegen, und gab dort die Zeitschrift ‹Chronologen› heraus. Hierin prangerte er den Prozeß von Glarus an. Monate später luden ihn die Schweizer Behörden zweimal vor ihr Gericht. Man beschuldigte ihn, ihre Souveränität verletzt zu haben. Auch ein Bestechungsversuch wurde unternommen, um Wekhrlin von weiteren Veröffentlichungen abzuhalten. Natürlich dachte der Publizist nicht daran, sich in die Hände der Hexenrichter aus Glarus zu begeben; auch die Behörden des Fürstentums lehnten ein Einschreiten ab.

Im Juni 1783 beschloß schließlich der Rat von Glarus, die fragliche Zeitschrift vom Henker öffentlich verbrennen zu lassen. Wekhrlin, der davon erfahren hatte, übersandte darauf dem Landschreiber von Glarus, Melchior Kubli, seinen Schattenriß, um ihn ebenfalls auf den Scheiterhaufen zu legen. Als Gegenmaßnahme ließ der Rat in der ‹Berner Zeitung› einen Steckbrief gegen Wekhrlin veröffentlichen, der eine hohe Belohnung für die Ergreifung des Gesuchten und eine Personenbeschreibung enthielt. Wekhrlin druckte diesen in seiner Zeitschrift nach, wobei er sich über das Signalement beschwerte, durch welches ihm ‹in den Melkstuben der Schweizerkantone das Glück der Liebe nie lächeln würde›.

Das war der Schlußpunkt im jahrhundertelangen Kampf europäischer Richter gegen ein Phantom. Damit endete ein Leidensweg, den Fanatismus, Aberglaube und Unwissenheit, Habgier, Mißgunst und Berechnung und vor allem der Schmerz und das Leid der unschuldigen Opfer begleiteten. Der Teufel hatte die Hexen aus dem öffentlichen Leben zurückgezogen. Aber verschwunden sind sie deshalb nicht. Sie blieben im Brauchtum lebendig und wurden im Reich des Kommerzes und der Torheit neu angesiedelt.

Mit dieser Praxis [illegible]

[illegible] verbunden. [illegible]

[illegible] von Anhängern [illegible]

[illegible]

[illegible]

Da nun der [illegible]

[illegible] den Patienten, [illegible]

[illegible] des Kranken [illegible]

Literaturverzeichnis

Bächtold-Stäubli, H. (Hg.), Handwörterbuch des deutschen Aberglaubens, Bd. 7, Berlin/Leipzig 1935/36

Baroja, J. C., Die Hexen und ihre Welt, Stuttgart 1967

Baschwitz, K., Hexen und Hexenprozesse. Die Geschichte eines Massenwahns, München 1963

Becker, G. u. a., Aus der Zeit der Verzweiflung. Zur Genese und Aktualität des Hexenbildes, Frankfurt/M. 1977

Bertholds von Regensburg Deutsche Predigten, übertr. u. eingel. v. O. H. Brandt, Jena 1924

Binz, C., Doctor Johann Weyer, ein rheinischer Arzt, der erste Bekämpfer des Hexenwahns, Bonn 1885, Neudruck Wiesbaden 1969

Boos, H., Geschichte der rheinischen Städtekultur, Bd. 1, Berlin 1897

Byloff, F., Hexenglaube und Hexenverfolgung in den österreichischen Alpenländern, Berlin/Leipzig 1934

Caesarius von Heisterbach, Die Wundergeschichten des C. v. H., hg. v. A. Hilka, Bd. 1–3, Bonn 1933/37

Caesarius von Heisterbach, Die wundersamen Geschichten d. C. v. H., in Auswahl übers. u. hg. v. I. u. J. Schneider, Berlin 1972

Degu, Chr./Lehmann, H., u. a. (Hg.), Hexenprozesse: Deutsche und skandinavische Beiträge, Neumünster 1983

Diefenbach, J., Der Hexenwahn vor und nach der Glaubensspaltung in Deutschland, Mainz 1886, Neudruck Leipzig 1969

Donovan, F., Zauberglaube und Hexenkult, München 1976

Duhr, B., Die Stellung der Jesuiten in den deutschen Hexenprozessen, Köln 1900

Erich, O. A., Die Darstellung des Teufels in der christlichen Kunst, Berlin 1931

Gloger, B., Kaiser, Gott und Teufel, 8. Aufl., Berlin 1982

Grigulevič, J. R., Ketzer – Hexen – Inquisitoren (13.–20. Jahrhundert), 2 Bde., 2. Aufl., Berlin 1980

Grundriß der deutschen Geschichte, hg. v. Zentralinstitut für Geschichte der Akademie der Wissenschaften der DDR, 3. Aufl., Berlin 1981

Hammes, M., Hexenwahn und Hexenprozesse, Frankfurt/M. 1977

Hansen, J. (Hg.), Quellen und Untersuchungen zur Geschichte des Hexenwahns und der Hexenverfolgung im Mittelalter, Bonn 1901, Neudruck Hildesheim 1963

Heermann, C., Geheimwaffe Fliegende Untertassen. Gauner, Gaukler, Gangster, Berlin 1981

Historia von D. Johann Fausten, hg. u. eingel. v. H. Henning, Leipzig 1979

Kaiser, P. u. a., Der Henker in der Staatskarosse, Berlin 1981

Kors, A. C./Peters, E. (Hg.), Witchcraft in Europa 1100–1700. A documentary history, Philadelphia 1972

Krämer, W., Kurtrierische Hexenprozesse im 16. und 17. Jahrhundert, vornehmlich an der unteren Mosel, München 1959

Lea, H. Ch., Geschichte der Inquisition im Mittelalter, 3 Bde., Bonn 1905/13

Leutenbauer, S., Hexerei- und Zaubereidelikt in der Literatur von 1450–1550, Berlin (West) 1972

Lexikon für Theologie und Kirche, 2. Aufl., Bd. 1–10, Freiburg/Br. 1957/65

Ley, H., Geschichte der Aufklärung und des Atheismus, Bd. 2,2 u. 3,1, Berlin 1971/76

Mandrou, R., Magistrats et sorciers en France au 17e siècle, Paris 1968

Merzbacher, F., Die Hexenprozesse in Franken, 2. Aufl., München 1970

Midelfort, H. C. E., Witch hunting in southwestern Germany 1562–1684. The social and intellectual foundations, Stanford 1972

Mrusek, H.-J./Beyer, K., Drei sächsische Kathedralen. Merseburg – Naumburg – Meißen, Dresden (1976)

Niehues, B., Zur Geschichte des Hexenglaubens und der Hexenprozesse, vornehmlich im ehemaligen Fürstbistum Münster, Münster 1875

Nigg, W., Das Buch der Ketzer, 2. Aufl., Zürich 1953

Osborn, M., Die Teufelsliteratur des 16. Jahrhunderts, Berlin 1893

Pallmann, H., Sigmund Feyerabend. Sein Leben und seine geschäftlichen Verbindungen, Frankfurt/M. 1881, Neudruck Leipzig 1981

Paulus, N., Hexenwahn und Hexenprozeß, vornehmlich im 16. Jahrhundert, Freiburg/Br. 1910

Rhamm, A., Hexenglaube und Hexenprozesse, vornehmlich in den braunschweigischen Landen, Wolfenbüttel 1882

Riezler, S. v., Geschichte der Hexenprozesse in Bayern, Stuttgart 1896, Neudruck Aalen 1968

Rosenfeld, E., Friedrich Spee von Langenfeld, eine Stimme in der Wüste, Berlin (West) 1958

Roskoff, G., Geschichte des Teufels, 2 Bde., Leipzig 1869, Neudruck Aalen 1967

Russel, J. B., Witchcraft in the middle ages, Ithaca/London 1972

Schormann, G., Hexenprozesse in Nordwestdeutschland, Hildesheim 1977

Schormann, G., Hexenprozesse in Deutschland, Göttingen/Zürich 1981

Schwab, U., Die bisher unveröffentlichten geistlichen Bispelreden des Strickers, Göttingen 1959

Šejnman, M. M., Vera v d'javola v istorii religii, Moskau 1977

Soldan, W. G./Heppe, H./Bauer, M., Geschichte der Hexenprozesse, 2 Bde., München 1912, Neudruck Hanau 1975

Spee, F. v., Cautio criminalis. Dt. Ausgabe v. J. F. Ritter, Weimar 1939

Spielmann, K. H., Die Hexenprozesse in Kurhessen, Marburg 1932

Sprenger, J./Institoris, H., Der Hexenhammer von J. S. und H. I., übertr. u. eingel. v. J. W. R. Schmidt, 3 Bde., 2. Aufl., Berlin 1920

Steinmetz, M./Schmied, R. F., Deutschland von 1476 bis 1648, 2. Aufl., Berlin 1978

Steinmetz, M., Das Müntzerbild von Martin Luther bis Friedrich Engels, Berlin 1971

Stricker, Fabeln und Märchen von dem S., hg. v. H. Mettke, Halle 1959

Thietmar von Merseburg, Chronik, übertr. u. erl. v. W. Trillmich, Berlin 1966

Thomasius, Chr., Über die Hexenprozesse, überarb. u. hg. v. R. Lieberwirth, Weimar 1967

Trevor-Roper, H. R., Der europäische Hexenwahn des 16. und 17. Jahrhunderts. In: ders., Religion, Reformation und sozialer Umbruch. Die Krisis des 17. Jahrhunderts, Frankfurt/M./Berlin (West)/Wien 1970, S. 95 ff.

Unverhau, D., Von «Toverschen» und «Kunsthfruwen» in Schleswig 1548–1557, Schleswig 1980

Wollgast, S./Marx, S., Johannes Kepler, Leipzig 1976

Zaunert, P. (Hg.), Deutscher Sagenschatz, Jena 1917 ff.

Ziegeler, W., Möglichkeiten der Kritik an Hexen und Zauberwesen im ausgehenden Mittelalter, Köln/Wien 1973

Zwetsloot, H., Friedrich Spee und die Hexenprozesse. Die Stellung und Bedeutung der Cautio Criminalis in der Geschichte der Hexenverfolgungen, Trier 1954.

Abbildungsnachweis

Archivfotos: 1–20, 22, 23, 25–28, 32, 39–46, 49, 52–60, 62, Titelbild
Deutsche Fotothek Dresden: 29–31, 38, 47, 48, 50, 51, 61
Sammlung Karger-Decker: 21, 24, 33–37

Für die freundliche Erlaubnis zur Veröffentlichung der Abbildungen 48, 50 und 51 danken die Verfasser und der Verlag dem Kupferstichkabinett der Staatlichen Kunstsammlungen Dresden, wo sich die abgebildeten Objekte befinden.

Inhalt

HEYNE SACHBUCH

HEYNE BÜCHER

Frauen-Leben in Vergangenheit, Gegenwart und Zukunft

19/20

19/67

19/115

19/106

19/121

19/147

19/18

19/136

Wilhelm Heyne Verlag München